帝京大学シルクロード叢書 003

砕葉史研究

山内和也［編］

帝京大学出版会

はじめに

　帝京大学は、山梨県笛吹市にある帝京大学文化財研究所を中心として、2016年からキルギス共和国北部に位置する、かつてスイヤブ（砕葉）と呼ばれた都市遺跡アク・ベシム遺跡で継続的に発掘調査を実施している。2021年からは、科研費基盤研究S（JSPS科研費21H04984、代表：山内和也（帝京大学））の助成も加わり、体系的な発掘調査が進行中である。アク・ベシム遺跡の調査では考古学がいわゆるエンジンのような役割を果たしているが、考古学のみならず、さまざまな分野の専門家が集まり、シルクロードの国際交易都市であったアク・ベシム遺跡の解明に取り組んでいる。

　本書に収められた諸論考は、この発掘調査で得られた成果を補完するだけでなく、アク・ベシム遺跡、つまりスイヤブと呼ばれた都市そのものを文字史料という資料を用いて解明しようという意図でこれまで書かれてきたものであり、この都市が廃墟となる以前の活況を呈する都市だったスイヤブの姿を立体的に浮かび上がらせようという試みである。

　砕葉は、中央アジアの西方から入植してきたソグド人によって5世紀頃に建設されたスイヤブという都市の漢字音写である。素葉や睢合、雖合と書かれる場合もある。ソグド人は、陸上の長距離交易を牛耳る商業民であり、砕葉も商業でにぎわう交易都市だったと考えられている。その一方で、ソグド人は農耕民でもあり、また土木工事にも長けていた。西から進出してきたソグド人は、灌漑水路を建設し、谷の北側を東西に流れるチュー川の水を導くことによって、いわゆる「オアシス都市」を生み出しただけでなく、この地域に広大な農地を生み出した。

　他方、砕葉の周辺には遊牧に絶好の山岳草原が広がっていたことから、この地域には遊牧民が居住しており、この地に建設された砕葉は、遊牧国家を経済的に支える拠点都市としても発展していった。東方から進出してきたテュルク系遊牧国家の突厥から分立した西突厥は、7世紀の前半期に砕葉を拠点とするようになる。それにともなって、この地域には農耕都市民と遊牧民が共存・共

生する世界が登場した。

　その一方で、618年に長安（現・中国陝西省西安市）を都として建国された唐王朝は、北方の突厥を打倒してモンゴル高原に進出することにより、遊牧民の騎馬軍事力を獲得した。その後、獲得した軍事力を使って、西方の中央アジアにあるオアシス都市へと支配の手を伸ばしていくこととなる。砕葉もそのターゲットの一つであった。唐が、農耕・商業民の集まるオアシス都市の経済的利権を守ろうとする西突厥を打倒しつつ、砕葉を安定的に支配するにいたったのは679年のこととされている。唐は中央アジア支配の拠点として「安西四鎮」を設置し、砕葉にはそのうちの一つである「砕葉鎮」が置かれた。このようにして、テュルク系の遊牧民、イラン系のソグド人と並ぶ第三の主役として、唐が砕葉に姿を現すこととなった。唐は、従来のソグド人入植者が造った街の東隣に新しい街を建設し、そこを中心に砕葉鎮を運営した。アク・ベシム遺跡には二つの街の痕跡が残されており、現在、西側に位置するソグド人が建設した街は第1シャフリスタン、東側の唐の軍事拠点、つまり砕葉鎮城は第2シャフリスタンと名付けられている。

　西方への進出を目指した唐による砕葉の支配は719年には完全に終わりを迎え、その後、突騎施やカルルクといったテュルク系遊牧民の支配に再び砕葉は戻っていく。しかし、わずかな時間であったにもかかわらず、唐の支配は大きな存在感を放っており、この地の歴史や経済、文化に多大な影響を残した。

　本書では、オアシス都市としての砕葉、遊牧民が支配する都市としての砕葉、唐が支配する都市としての砕葉、という砕葉の多面性を明らかにした論考が集められている。以下にその内容を簡単に紹介する。

　齊藤茂雄による「砕葉とアクベシム」は、砕葉をめぐる遊牧勢力や唐、さらにはチベット高原の吐蕃の活動を通史的に描く。中央アジアのオアシス地域は商業活動が活発な地域であり、それゆえに大国同士の係争地になりやすく、国際関係が複雑に進展する傾向にあった。そのうえ、史料が少ないために確実に分かることが少なく、先行研究によってさまざまな解釈が出されている状況がある。同論考ではそのような複雑な砕葉の歴史を解きほぐして論じただけでな

く、膨大な先行研究を把握したうえで、周辺勢力の国際関係から唐代中央アジア史そのものを再構成している。これまでの研究の到達点を示し、通史を理解するうえで欠かせない論考といえる。

齊藤茂雄による「文献史料から見た砕葉城」は、「砕葉とアクベシム」を踏まえたうえで、砕葉という都市の歴史に焦点を絞り論じている。上述したように、砕葉は現在アク・ベシム遺跡として知られており、この遺跡で発掘調査が進展している。本論考では、最新の考古学的な調査結果や遺跡からの出土史料の情報も踏まえつつ、各時代の砕葉が持っていた歴史的性格について論じている。同時に、砕葉を含む唐の中央アジア統治体制についても検討している。この二つの論考を読むことで、砕葉に関わる史料・研究についておおよそ把握することができるため、必読の研究である。

柿沼陽平氏による「唐代砕葉鎮史新探」は、典籍史料、考古学資料、出土文字史料を使いながら、唐代支配期からそれ以前にかけての砕葉史を論じている。唐支配期にあっても砕葉が独立したオアシス国家であった可能性を示唆した点は重要である。また、山内の発掘により第2シャフリスタンが唐の砕葉鎮城であることは判明していたが、50日で完成したと記録されているその土木工事が、実際に可能である事を文献史料に記録された実例から証明した点は注目に値する。

柿沼陽平氏による「王方翼攷」は、第2シャフリスタンの砕葉鎮城を建設したことで知られる唐の将軍、王方翼の列伝の訳注である。唐の正史である『旧唐書』に収められた「王方翼伝」の全文に訓読を施したうえで、張説が撰した「王方翼碑」の記述も参照して詳細な注釈を付けている。正史の列伝は基本史料ではあるが、王方翼の事跡に関しては矛盾や齟齬が多い。同論考では史料を博捜して真摯に事跡の整理を行っているために研究としての価値が高く、読者に資するところが大きい。

齊藤茂雄による「タラス河畔の戦いと砕葉」は、砕葉から唐が撤退した後の中央アジア情勢を描く。これまで、751年に発生したタラス河畔の戦いは、中国とイスラームによる天下分け目の戦いであると見られており、世界史の教科書に取り上げられている戦いである。しかしながら、実際には偶発的な戦闘で

あり、唐軍の行軍目的地はタラスではなく砕葉だったことを近年出土した新出史料を用いて指摘する。世界史教科書にも重大事件として取り上げられるタラス河畔の戦いの意義に再考を促す論考である。

柿沼陽平氏による「隋唐随身符制新探」は、唐代に一種の身分証として利用された随身魚符と随身亀符に着目し、中国の法制度における随身符の位置づけや実際の運用について論じている。唐一代を通じて徐々に随身符の使われ方が変化していく様を、さまざまな史料を博捜して明らかにしており、中国史の研究として価値の高い論考である。

柿沼陽平氏による「文物としての随身魚符と随身亀符」は、前論考を踏まえて、砕葉のみならず各地で発見された随身符の現物をまとめて紹介し、その実態に迫っている。これまで個別に紹介されてきた出土遺物としての随身符をここまで一括して紹介した研究はなく、学術的意義が高い。アク・ベシム遺跡出土史料としては、テュルク系の人物が帯びていた符が発見されており、これはテュルク系遊牧民の重要性とその活躍ぶりを示唆するものである。また、唐から朝貢国に配布された「朝貢魚符」がアク・ベシム遺跡で唯一発見されており、鮮明な写真を付けてこれを紹介している。

残り2本の論考は、アク・ベシム遺跡で出土した漢語碑刻史料である、「杜懷寶碑」に関するものである。

齊藤茂雄による「アク・ベシム遺跡出土『杜懷寶碑』再読」は、杜懷寶碑が持つ造像銘という仏教銘文としての性格に着目して碑文の再読を行い、中原から砕葉に来た人物によって杜懷寶碑が作成されたと結論づけた。加えて、砕葉鎮城にあったとされる大雲寺と杜懷寶碑の関係についても論じ、690年に武則天の命令によって全国に設置された大雲寺の前身となる中国式仏寺が砕葉に存在した可能性を指摘した。砕葉と中国仏教の関わりを論じることに加え、現在発掘が続いている大雲寺と想定される仏教寺院跡（第0仏教寺院）の建立年代を考察するためにも重要な論考である。

福井淳哉氏による「『杜懷宝碑』の書風に関する書道史的考察」は、杜懷寶碑の内容ではなく、書かれた文字の書風に注目したものである。杜懷寶碑の書体は同時代の中原の書体と軌を一にしており、書体の西方伝播の証拠であると

指摘する。この指摘は前論考の検討とも合致するものであり、杜懷寶碑は中原の仏教文化を中央アジアに持ち込んだ碑文であったという性格付けを確かなものとする。なにより、中央アジア出土の碑刻史料に関する書風研究そのものが珍しく、非常に重要な研究となっている。

　本書に掲載された諸論考は、本書刊行以前にいくつかの媒体に発表されたものばかりである。それゆえ、章立てや参考文献リストの書き方を含め、書式がそれぞれ異なっており、統一されていないが、基本的に初出論文の書式を踏襲するものとし、本書全体での統一を図ることはしていない。また、本書では、「スイアブ」と「スイヤブ」、「アク・ベシム」と「アクベシム」のように表記が混在している例もあるが、各論考内では統一されていることから、原文のままとし、本書全体で統一を図ることはしていない。なお、本書に収録されている論考における引用ページ数については初出論文のまま残してあるが、中には本書に再録されている論文を引用している場合がある。その場合は、読者の理解の混乱を避けるために、初出論文の引用ページ数のあとに本書におけるページ数を追加してある（例：柿沼［2019, p 51= 本書 pp. 67-70]）。

　本書に収録した論考が発表されて以降、現地において発掘調査は進展し続けており、新たな発見が相次いでいる。そのため、やがては本書の論考も乗り越えられていくことだろう。とはいえ、考古学的な新たな発見を正しく歴史学上に位置づけるためには、文献史料に基づく確固とした見通しが必要である。本書の諸論考が今後の発掘調査を支える礎となり、砕葉という都市の理解の一助となれば幸いである。

帝京大学文学部史学科
齊藤茂雄
帝京大学文化財研究所
山内和也

〈所収論文の初出一覧〉

齊藤茂雄　2021:「砕葉とアクベシム——7世紀から8世紀前半における天山南部の歴史展開——（増訂版）」『帝京大学文化財研究所研究報告』20, pp. 69-83.

齊藤茂雄　2023:「文献史料から見た砕葉城」『帝京大学文化財研究所研究報告』21（2022）, pp. 25-37.

柿沼陽平　2019:「唐代砕葉鎮史新探」『帝京大学文化財研究所研究報告』18, pp. 43-59.

柿沼陽平　2021:「王方翼攷——『旧唐書』巻185 良吏王方翼列伝訳注を中心として——」『帝京大学文化財研究所研究報告』20, pp. 41-67.

齊藤茂雄　2023:「タラス河畔の戦いと砕葉——唐の出兵目的をめぐって——」『東洋学報』105-2, pp. 31-64.

柿沼陽平　2022:「隋唐随身符制新探——玄宗即位以前を中心に——」『古代文化』74-3, pp. 38-57.

柿沼陽平　2020:「文物としての随身魚符と随身亀符」『帝京大学文化財研究所研究報告』19, pp. 127-147.

齊藤茂雄　2024:「アク・ベシム遺跡出土「杜懷寶碑」再読——大雲寺との関わりをめぐって——」『帝京大学文化財研究所研究報告』22, pp. 71-84.

福井淳哉　2020:「「杜懷宝碑」の書風に関する書道史的考察——時代性を中心として——」『帝京大学文化財研究所研究報告』19, pp. 149-157.

目　次

はじめに

砕葉とアクベシム
　　齊藤茂雄　　　　　　　　　　　　　　　　　　　　　　　　　1

文献史料から見た砕葉城
　　齊藤茂雄　　　　　　　　　　　　　　　　　　　　　　　　　29

唐代砕葉鎮史新探
　　柿沼陽平　　　　　　　　　　　　　　　　　　　　　　　　　55

王方翼攷
　　柿沼陽平　　　　　　　　　　　　　　　　　　　　　　　　　85

タラス河畔の戦いと砕葉
　　齊藤茂雄　　　　　　　　　　　　　　　　　　　　　　　　　139

隋唐随身符制新探
　　柿沼陽平　　　　　　　　　　　　　　　　　　　　　　　　　163

文物としての随身魚符と随身亀符
　　柿沼陽平　　　　　　　　　　　　　　　　　　　　　　　　　195

アク・ベシム遺跡出土「杜懐寳碑」再読
　　齊藤茂雄　　　　　　　　　　　　　　　　　　　　　　　　　231

「杜懐宝碑」の書風に関する書道史的考察
　　福井淳哉　　　　　　　　　　　　　　　　　　　　　　　　　257

砕葉とアクベシム
―7世紀から8世紀前半における天山西部の歴史展開―（増訂版）[1]

帝京大学文学部史学科　齊藤茂雄

はじめに

　7世紀中葉から8世紀初頭の中央アジアは、新興勢力である唐による活発な軍事進攻が見られた一方、現地の遊牧勢力である西突厥や、やはり新興勢力であるチベット高原の吐蕃の進出もあり、オアシス諸都市の権益をめぐる角逐が盛んな時期であった【図1】。なかでも、唐が西方に進出した最大領域として知られる砕葉鎮の歴史的重要性に関しては、唐の西域支配拠点である安西四鎮との関わりから、古くから関心が持たれ、多くの研究が残されてきた。まず、安西四鎮の沿革について論じた大谷［1925］があり、後に松田［1933］、伊瀬［1955］、佐藤［1958］などの先学が多大な業績を挙げられている。にもかかわらず、これら諸先学の研究はそれぞれ断片的であって、砕葉を含むタリム盆地周辺の歴史を先行研究の議論をまとめつつ概観するような作業は、森安［1984］やベックウィズ［Beckwith 1987］が吐蕃帝国の進出を主眼として論じて以来、ほとんど行われていない。しかも、森安・ベックウィズ両氏の研究の後、砕葉と深い関わりを持つ天山北麓に拠った遊牧民である西突厥の歴史について論じた内藤［1988］が出版されたため、これらの研究をつなぐ作業が必要となった。

　また、上記の先行研究ではあまり触れられていないものの、砕葉を含む西部天山地域においては考古学的な調査が進行しており、加藤［1997］が概説的に紹介を行っているほか、ヌルラン・ケンジェアフメト［2009；努尔兰・肯加哈買提2017］の研究もある。その中には、砕葉に関して重要な意義を持つ漢語碑

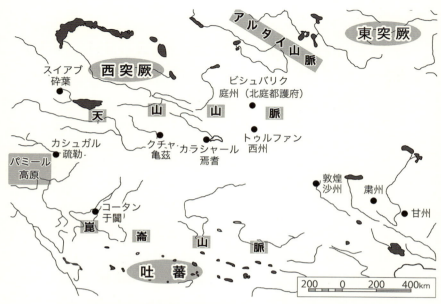

図1　関連地図（『中国歴史地図集 第五冊』, pp.32-33を参考に作成）

文が含まれていて、この碑文に関しても先行研究がいくつか出されている。

以上のような状況から、本稿ではまず7世紀から8世紀にかけての砕葉をめぐる諸勢力の活動、その歴史的展開をできうる限り先行研究の議論を踏まえながら年代順に提示し、先学の到達点を示す。続いて、キルギス国アクベシム遺跡出土の「杜懷寶碑」を取り上げ、その砕葉との関わりを紹介したい。

I　砕葉をめぐる歴史的展開

（1）砕葉と西突厥

本章では、西突厥・唐・吐蕃といった勢力がいかに西域地方に進出し、砕葉と関わりを持ったかを、先行研究の成果に依拠しながら概観する。

砕葉周辺に最初に進出した勢力としては、西突厥がいる。西突厥は552年にモンゴル高原で勃興した突厥の西半部であり、突厥の始祖・ブミン可汗（伊利可汗）の弟であるイシュテミ可汗[2]を事実上の始祖とする。突厥は583年に東

突厥と西突厥がアルタイ山脈を挟んで分立し、基本的にイシュテミ可汗の子孫が西突厥を継承していった[3]。

西突厥の本拠地は当初、ユルドゥズ平原（現在はバインブルク平原と呼ばれている）に置かれていたが［松田1929, pp. 248-287］、統葉護可汗が砕葉付近に本拠地を移したという［松田1929, pp. 287-288；内藤1988, pp. 2-3］[4]。

砕葉（素葉・睢合・雖合とも）とはイスラム史料に現れるスイアブ Sūyāb の音写であり、現在のチュー河を指すが、唐代には既に地名となっており、チュー河流域の平原も指していた［内藤1988, pp. 1-2］。そこには砕葉城（現アクベシム遺跡[5]）が建設された。砕葉城に関する古い漢籍中の記述としては、630（貞観四）年に当地を訪れた玄奘の記録[6]がある。

『大唐西域記』巻一［p.18］
清池西北行五百餘里、至素葉水城。城周六七里、諸國商胡雜居也。土宜糜・麦・蒲萄。林樹稀疎。氣序風寒、人衣氈褐。素葉已西數十孤城、城皆立長。雖不相稟命、然皆役屬突厥。
【和訳】清池（イシク＝クル）の西北に500里あまり（約220km）で素葉水（スイアブ）の都市に到着する。都市の周囲は6・7里（約2.5～3km）であり、諸国のソグド商人が雑居している。土地はキビ・ムギ・ブドウに適している。木々は少ない。（その）気候は風が冷たく寒いので、人々はフェルトの服を着ている。素葉以西にある数十の独立した都市は、皆（各々の）君長を立てている。命令を受けているわけではないが、（西）突厥に隷属している。

この記録で注目すべきなのは、砕葉城には各国から商人がやってきて居住しているという点と、砕葉城を含んだ諸都市が西突厥に隷属しているという点であろう。砕葉城はシルクロード上の国際商業都市であり、当時、強勢であった西突厥に服属していたのである。

では、西突厥の中心地はどこにあったのだろうか。この点に関しては、内藤［1988, pp.1-21］の詳細な検討があり、まずは玄奘の報告に注目している。

『大慈恩寺三蔵法師伝』巻二［pp. 27-28］
循海西北行五百餘里、至素葉城。逢突厥 葉護可汗。方事畋遊、戎馬甚盛。…（中略）…既與相見、可汗歡喜云、「暫一處行、二三日當還。師且向衙所」。令達官答摩支引送安置。…（中略）…自此西行四百餘里、至屏聿。此曰千泉。地方數百里、既多池沼、又豊奇木。森沈涼潤、即可汗避暑之處也。
【和訳】海（イシク＝クル）に沿って西北に500里あまり（約220km）で、素葉城に到着した。（そこで、西）突厥の肆葉護可汗[7]に会った。ちょうど狩りに出かけようとしていたので、軍馬が大変強壮であった。…（中略）…（玄奘が）面会したので、可汗は喜んで「しばらくある所に行きますが、2・3日で帰るでしょう。法師様はとりあえず牙帳に向かってください」と言った。（そして）達官の答摩支に命令して（玄奘を）引率して（牙帳に）送り、休ませた。…（中略）…ここ（牙帳）から西方に400里あまり（約176km）で屏聿に到着した。ここは千泉ともいう。その土地は数百里四方で、池や沼が多いのみならず、珍しい木が豊かに茂っている。森林が鬱蒼としていて清涼湿潤であるので、可汗の避暑地である。

この史料は、玄奘がインドに向けた求法の旅の最中に、道中の安全を求めて西突厥の肆葉護可汗のもとを訪れた際の記録である。ここには、玄奘が肆葉護可汗と砕葉城で会ったが、可汗は狩りに出かけるところであったため、可汗は答摩支に命令して先に玄奘を牙帳に連れて行かせたとある。牙帳とは、可汗の本拠地のことであるが、その牙帳が砕葉城から離れた場所にあったことが、この玄奘の記録から見て取れる。

内藤氏は、この史料の記述に加え、諸々の漢籍やイスラム史料に散見される歴代の西突厥あるいは西突厥滅亡後における旧西突厥系の可汗の本拠地に関する記事を博捜し、玄奘の記録と同時期に当たる統葉護可汗以降、西突厥滅亡後に強勢を誇った突騎施にいたるまで、西突厥系政権の牙帳は砕葉城北方にあるチュー＝イリ Chu-Ili 山脈にあったと結論付けている［内藤1988, p.48］。

一方、上の『大慈恩寺三蔵法師伝』の記事には、千泉が可汗の避暑地であるとの記録がある。千泉は砕葉城西方にある現在のメルケ Merke 付近に比定さ

れており、西突厥可汗の夏営地であると考えられている［松田1929, pp. 288-289］。

　このように、西突厥可汗は砕葉城周辺において季節移動を行っていたのであるが、『大唐西域記』の記述に従えば、砕葉城はあくまで自らの君長を置く独立都市であり、可汗の居所ではなかったことに注意すべきであろう。

（2）唐の西域進出

　西突厥は、630年代から有力者同士の内部分裂によって弱体化していった。その後、タリム盆地から砕葉周辺にまで進出したのは唐である。唐は630（貞観四）年に伊吾（ハミ）オアシス、634～635（貞観八～九）年に吐谷渾を討伐して鄯善・且末地方を奪取し、西域進出へと乗り出した［松田1937, pp. 111-114；森安1984, p.133］。そして、639（貞観十三）年にトゥルファン・オアシスに侵攻し、翌640（貞観十四）年にトゥルファンに安西都護府を設置した［大谷1925, pp.274-277］。さらに、644（貞観十八）年には焉耆（カラシャール）オアシスに侵攻している［松崎1987］。一方、唐は西突厥を屈服させる計画も同時に進めていた。ついに642（貞観十六）年頃には、唐朝の使節立ち会いの下で選出された乙毗射匱可汗が新可汗として即位することとなったが、この可汗はタリム盆地に勢力を伸張することができなかったため、唐は649（貞観二十三）年に亀茲（クチャ）オアシスを攻略してここに安西都護府を移置し、同時にタリム盆地の拠点となるオアシス諸国家に安西四鎮[8]を設置した［伊瀬1955, pp. 187-190］。

　このように、安西四鎮の設置により唐の支配がタリム盆地全体に確立されたのであるが、安西四鎮の構成として亀茲・疏勒（カシュガル）・于闐（コータン）までは問題ないものの、最後の一つに砕葉が入るか焉耆が入るかが、史料に二通りの記述があり、研究者の間でも議論が割れている。砕葉を四鎮に含める史料を否定的に捉える諸氏は、西突厥の勢力圏である当地に唐が勢力を伸ばすことなどできなかったはずだということを論拠としている［松田1933, pp. 360-361；岑仲勉1958, p. 29；周偉洲1977, pp. 139-140；呉宗国1982, pp. 166-167；薛宗正1984, pp. 74-76］。しかし、それに対して内藤［1988, pp.

21-29］は、次の論点から砕葉説を支持する。①692（長寿元）年に唐が砕葉を含む安西四鎮を奪還した際、則天武后が「貞観中の四鎮」回復を喜んでいるため、その四鎮の中に砕葉を入れるべきであること。②安西四鎮初置当時、唐は西突厥に対して上述したように乙毗射匱可汗を冊立した。さらには王族の阿史那賀魯も支配下に加えて西突厥統御を担わせており、砕葉まで勢力圏に入っていた可能性は十分にあり得ること、の二点である。

さて、唐の勢力伸長に対して、西突厥では上述の阿史那賀魯が、649（貞観二十三）年に太宗死没の隙を突いて唐より独立した。唐は651（永徽二）年から657（顕慶二）年にかけて、別の西突厥王族である阿史那弥射・歩真や漠北にいた鉄勒諸部まで動員し、三度に及ぶ遠征軍を派遣してようやく賀魯を捕らえることに成功した[9]。

ただし、一般的に、この賀魯政権の崩壊をもって「西突厥の滅亡」とされるが、単に以後イシュテミ可汗を祖とする正統な阿史那王族による遊牧国家が登場しなかったというだけで、西突厥を構成していた部族自体は活動を続けていくので注意が必要である[10]。8世紀前半に大勢力を築く突騎施（テュルギッシュ）も旧西突厥の一部族であった。内藤［1988, pp. 62-64, 67-68, 117-131］によれば、滅亡前の西突厥は、第5代咥利失可汗の部族改革以降、可汗の下に10の部族が従属するという形態をとるにいたったが、滅亡後には上位にいた可汗王族が除かれ、下位にいた10部族による連合政権として再構成されたという。その連合政権は、漢籍史料では「十姓」や「十箭」、突厥碑文では「On Oq（10本の矢）」と呼ばれるもので、680年代から690年代の間に旧西突厥そのものを示す名称となっていくという。

一方、西突厥正統王族も断絶したわけではなく、西突厥の可汗一族という権威を利用して、傀儡可汗として冊立され、旧西突厥民衆の羈縻支配（間接統治）に利用されることとなる。その最初の例が上述した阿史那賀魯征討に活躍した阿史那弥射と歩真である。

唐は、阿史那賀魯の率いていた10部落を東西に分け、657（顕慶二）年十二月に、西の五弩失畢部に阿史那歩真を配置してこれを継往絶可汗・濛池都護とし、東の五咄陸部に阿史那弥射を同じく配置して興昔亡可汗・崑陵都護とした

［内藤1988，pp. 30-32］。そして、西半を管轄した濛池都護府の中心地が砕葉に置かれたと考えられている［内藤1988，p. 44］[11]。ところが、662（龍朔二）年に継往絶可汗・阿史那歩真によって興昔亡可汗・阿史那弥射が謀殺されると、早くもこの体制は崩れた。残った阿史那歩真も旧西突厥全体を支配するにはいたらずに乾封年間（666～667年）に殺害され、西突厥は支配者が不在となったという［内藤1988，pp. 271-275］。なお、内藤氏は、この継往絶可汗・阿史那歩真の死と同時に安西四鎮の一つであった砕葉鎮が放棄され、代わりに焉耆鎮が加えられたと考えている［内藤1997，p. 155］。西突厥の混乱の中、唐は支配を維持できなくなったと考えられる。

（3）唐と吐蕃の安西四鎮争奪

　この後の砕葉を含む安西四鎮をめぐる情勢は、極めてめまぐるしくなる。まず、タリム盆地方面に新たに吐蕃が勢力を拡大する。吐蕃はソンツェン＝ガムポ王（6世紀末～649年）によってチベット高原を統一する大勢力となり、この王の時に唐から文成公主を降嫁されたことはもはや説明を要しないだろう。しかし、ソンツェン＝ガムポ王の時代にはタリム盆地への進出の動きはほとんど見られず、本格的な進出が見られるのは、興昔亡可汗・阿史那弥射が継往絶可汗・阿史那歩真に謀殺された662（龍朔二）年のことである［森安1984，pp. 138-139］。阿史那弥射が殺された後、歩真とともに弥射を討った䴥海道総管・蘇海政が疏勒を攻撃した際、疏勒救援の兵を送ったのが五弩失畢部の一つである弓月部と吐蕃であった［松田1930，p. 325；森安1984，p. 139；内藤1988，p. 272］。この時には、吐蕃は深入りすることなく撤兵し、疏勒は唐の支配に復帰したが、内藤［1988，pp. 272-273］は、この時の吐蕃の派兵は後のタリム盆地進出の布石であったとする。

　そして、吐蕃は670（咸亨元）年にタリム盆地掌握へ向けて大規模な軍事行動に出る。安西都護府がある亀茲を攻撃したのである。この時の攻撃によって安西都護府は陥落してクチャ（亀茲）からトゥルファン（西州）に後退[12]し、安西四鎮は吐蕃の勢力圏に入ることとなった［森安1984，p. 143］。吐蕃は青海地方の吐谷渾も同年に制圧しており［山口1983，pp. 686-694］、吐蕃の勢力

拡大は著しかった。

　それにもかかわらず、吐蕃の支配は数年しか持たず、早くも672（咸亨二）年には安西四鎮がクチャに復帰し［劉子凡2016, p. 177］、673（咸亨四）年から676（上元三）年までの間に安西四鎮は順次唐に復帰したが、なぜ吐蕃が簡単にタリム盆地から手を引いたか分かっていない［森安1984, pp. 145-146］。とはいえ、吐蕃はタリム盆地進出を諦めたわけではなかった。677（儀鳳二）年に処木昆部の阿史那都支が十姓可汗を称して反乱を起こすと、吐蕃はこれと連合して安西四鎮を再び陥落させる［森安1984, pp. 146-149；内藤1988, pp. 276-278］。内藤［1988, pp. 276-277］によれば、チベット語の年代記に阿史那都支と見られるテュルクの王が現れ、吐蕃の宰相を自らのもとに招待する676（儀鳳元）年までには、都支は砕葉を拠点として西突厥全体を勢力下に置いていただろうと推測している。

　しかし、唐はさらに反撃して679（調露元）年に阿史那都支を撃破した。次章で詳しく述べるように、裴行倹がペルシャ王家の末裔を利用して阿史那都支を奇襲し、これを捕らえることに成功したのである。ちょうど、吐蕃では政権争いによる混乱があって、タリム盆地に進出する余力を失っていたようだ［森安1984, pp. 149-150］。この時、唐は阿史那都支の本拠地であった砕葉を攻撃して砕葉城を接収し、焉耆鎮に代えて砕葉鎮を安西四鎮に加えることとなった。ただし、この時点で安西四鎮が全て唐の支配下に戻ったどうかという点は史料の裏付けが無く、不明である［cf. 森安1984, pp. 149, 208-209, nn.74, 76; Beckwith 1987, pp. 46-47, n.47］。

　いずれにせよ、679年に王方翼によって砕葉城が本格的に整備されることとなった。その際のことは次の史料より良く知られている。

『旧唐書』巻一八五上「良吏伝上 王方翼」［p. 4802］
　又築砕葉鎮城。立四面十二門、皆屈曲作隠伏出没之状。五旬而畢。西域諸胡競来観之、因献方物。
【和訳】さらに（王方翼は）砕葉鎮の都市（の城壁）を建築した。（城壁の）4面に（全部で）12の門を立て、（それらの門は）すべて屈曲していて、（兵

の）出撃や退却を隠す形となっていた。50日で（工事は）終わった。西域の外国人（ソグド人）たちが競いやって来てこの城壁を見て、土地の物を献上した。

　この時に修築された城壁は、砕葉城に比定されているアクベシム遺跡において、「ラバド（第2シャフリスタン）」と呼ばれる部分に相当すると考えられている［Горячева / Перегудова 1996, p. 186；cf. 加藤1997, pp. 148-149；柿沼2019, p. 51 = 本書 pp. 68-70］。砕葉城とアクベシム遺跡との比定については、次章で詳しく述べるが、ここで特徴とされているのは城壁の形状と門の数であり、アクベシム遺跡の発掘から本史料を裏付けることができるかどうか、今後の発掘調査に期待したい[13]。

　唐は、安西四鎮の復帰を受けて、再び旧西突厥10部の間接統治に乗り出したようだ。その際には、やはり正統西突厥王族を傀儡として利用している。685（垂拱元）年には、阿史那元慶を、父・阿史那弥射を継がせて東5部を統括する興昔亡可汗・崑陵都護に任命し、686（垂拱二）年には、阿史那斛瑟羅を、やはり父・阿史那歩真の跡を継がせて西5部を統括する継往絶可汗・濛池都護とした［内藤1988, pp. 288, 307］。ところがこの直後、安西四鎮は再び吐蕃の勢力下に入るのである。伊瀬［1955, p. 260］・佐藤［1958, pp. 348-352］・森安［1984, pp. 150-151］・ベックウィズ［Beckwith 1987, p. 50］は安西四鎮陥落の年を687（垂拱三）年とする。一方、周偉州［1977, pp. 141-143］や内藤［1988, pp. 291-293］は、トゥルファンのアスターナ墓地より出土した「氾徳達告身」［68TAM100：1；『吐文』3, p. 406］に引用された垂拱二年十一月勅に、「金牙軍は于闐・安西・疏勒・砕葉等四鎮を抜く（金牙軍抜于闐・安(西)□・(疏)□勒・砕葉等四鎮）」とあることから、「抜」を放棄の意と取って686（垂拱二年）年としている。686年説に従うならば、四鎮のうちに砕葉鎮が含まれており、この時点で砕葉城は吐蕃の支配下に入ったと考えられる[14]。

　この吐蕃の攻撃はさらに唐が統治を目指した西突厥にも拡大した。東部の興昔亡可汗・阿史那元慶は686〜689（嗣聖三〜永昌元）年の間に吐蕃によって捕らえられ、その後、解放されたようだが西突厥には戻らずに唐国内に入り、

692（長寿元）年に誣告によって処刑される［内藤1988, pp. 290-291］。

　一方、西部の継往絶可汗・阿史那斛瑟羅は吐蕃の攻撃を蒙らなかったようだが、その分、東突厥（突厥第二可汗国）の侵攻を蒙った。突厥第二可汗国は、630（貞観四）年より唐の羈縻支配に服していた突厥第一可汗国の遺民を中心として、682（永淳元）年に内モンゴルで建国された[15]。東突厥は、建国直後から旧西突厥への侵攻を繰り返しており、690（天授元）年に耐えきれなくなった斛瑟羅が唐に逃れることとなったようだ［内藤1988, pp. 305-314］。

　さて、吐蕃による安西四鎮奪取に対して、唐は反撃を試みたが、二度にわたる安息道行軍の吐蕃攻撃は失敗に終わった［伊瀬1955, p. 260；内藤1988, pp. 293-295］。そして、唐がようやくこれを回復したのは、692（長寿元）年から694（延載元）年におよぶ吐蕃との決戦に勝利した結果であり、旧西突厥から勢力を増してきた新興勢力である突騎施の烏質勒と結んだことが勝利に繋がった［森安1984, pp. 152-154］。この時、回復した地域には、692（長寿元）年の記事に、「乃ち亀茲・于闐・疏勒・砕葉四鎮を克復して還る（乃克復亀茲・于闐・疏勒・砕葉四鎮而還）」［『旧唐書』巻九三「王孝傑伝」（p. 2977）］とあることから、砕葉城も含まれていたことがわかる。これに対して、吐蕃は692年の阿史那元慶処刑を受けて立ったその子、阿史那俀子を694（延載元）年にトン＝ヤブグ（統葉護）可汗に擁立し、旧西突厥の糾合を試みた［内藤1988, pp. 295-298］。その結果、呼応した旧西突厥諸部が砕葉を攻撃したが、砕葉鎮守使であった韓思忠が迎撃し、千泉で吐蕃の軍を撃破しており［内藤1988, pp. 298-302］、安西四鎮を奪還するにはいたらなかった。それでも、内藤氏は阿史那俀子は乱の失敗後も砕葉平野の一角に勢力を保ち続けただろうと推測している［内藤1988, p. 323］。吐蕃が西突厥の王族を傀儡とした理由は、西突厥、特に砕葉平野を四鎮とともに支配するためであった［内藤1988, p. 304］。唐に続いて、吐蕃も旧西突厥王族を利用して砕葉進出を目指したのである[16]。

（4）突騎施の台頭と東突厥の侵攻

　この後、状況はさらに複雑化する。唐の安西四鎮奪還を援助した突騎施の烏質勒がさらに強勢化して自立していく一方、東突厥も天山方面への侵攻を諦め

ず、旧西突厥を介在した唐と吐蕃との争いに参入してきたからである。唐は、700（久視元）年に再び阿史那斛瑟羅を今度は可汗としてではなく平西軍大総管として砕葉に派遣した。内藤［1988, pp. 319-321］によれば、斛瑟羅が可汗を名乗らなかったのは、拓西可汗を派遣して旧西突厥へと勢力伸張をはかる東突厥に対し、西突厥としてではなく唐の将軍として派遣したことを明示する意味合いと、もともと西突厥の臣下であった突騎施を抑え、旧西突厥を安定させる意味合いとがあったという。

　これに対して、吐蕃もまた700年に阿史那俀子を利用して行動に移った。チベット語史料（*Old Tibetan Annals*, ver. 1, l. 133）には、この年にトン＝ヤブグ可汗（＝阿史那俀子）を Dru-gu（テュルク[17]）国に派遣したとする記述がある［Dotson 2009, p. 101］。この時の派遣先である Dru-gu 国がどこか明らかではないが、二通りの解釈がある。ひとつには、当時、唐に対して反乱を起こしていた旧西突厥系と見られる阿悉吉薄露への援軍とする見方である［森安1984, pp. 157-158；内藤1988, pp. 322-323；Beckwith 1987, p. 62］。阿悉吉薄露は吐蕃とともに反乱しており、それに呼応する形で阿史那俀子が派遣されたというわけである。そして、もうひとつの見方としては、東突厥に派遣されて吐蕃と東突厥の共闘の使者となったとする考え方がある［森安1984, pp. 158-159］。いずれにせよ、吐蕃は阿史那俀子を媒介にして草原世界へ進出することを継続して行っていたのである。

　ところが、このような唐・吐蕃の動きにもかかわらず、この後に砕葉を確保したのは突騎施であった。突騎施の烏質勒は703（長安三）年に砕葉を奪取して斛瑟羅を追放すると、旧西突厥諸部の抵抗を抑えて天山方面の最大勢力となった［内藤1988, pp. 324-328］。それでも漢籍史料には砕葉鎮の存在が見えているが、これは、突騎施の妥協により、唐が砕葉鎮守使を名目的に砕葉城に置くことが可能であっただけで、実質的には唐の勢力圏にあったとは言えないとされる［松田1933, pp. 367-369］。しかし、実際に砕葉城にも唐の鎮兵が数百人単位と少ないながら駐屯しており、これは、中央アジアへの進出を狙う突厥第二可汗国の侵攻を防ぐため、唐と突騎施の利害が一致した結果であるとされる［王小甫1992, pp. 282-288］。その際、710（景龍四）年に出された制勅

「命呂休璟等北伐制」[『唐大詔令集』巻一三〇（p. 705）]には、北庭都護の呂休璟が砕葉鎮守使の肩書きを帯びているのが確認できる。劉子凡[2016, pp. 239-240]は、実際に北庭都護が砕葉城に支配を及ぼしていたわけではないが、この肩書きを持つことで旧西突厥諸部を名目的に統治下に置く権限を付与され、突騎施やその他の旧西突厥諸部との連携を取ることができたと見なしている。このように、唐と突騎施との間の提携関係によって、砕葉鎮には名目的ではあれ、からくも唐の勢力が残存することになったのである。

　706（神龍二）年に烏質勒が死去した後、突騎施はその子、娑葛が跡を継いだが、その際、唐は阿史那斛瑟羅の息子であり、十姓可汗に冊立した阿史那懐道を派遣して、娑葛に嚈鹿州都督・懐徳郡王を与えた[内藤1988, pp. 335-339]。斉藤[1991, pp. 36-37]は、この時、阿史那懐道[19]が派遣され、娑葛に可汗号ではなく都督号が授与された理由として、唐が娑葛に周辺諸国並みの待遇を与えて懐柔しようとした一方で、正統な西突厥王族であり、そのうえ十姓可汗である懐道を派遣することによって、西突厥の「正統な可汗」の存在をアピールし、娑葛よりも懐道の方が上位であることを示そうとしたと指摘する。さらに、708（景龍二）年には、御史大夫・解琬が派遣されて娑葛に金河郡王の位が与えられている。

　このように、唐と娑葛の関係は良好であったが、その直後に両国の関係は一時的に悪化する。唐に降っていた烏質勒の部下、阿史那忠節の建議により、708年に唐が娑葛攻撃を計画したのである。これに対して、娑葛が可汗を自称して西域各地にいた唐の駐屯軍に攻撃を仕掛けると、唐は第二代興昔亡可汗・阿史那元慶の息子である阿史那献（すなわち、吐蕃の傀儡可汗となった阿史那俀子の弟）を「十姓可汗」に冊立して、最前線となっていた焉耆に投入した[内藤1988, pp. 349-352]。しかし、娑葛の攻撃によって完敗し、その際に忠節も娑葛に捕らえられてしまった[内藤1988, pp. 346-349]。翌709（景龍三）年七月に娑葛から和平の要請があったものの[20]、唐は大幅に譲歩せざるを得ず、翌709（景龍三）年に娑葛を「十四姓可汗」に冊立している[『旧唐書』巻九七「郭元振伝」（p. 3048）]。この時、娑葛が得た「十四姓」とは、旧来の「十姓」に加えて、やはりトルコ系の三姓葛邏禄（カルルク）の「三姓」を加え、さらに三姓咽麺を

加えるが、これは、小部族であり族長も1人の葉護(ヤブグ)からなっていることから「一姓」と見なされたもの、とされている［佐藤1942, p. 11；内藤1988, pp. 355-357］[21]。内藤氏は、これは娑葛が708年に可汗を自称した際の称号を唐が追認したものであり、中に「十姓」を含んでいることから、阿史那献の「十姓可汗」は廃止されたとする［内藤1988, pp. 352-354］。

この時の可汗冊立により、唐は娑葛の旧西突厥における覇権を名実ともに認めたと考えられる［斉藤1991, p. 37］。そして、大澤［1996, pp. 12-16］によれば、この時の冊立は、モンゴル高原より北方の、イェニセイ河流域にいた黠戛斯(キルギス)が仲介して実現したものであった。この当時、漠北の突厥第二可汗国が第二代の黙啜可汗（カプガン可汗；691〜716年）のもとで強勢化し、708年前半期に黠戛斯のバルス＝ベグを傀儡可汗として即位させたため、それに対抗するために唐・突騎施・黠戛斯の3ヶ国が友好関係を結ぶこととなったのである［大澤1996, pp. 1-6］[22]。バルス＝ベグは東突厥の傀儡可汗であったにもかかわらず、密かに唐と結び、三国同盟によって黙啜可汗を打倒しようとしたのである。その動きに対して東突厥は710年に黠戛斯を攻撃して可汗（すなわち、バルス＝ベグ）を殺害すると、そのまま突騎施を攻撃して710〜711年に娑葛を殺害し、一旦突騎施可汗国を滅亡に追い込んだのである［岩佐1936, pp. 195-201；内藤1988, pp. 360-361］。

砕葉に拠っていた娑葛が殺害されたことにより、砕葉の地は一時的に空白となった。そこで唐は、娑葛の時代に十姓可汗としていた阿史那献を、711（景雲二）年に「安撫招慰十姓大使・興昔亡可汗」として、旧西突厥諸部の統御を行わせようとした［内藤1988, pp. 82-85；斉藤1991, p. 38］。それにもかかわらず、714（開元二）年に砕葉を奪ったのは、旧西突厥の一派である胡禄屋部出身の都担であった［松田1933, p. 373；内藤1988, pp. 72-75］。この都担の乱は、同年中に磧西節度使を帯びた阿史那献によって鎮圧され［『資治通鑑』巻二一一「玄宗開元二年条」(p. 6698)］、大事にはいたらなかった。しかし、内藤氏によれば、この乱に呼応して東突厥が北庭都護府を攻撃しており、その目的は、北庭都護府を越え砕葉の地まで占領することにあったという［内藤1995a, pp. 36-37］。ところが、この計画は北庭攻撃の際に、黙啜可汗の息子、

同俄特勤の戦死によって頓挫し、東突厥は退却した［内藤1995a, pp. 34-35］。

一方、東突厥に滅ぼされた突騎施の別部である黒姓突騎施から、新たに蘇禄が現れて突騎施を復興させ［松田1933, p. 371；内藤1988, pp. 354-355］、716（開元四）年に自立して可汗となった［『資治通鑑』巻二一一「玄宗開元四年条」（p. 6720）］。これに対して、唐は716（開元四）年か717（開元五）年に、阿史那献を再び十姓可汗に冊立し、蘇禄を都督に任命することで、蘇禄を懐柔しつつ阿史那献の優位を示そうとした［斉藤1991, p. 40-42］。しかし、この情勢は、717（開元五）年六・七月に起こった阿史那献の独断による蘇禄討伐と、献の敗北によって早くも崩れ、唐は蘇禄の優位を認めることとなる［斉藤1991, p. 43］。すなわち、718（開元六）年に蘇禄を順国公に冊封し、さらに翌719（開元七）年には蘇禄を忠順可汗に冊立して、それまで認めてこなかった可汗の地位を授けたのである［『冊府元亀』巻九六四「外臣部 封冊二」（明版, p. 11343）］。

そして、同719年に、唐は遂に砕葉鎮を名目上も放棄して焉耆鎮を四鎮に加え、その後、二度と砕葉の地を影響下に置くことができなかった［松田1933, pp. 384-391］。その際、いかにして唐が砕葉鎮を放棄するにいたったかは、問題がある。その様子を述べた史料としては、次の記述しかないからである。

『新唐書』巻二二一上「西域伝上 焉耆国条」［p. 6230］
於是十姓可汗請居砕葉、安西節度使湯嘉惠表以焉耆備四鎮。
【和訳】そこで、十姓可汗が砕葉に住みたいと請願したため、安西節度使の湯嘉惠は焉耆を四鎮に加えたいと上表した。

ここで、砕葉への移居を請願した十姓可汗が何者か、これまで議論があり、阿史那献と考える説［松田1933, p. 382；伊瀬1955, pp. 293-300；内藤1988, pp. 86-87］と、蘇禄と考える説がある［佐藤1943, pp. 78-88；周偉洲1977, pp. 143-147；薛宗正1984, p. 83；Beckwith 1987, p. 90］。この問題に関しては、斉藤［1991, pp. 40-51］が次のような論拠から、蘇禄説を支持した。①蘇禄は唐から都督→国公と位を進められた結果、719（開元七）年に忠順可汗に冊立されており、唐との関係の進展を窺わせる。それゆえ、唐は忠順可汗冊立の

時点で十姓可汗による統御を諦めたはずである。②十姓可汗・阿史那献は、716・717（開元四・五）年に砕葉付近にいたことが確認できるものの、719年のことは記述がない。③719年当時は、唐が砕葉に十姓可汗を派遣できるような情勢ではない。④上引の『新唐書』の記事は、編者が蘇禄を十姓可汗と誤認した可能性がある。

　一方、この当時の状況と深く関わる文書が劉安志［2002］によって紹介されているのでここで紹介しておきたい。それはトゥルファンの鄯善県より出土した「唐開元五年（717）後西州献之牒稿為被懸点入軍事」であり、西突厥東西十部のうち、東部咄陸部に属す胡禄屋部塩泊都督府の官員であった献之なる人物が提出した牒である。劉安志［2002, pp. 178-186］の解釈によれば、開元五年十一月に「定遠道行軍大総管・可汗」である阿史那献によって、献之は定遠軍に徴発され、721（開元九）年にいたってようやくトゥルファン近辺の自部落に帰還することができたという。そして、開元五年段階の定遠軍は東部天山地域にあり、東突厥の攻撃を防ぐ役割を帯びていたとする［劉安志2002, p. 201］。このように、721年段階でも阿史那献の支配がいまだ西突厥諸部に対して十分にいきわたっていることから、劉氏は『新唐書』「西域伝」の「十姓可汗」を蘇禄ではなく献であると主張するのである。とはいえ、本文書では阿史那献に対して「十姓可汗」ではなく単に「可汗」と呼んでいる点や、劉氏自身も述べているように、献の活動域が砕葉ではなく東部天山地域である点など、「砕葉の十姓可汗」を論じるに当たって不十分な点も多い。今後はこの劉氏の説と斉藤説をより詳細に比較検証していく必要があるだろう。それゆえ、現時点では筆者は斉藤氏の説に従っておきたい。

　いずれにせよ、砕葉城は719年に蘇禄の勢力圏に入れられることとなった。唐は同時に蘇禄に対する懐柔策として、娑葛に対抗する十姓可汗であった阿史那懐道の娘を、722（開元十）年十二月に交河公主[23]として蘇禄に出嫁した［『資治通鑑』巻二一二「玄宗開元十年十二月庚子条」（p. 6754）][24]。砕葉についてはこれ以後、漢籍史料の記述にほとんど現れなくなるのである[25]。

　以上のように、砕葉を含む東トルキスタンの歴史的推移は極めて複雑であるが、重要なのは、正統西突厥王族・阿史那氏の権威が長年にわたって残り続け

たことであろう。それゆえ、唐も吐蕃も傀儡可汗を立てて砕葉進出を企図したのであり、砕葉は西突厥の権威下にあったと言えよう。この権威が崩れるのは突騎施の台頭からで、それ以来、カルルク、カラハン朝といった勢力が登場して阿史那氏は表舞台から消えることとなるのである。

II 「杜懷寶碑」について

　前章では、主に漢籍史料より、砕葉周辺の歴史的推移を概観した。次に、アクベシム遺址より発見された漢語碑文について見てみたい。

　砕葉城をアクベシム遺址に比定する試みは、従来から行われてきたが［Clauson 1961, p. 4；張1979, p. 463］、有力な証拠が発見されなかったため、確定していなかった。ところが、1982年にアクベシム遺址内から当地が砕葉城であることを裏付ける漢語碑文が発見された。

　この碑文は、ゴリャチェワ・ペレグドワ両氏によって初めて紹介された［Горячева／Перегудова 1996, pp. 185-187；cf. 加藤1997, pp. 148-149］。続いて内藤みどり氏は、この碑文の拓本を将来した川崎建三氏より拓本の提供を受けて録文を発表した上で、その碑文の持つ歴史的背景を考察している［内藤1997］。さらに、ルボ＝レスニチェンコ［Лубо-Лесниченко 2002, pp. 123-126］や薛宗正［2010, pp. 133-137］も内藤氏の議論を取り入れつつ、この碑文について言及し、周偉洲［2000］は一部、内藤氏の議論を改めている。

　ここで、まず本碑文の録文を提示するが、筆者もまた、川崎氏より拓本のコピーを提供していただいたため、その実見結果に基づき、内藤氏の録文を一部改訂して提示する[26)]。

【録文】　　　　　　　【和訳】
【録文】　　　　　　　【和訳】
1．□□(安)西副都　　　　安西副都
2．□(護)砕葉鎮壓　　　　護・砕葉鎮圧
3．十姓使上柱國　　　十姓使・上柱国・
4．杜懷□(寶)□上為　　杜懷寶は、上は

5．天皇□□(天)□(后)[27]下　　天皇・天后のために、下は
6．□□□□妣　　　・・・亡母（のために）
7．見□□□使之[28]　　・・・・・・・
8．法界□□[29] 生普[30]　世界の民衆（？）
　　　　　　　　　　　（のために？）
9．願平安獲其　　　平安に冥福を得ることを
10．暝福敬造一佛　　あまねく願い、謹んで仏像
　　　　　　　　　　一体と
11．二[31] 菩薩　　　　菩薩像二体（＝三尊像）を
　　　　　　　　　　造像いたします。

　既に内藤氏が述べているように、この碑文は安西副都護であった杜懷寶なる人物が、亡母のために寄進した仏像の台座（厚さ約11cm，幅約32.6cm，高さ約13.5cm）であり、いわゆる造像碑であったと考えられる［内藤1997，pp. 151-152］。
　では、安西副都護の杜懷寶とはいかなる人物だったのであろうか。この人物には列伝が無く、次の史料がほとんど唯一の記録である。

張説「夏州都督太原王公神道碑」『文苑英華』巻九三「碑」［p. 4804］
裴吏部名立波斯、實取遮匐、偉公威厲、飛書薦請、詔公爲波斯軍副使兼安西都護・上柱國、以安西都護懷寶爲庭州刺史。大城碎葉、街郭迴互、夷夏縱觀、莫究端倪。・・・（中略）・・・無何、詔公爲庭州刺史，以波斯使領金山都護。前使杜懷寶更統安西、鎭守碎葉。・・・（後略）
【和訳】裴行儉は名目は波斯（ペルシア）（の王子）を擁立するとして、実際には（李）遮匐を捕らえた時に、公（＝王方翼）の盛んな意気を出色のものと認め、急ぎ上奏文を送って推挙したので、公に詔勅が下されて波斯軍副使兼安西都護とし、（勲官を）上柱国とする一方、安西都護であった（杜）懷寶を庭州刺史とした。大都市である碎葉は大通りや城郭が入り組んでおり、漢人や外国人があまねく見て回っても、端まで行き着くことができなかった。・・・（中

略）…ほどなくして、公に詔勅が下されて庭州刺史とし、波斯使として金山都護（庭州所在の都護府、後の北庭都護府）を管領させた。<u>前任者の杜懷寶は交代に安西を統御し、砕葉を守備した。</u>…（後略）

　この記事は、張説が記した王方翼の神道碑である。前半部は677（儀鳳二）年に反乱を起こした処木昆部の阿史那都支と李遮匐に対して、679（調露元）年に裴行倹が奇襲して両者を捕らえた事件について記している［内藤1988, pp. 275-280］。この時、裴行倹は「安撫大食使」を称して、長安にいたペルシアの王子を本国に帰還させるという名目で軍を旧西突厥の勢力圏に侵入させ、両者を捕らえることに成功したのであった。この後の文章で、杜懷寶と交代して王方翼が安西都護に就任したことが記される。上述したように、王方翼はこの時に砕葉城の城壁を修築したが、これは679年9月のことである［『唐会要』巻七三「安西都護府条」(p. 1571)］。さらに、王方翼は庭州刺史に異動になり、交代にそれまで庭州刺史であった杜懷寶が砕葉に赴任することとなったが、内藤［1997, p. 154］やルボ＝レスニチェンコ［Лубо-Лесниченко 2002, p. 126］は、この交代の時期を、679年末から680（永隆元）年初の間のことであっただろうと推測している。そして、内藤［1997, pp. 152-153］は、砕葉赴任時の杜懷寶の役職として、「杜懷寶碑」に記された「安西副都護」とならんで、上で引いた神道碑に「砕葉を鎮守す」とあることから、「砕葉鎮守使」を想定する。すなわち、「杜懷寶碑」は「砕葉鎮守使・鎮圧十姓使」と記すべき所を、「鎮」字の重複から誤記したと推測したのである。

　しかしながら、可能性は十分あるものの、やはり神道碑の文言のみから砕葉鎮守使の役職を導き出すことは、残念ながら現時点では推測の域を出ていない。一方、薛宗正［2010, pp. 136-137］は内藤氏の「鎮」字重複説を批判して、この部分を「砕葉鎮・圧十姓使」と読み、「圧」字を「押」字と同義と見て杜懷寶が「押十姓使」であったと考えた。とはいえ、「圧」を「押」字の代わりに使用している例を薛氏が提示しているわけではなく、これまた推測と言わざるをえない。

　また、周偉洲［2000, pp. 388, 390］も内藤氏の「砕葉鎮守使」説を批判して、

「砕葉鎮圧十姓使」とは、砕葉を任地として、広く十姓部落を安撫する使職であると述べ、この臨時の使職がやがて、常設の「砕葉鎮守使」に変化していくと推論している。

このように、「砕葉鎮圧十姓使」の部分は難解で未だに確実な結論が出ているわけではない。今後の研究進展に期待したい。いずれにせよ、杜懐寶が安西副都護であり砕葉に赴任していたこと、それゆえ発見地であるアクベシムが砕葉城であることが、「杜懐寶碑」の発見により裏付けられたのである[32]。

当碑文の作成年代に関して、周偉洲［2000, pp. 389-390］は、王方翼と交代して杜懐寶が砕葉に赴任した679年から、再び安西四鎮が吐蕃によって陥落する686年の間とした（安西四鎮の沿革については本稿第１章参照）。一方、内藤氏は「杜懐寶碑」にある「十姓」という語にも着目してさらなる厳密な作成年代を提案する。既に述べたように、「十姓」とは、本来は西突厥を構成する主要な10部落のことを指しており、その10部落の上に正統な阿史那氏の可汗が君臨していたのが西突厥可汗国であった［内藤1988, p. 67］。そして、阿史那賀魯が唐に倒されて西突厥が滅亡して以後は、王方翼に捕らえられた上述の阿史那都支（非正統阿史那氏）が十姓部落を再構成し、その連合体の長として「十姓可汗」を自称して以後、滅亡後の西突厥を指す名称として定着していく［内藤1988, pp. 67-68］。

この杜懐寶が砕葉に赴任したと見られる679年以後においては、阿史那都支に続いて「十姓可汗」を自称して唐と敵対した阿史那車簿がいた。阿史那車簿もまた非正統阿史那氏の出身であり、682（永淳元）年にモンゴル時代のアルマリク付近に相当する唐の弓月城[33]を攻囲したが、出撃した王方翼に破られている［内藤1988, pp. 68-72, 284-288］。内藤［1997, p. 156］は、「杜懐寶碑」に現れる「鎮圧十姓使」とは、この阿史那車簿の乱の際に砕葉城を守備し、進軍してきた車簿の軍を撃破するために杜懐寶が帯びた役職であったと考えている。車簿の乱が平定された後には十姓の動きは沈静化するため、本碑文の作成年代は682年に限定されると論じたのである［内藤1997, p. 157］。

ところが、周偉洲［2000, p. 388］は、阿史那車簿の乱発生から数ヶ月以内の旧西突厥が混乱している時に、杜懐寶が親の冥福を祈る仏像を建立するか疑

問であるとして、内藤説を批判し、杜懐寶が砕葉城に赴任した679年から、吐蕃が再び砕葉城を占領した686（垂拱二）年までと作成の範囲を広く取っている。しかし、内藤 [1988, pp. 60-64] によれば、677（儀鳳二）年に反乱を起こした阿史那都支の時には、まだ集団名としての「十姓」の称は見られず、682年の阿史那車簿の乱の際に、ようやく漢籍に「十姓突厥」の呼称が見られることなどから、680年代から690年代に唐側は旧西突厥を「十姓」の呼称で把握するようになったという。とすると、本碑文に「十姓」の語が現れるということは、唐が「十姓」という呼称を使い始めた時期とほぼ重なるということであり、阿史那車簿の乱をきっかけとして唐が「十姓」の称を用いることとなった可能性も考えられよう。それならば、内藤氏が論じたように、682年のみに限定することはできなくとも、682年から686年の間に作成年代を限定することができるのではなかろうか。

　さらに、「杜懐寶碑」中に「天皇」の語句を読み取ることができたことで、さらに年代のはばが狭まる可能性がある。というのも、天皇という称号は唐の第3代高宗が674（上元元）年から683（弘道元）年の約10年間の間だけ用いた称号だからである。『旧唐書』巻五「高宗紀」[p. 99] には、「（咸亨五年八月）皇帝稱天皇、皇后稱天后（咸亨五（674）年八月に、皇帝高宗は天皇と称し、皇后武則天は天后と称することとした）」という記述があり、これ以降、高宗は天皇と、後に史上唯一の女帝となる皇后の武則天は天后と呼称されることとなった。この称号は、高宗死去まで存続した。『旧唐書』巻六「則天皇后紀」[p. 116] には、「弘道元年十二月丁巳、大帝崩、皇太子顯即位、尊天后爲皇太后（弘道元（683）年十二月四日、高宗は崩御して皇太子の顯が即位し、天后を尊崇して皇太后とした）」という記述があり、武則天が天后から皇太后となったことが確実であるが、天皇についてはここに記述がない。しかし、『旧唐書』巻六「則天皇后紀」[p. 116] には、「（嗣聖元年）二月戊午、廢皇帝爲廬陵王、幽于別所、仍改賜名哲（嗣聖元（684）年二月六日、武則天は皇帝中宗を廃位して廬陵王として別所に幽閉し、哲に改名させた）」とあって、「皇帝」という称号が明記されている。そもそも、羅新 [2009, pp. 230-231] によれば、皇帝・皇后を天皇・天后に改称したのは、既存の皇后の地位を超越し皇

帝と並ぶ存在となることを目指した武則天の意志による。すなわち、天后号の創設こそがこの改称の主眼であり、天皇号はそれに付随する称号だったと言える。さらに、羅新［同上］は、高宗が死去した際にも武則天の権力は損なわれることが無く、やがて皇帝を超越した「聖母神皇」なる称号を自称すると指摘している。以上の見解に従えば、天后号が廃止された683年の段階で天皇号を存続させる意味はなくなっていたと考えてよく、683年末に天皇号も廃止されたと見るべきであろう。

　以上の考察を歴た上で再び「杜懷寳碑」に話題を戻せば、「上は天皇・天后のために」と記された本碑文は、亡母とならんで君主たる天皇高宗と天后武則天に仏像寄進の功徳が廻向されることを祈願した文章と考えることができよう。それゆえ、その作成年代は天皇号が使用された674年から、高宗崩御の情報が砕葉まで伝わる時間を考えても684年中までと見て大過ないだろう。加えて、内藤氏による「十姓」の呼称が682年の阿史那車簿の乱以降にならなければ現れないとする見解をふまえれば、その作成年代は682年から684年の間である可能性が高いのである[34]。

III　結び

　以上に見てきたように、7世紀から8世紀にかけての砕葉は、西突厥系の遊牧民の活動を主軸としながら、唐・吐蕃・東突厥などの様々な勢力がせめぎ合う係争地であった。砕葉は、玄奘の報告にあるように各地の商人が集まる国際都市でありながら、周辺は遊牧民の根拠地となりうる豊かな草原地帯であり、わずかな期間であるとはいえ、唐の内陸アジア支配の拠点のひとつとなったのである。

　砕葉の地理的重要性に関して、松田［1963, pp. 430-431］は西方のマーワラーアンナフルのオアシス商業圏と北方の遊牧圏、そして東方の中国との交渉地点として砕葉を捉え、この地域を支配することで唐は内陸アジアの隊商貿易を中国側に好転させようとしたと指摘した。また、内藤［1988, pp. 37-38］は砕葉城をソグド人の商業都市と捉えた上で、西方の西域から東方の中国、あるいは北方にチュー＝イリ山脈を越えてアルタイからモンゴリアへと続く交

通の要衝であり、ソグド植民市の東方世界との出入り口であったとする。さらに、より詳細に西域における唐の交通体制を研究した荒川［2010, pp. 507-508, 517］は、唐による砕葉鎮の整備に関して、唐が遊牧国家から天山北路のステップルートの主導権を奪い取り、交通路を整備しようとした現れであると評価し、東部天山地方のジムサに置かれた北庭（ビシュバリク）も同様の意義を持っていたと考えている。

　このように、砕葉は西域における遠距離交易路の要衝として発達したのであるが、一方では遊牧民と定住民との接点としての意味合いも兼ね備えていた。石見［2008, p. 71；Iwami 2008, p. 49］は、8世紀中葉に突厥第二可汗国を滅ぼしてモンゴル高原の覇権を握った東ウイグル可汗国の首都、オルドバリク（現カラバルガスン遺跡）や、13世紀におけるモンゴル帝国の首都、カラコルム（現ハラホリン）と同様、砕葉城も西突厥の首都として機能しながら、遊牧民が住まう都市ではなく、外国使節や外国商人のために存在していたと指摘する。

　このように、砕葉を研究する際には、オアシス定住都市同士をつなぐ視点と、遊牧民と定住民をつなぐ視点との両者が必要なのであり、従来の「西域史」や「中央アジア史」を越えた、広い視点が重要となる。その点でいえば、近年、遊牧民と定住民の関わりが歴史研究の中で重視されるようになり、中央ユーラシア史と東アジア史の連動を意識した「東部ユーラシア史」研究が盛んとなっていることは注目に値する[35]。遊牧地域と定住都市の関係を考察するうえで、両地域の結節点に位置する砕葉城の持つ歴史的重要性は、東部ユーラシア史の一貫として、今後もますます考察する意義が高まるはずである。

　これらの課題を考えるに当たって、砕葉城に比定されるアクベシム遺跡を発掘することは極めて重要な意味を持つことは疑いない。内陸アジア商業都市の実態や、遊牧民と都市との関係、唐による異民族支配の実態など、様々な側面から新たな事実が明らかになることで、東部ユーラシア史に新たな光が当たるだろう。

註

1）本稿は、2016年に公刊された日本語論文［齊藤2016］、その加筆英訳版［Saito 2017］の内容に、

さらに増補修訂を加えたものである。なお、本稿が砕葉に関わる中央アジア情勢を広く概説する一方で、砕葉城とその周辺のみに焦点を絞った齊藤［2023］は本稿と対になる論稿であるため、そちらも参照していただきたい。

2）突厥文字古代トルコ語の突厥碑文では Ištämi Qaɣan として記され［cf. Tekin 1988, pp. 8-9, 70］、漢字では室点密可汗や瑟帝米可汗と音写されている。伝説上の可汗ともされているが［松田1929, p. 256］、メナンドロスが記したギリシャ語史料［cf. 内藤1988, pp. 374-395］に現れる可汗、ディザブロス（ディルジブロス／シルジブロス）と結果的に同一人物と考えられている［内藤1988, p. 399］。

3）滅亡後も含めた西突厥可汗系図は、内藤［1988, p. 256］を参照いただきたい。

4）同時期には、東突厥第3代木汗可汗の曽孫である泥撅処羅可汗が、後の北庭都護府（ビシュバリク；現ジムサ）付近に拠点を持っていた［嶋崎1977, pp. 181-182］。

5）砕葉城がアクベシム遺跡であることは後述する。

6）玄奘の長安出発年を629（貞観三）年とし、砕葉訪問を630年とするド＝ラ＝ヴェシエール［de la Vaissière 2010, p. 166］に従う。

7）この史料中に単に「葉護可汗」と呼ばれている人物は、長らく統葉護可汗を指すと考えられてきたが、その次の可汗である肆葉護可汗を指すと考えるべきであることが明らかにされた［de la Vaissière 2010, pp. 165-166］。

8）安西四鎮が置かれたオアシス諸国に対する羈縻支配は、従来通りの国王を中心とする都督府と、唐の鎮守軍とによる二重統治体制であった［森安1984, pp. 193-197；Zhang / Rong 1987, pp. 90-91；張／栄1988, pp. 111-117；荒川1997, pp. 10-16］。

9）この阿史那賀魯征討については、松田［1930, pp. 341-351］を参照のこと。

10）本稿では、阿史那賀魯政権滅亡以前の阿史那氏王統による国家を呼ぶ場合には「西突厥」と、滅亡以後の西突厥を構成していた集団を指す場合には「旧西突厥」と呼称して区別している。

11）旧稿［齊藤2016, p. 83］では誤って、砕葉に崑陵都護府が置かれたと記載していたが訂正する。

12）安西都護府が陥落し、トゥルファンに後退したことは、トゥルファンアスターナ61号墓出土曹禄山関連文書［『吐文』3, pp. 242-247］からも知ることができる。荒川［2010, p. 374］・Ōsawa［2012, pp. 245-247］・劉子凡［2016, pp. 172-177］参照。

13）柿沼［2019, 本書 p. 61］は「四面十二門」の表現は現実を反映していない誇張ではないかと推測しているが、大いにあり得ることであろう。

14）劉子凡［2016, p. 204］は、686年に阿史那斛瑟羅が西突厥西部5部を統率するにいたったのは、砕葉城が陥落して唐が直接統治を行えなくなったためであるとしている。

15）突厥遺民に対する羈縻支配と第二可汗国の建国については、岩佐［1936］・石見［1987］・齊藤［2009, 2011］を参照のこと。

16）近年、東突厥史研究の中で、始祖ブミン可汗より始まる突厥可汗の権威が、支配の正統性を得るうえで重要であるという議論が盛んである。そうした議論から、突厥第二可汗国がその系譜を捏造してブミン可汗の直系であると僭称していたこと［鈴木2008, pp. 147-145］や、唐がブミン可汗直系の阿史那感徳を突厥遺民支配のための傀儡可汗としていたこと［齊藤2011, pp. 25-31］が明らかになっている。今後は、西突厥における阿史那氏の権威に対しても目を配る必要があろう。

17）古代チベット語史料中の Dru-gu とは Türk の音写であり、テュルク族一般を指していることは森安［1977, pp. 73-76］を参照のこと。

18) ベックウィズ［Beckwith 1987, pp. 63-64, n. 56］は、森安氏の東突厥遣使説を批判して、Old Tibetan Annals においては東突厥は別にブグチョル 'Bug-čhor として現れており、Dru-gu は全て西突厥を指しているとして、西突厥遣使説を採った。しかし、別稿［齊藤2013；齊藤2014］で述べたように、ブグチョルとは東突厥そのものを指す用語ではなく、ビルゲ可汗即位時の粛清を逃れた先代カプガン可汗（黙啜＝ブグチョル）の息子を中心とした遺民集団であるため、直接反論の材料にはならない。いずれにせよ、Dru-gu が西突厥のみを指すのか、東突厥も指しうるのかは、改めて議論すべき問題である。
19) 阿史那懐道は、本人と妻の墓誌が発見されており、妻は六胡州の安氏であったことが判明している［石川2011, pp. 28, 44］。
20) 景龍三年五・六月における唐軍と娑葛軍の安西都護府付近の戦闘について、敦煌発現の「張君義文書」から窺い知ることができる。内藤［1995b］・劉安志［2002］参照。
21) 旧稿［齊藤2016, p. 86；Saito 2017, p. 97］では、松田［1933, pp. 370-371］に従い、十四姓を、十姓に加えて、十姓の一部である突騎施部の下位集団である黒姓突騎施と黄姓突騎施を別部と見なして「十一姓」とし、さらに三姓葛邏禄（カルルク）を加えた称号、とみなしていたが、内藤［1988, p. 356］による、突騎施部全体を統べる可汗であるはずの娑葛が、突騎施部を黒姓と黄姓の両集団に分けて把握するはずがない、という指摘はもっともであると考え直したため、修正した。
22) 内藤［1988, pp. 39-40；1995a, pp. 37-39］はこの傀儡可汗となったバルス＝ベグを旧西突厥の出自であると考えているが、突厥碑文の構成から點戞斯出自と考えた大澤説に従う。
23) 交河公主については、史料によって「金河公主」とするものがあり、さらに、阿史那懐道の娘とされているが実際は義理の娘であるとする説［石見2000, pp. 374-375］もあった。しかし、阿史那懐道とその妻である安氏の両墓誌が発見され、娘の出嫁の話題が両墓誌ともに見られることから、実女であることが確認されている［石川2013, pp. 32-34］。
24) 交河公主の出嫁を717（開元五）年とする『唐会要』巻六「和蕃公主」［p. 87］の記述もあるが、『資治通鑑』を信じるべきとする岑仲勉［1958, p. 88］の説に従う。
25) 『通典』巻一九三所収、762年以後成立の杜環『経行記』逸文［p. 5275］に、748（天宝七）年に北庭節度使・王正見の攻撃で城壁が破損したこと、大雲寺という寺院があって、杜環が訪問した時にはまだ現存していたことなどが報告されるのみである。
26) 内藤氏の録文の他、周偉洲［2000, p. 384］・Лудо-Лесниченко［2002, p. 124］・薛宗正［2010, pp. 134-135］・柿沼［2019, p. 53］にも独自の録文がある。本碑文は長らく拓本写真など文字の判読が可能な図版が提供されてこなかったが、城倉他［2017, pp. 165-166, 173］が、碑文の写真ならびに碑文の3Dスキャン画像を公開した。これらの鮮明な図版により、ようやくそれぞれの釈読が検証可能になった。なお、ここで提示した録文ならびに注釈は旧稿［齊藤2016；Saito 2017］より改めたもので、齊藤［2023］にも掲載したものである。
27) 柿沼に従い、旧稿に加えて「天后」の2文字を補う。
28) 「之」の字は従来読まれていなかったが、柿沼が初めて読み取った。
29) この1字には、「衆」や「蒼」などが入り、次の「生」と合わせて「民衆」の意味になる（「衆生」・「蒼生」）と推測する。
30) 内藤氏とルド＝レスニチェンコ氏は「晉」に作る［内藤1997, p. 151；Лубо-Лесниченко 2002, p. 124］が、図像からは「普」に見える。周偉洲［2000, p. 384］・薛宗正［2010, pp. 134-135］・柿沼［2019, p. 53］の録文も「普」としている。

31) 本稿では従来通りの解釈に従い、「二」と読むが、現物を実見した柿沼［2019, p. 53 = 本書 p. 73］は「一」と読んでいる。今後の検討を俟ちたい。
32) 従来は、砕葉鎮をアクベシムとは別の場所に比定する見解もあった。その一例として、王永興［1994, pp. 193-194］は、安西四鎮に含まれ、王方翼が修築した砕葉城はアクベシムではなく、焉耆都督府管内にあったと『新唐書』巻四三下「地理志七下」［p. 1134］の記述を根拠として論じたが、「杜懷寶碑」の発見により完全に成り立たなくなった。「杜懷寶碑」発見以前に漢籍史料の解釈より王説を批判した論文としては呉震［1978］がある。
33) 弓月城の地理比定については、松田［1930, pp. 336-338］による。その政治的・経済的重要性については、Ōsawa［2012, pp. 250-255］参照。
34) 旧稿［Saito 2017, p. 101］でも同じ結論に達したが、柿沼［2019, p. 53］によって、天皇号廃止以後、武周革命（690年）以後の造像銘においても、天皇・天后時代の銘文が流用されて使用された例があるため、時代の特定には慎重になるべきという批判が出された。それゆえ、柿沼氏は吐蕃によって砕葉城が占領された686年を作成の下限としている。しかしながら、安西副都護までつとめた人物によって、中央アジアの新規占領地でわざわざ作成された祈願文に、流用された文章が使われる可能性は決して高くないように思われる。それゆえ、拙速に自説を変更せず諸賢の御批正を仰ぐこととし、旧稿を改めなかった。
35) 研究者によってこの地域に対する呼称・定義は異なるものの、問題意識は共通している。その概観は石見［1999］・森安［2007, pp. 60-61］・妹尾［2009, pp. 113-116］・古松［2020, pp. 2-23］・森部［2020］などを参照のこと。関係する個別研究は膨大になるため割愛する。

参考文献

※再録がある場合、頁は再録のみを提示。本文では再録の該当箇所を提示。

『大唐西域記』＝京都帝大校訂本.

『大慈恩寺三蔵法師伝』／『旧唐書』／『新唐書』／『資治通鑑』（旧版）／『通典』＝中華書局標点本.

『冊府元亀』（明版）／『文苑英華』＝中華書局影印本.

『唐会要』＝上海古籍出版社標点本.

『唐大詔令集』＝商務印書館排印本.

『吐文』＝唐長孺（主編）1992-1996：『吐魯番出土文書』1‒4, 文物出版社.

荒川　正晴　1997：「クチャ出土『孔目司文書』攷」『古代文化』49, pp. 1-18.

荒川　正晴　2010：『ユーラシアの交通・交易と唐帝国』名古屋大学出版会.

石川　澄恵　2011：「唐の則天武后期における六胡州とオルドス情勢――「阿史那懐道夫人安氏墓誌」を手掛かりに――」『史艸』52, pp. 28-56.

石川　澄恵　2013：「唐初期の西方経営と西突厥阿史那氏について――阿史那懐道夫妻墓誌を手掛かりに――」『日本女子大学大学院文学研究科紀要』19, pp. 25-40.

伊瀬　仙太郎　1955：『中国西域経営史研究』巖南堂書店.

岩佐　精一郎　1936：「突厥の復興に就いて」和田　清（編）『岩佐精一郎遺稿』岩佐傳一発行, pp. 77-167.

石見　清裕　1987：「唐の突厥遺民に対する措置」『日野開三郎博士頌壽記念論集 中国社会・制度・文

化史の諸問題』中国書店．(再録:『唐の北方問題と国際秩序』汲古書院, 1998, pp. 109-147)
石見　清裕　1999:「ラティモアの辺境論と漢〜唐間中国北辺」唐代史研究会（編）『唐代史研究会報告第Ⅷ集 東アジアにおける国家と地域』刀水書房, pp. 278-299.
石見　清裕　2000:「唐代「沙陀公夫人阿史那氏墓誌」訳注・考察」『村山吉廣教授古稀記念中国古典学論集』汲古書院, pp. 361-382.
石見　清裕　2008:「唐とテュルク人・ソグド人──民族の移動・移住より見た東アジア史──」『東アジア世界史研究センター年報』1, pp. 67-81.
大澤　孝　1996:「8世紀初頭のイェニセイ・キルギス情勢──バルス・ベグの出自と対東突厥征伐計画をめぐって──」『史朋』28, pp. 1-24.
大谷　勝眞　1925:「安西四鎮の建置とその異同に就いて」池内　宏（編）『白鳥博士還暦記念東洋史論叢』岩波書店, pp. 271-292.
柿沼　陽平　2019:「唐代砕葉鎮史新探」『帝京大学文化財研究所研究報告』18, pp. 43-59.
加藤　九祚　1997:「セミレチエの仏教遺跡」『中央アジア北部の仏教遺跡の研究（シルクロード学研究 Vol. 4）』, pp. 121-184.
齊藤　茂雄　2009:「唐代単于都護府考──その所在地と成立背景について──」『東方学』118, pp. 22-39.
齊藤　茂雄　2011:「突厥「阿史那感徳墓誌」訳注考──唐羈縻支配下における突厥集団の性格──」『内陸アジア言語の研究』26, pp. 1-38.
齊藤　茂雄　2013:「突厥第二可汗国の内部対立──古チベット語文書（P.t.1283）にみえるブグチョル（ʼBug-čhor）を手がかりに──」『史学雑誌』122-9, pp. 36-62.
齊藤　茂雄　2014:「突厥とソグド人──漢文石刻史料を用いて──」森部豊（編）『ソグド人と東ユーラシアの文化交渉（アジア遊学175）』勉誠出版, pp. 217-233.
齊藤　茂雄　2016:「砕葉とアク・ベシム──7世紀から8世紀における天山西部の歴史的展開──」独立行政法人国立文化財機構 東京文化財研究所 文化遺産国際協力センター（編集・発行）『キルギス共和国チュー川流域の文化遺産の保護と研究　アク・ベシム遺跡、ケン・ブルン遺跡──2011〜2014年度──』, pp. 81-92.
齊藤　茂雄　2023:「文献史料から見た砕葉城」『帝京大学文化財研究所研究報告』21 (2022), pp. 25-37.（本書第2論文）
斉藤　達也　1991:「突騎施の台頭と唐の砕葉放棄について」『史滴』12, pp. 34-53.
佐藤　長　1943:「初代磧西節度使の起源と其の終末（下）──砕葉焉耆更換事情の一考察──」『東洋史研究』8-2, pp. 73-91.
佐藤　長　1958:『古代チベット史研究　上巻』東洋史研究会.
嶋崎　昌　1977:『隋唐時代の東トゥルキスタン研究──高昌国史研究を中心として──』東京大学出版会.
城倉　正祥／山藤　正敏／ナワビ　矢麻／伝田　郁夫／山内　和也／パキット　アマンバエヴァ　2017:「キルギス共和国アク・ベシム遺跡の発掘（2015年秋期）調査出土遺物の研究──土器・塼・杜懐宝碑編──」『早稲田大学総合人文科学研究センター研究誌』5, pp. 145-175.
鈴木　宏節　2008:「突厥可汗国の建国と王統観」『東方学』115, pp. 157-141（逆頁）.
妹尾　達彦　2009:「北京の小さな橋──街角のグローバル・ヒストリー──」関根　康正（編）『ストリートの人類学（下）』(国立民族学博物館調査報告81) 吹田, 人間文化研究機構国立民族学博

物館, pp. 95-183.

内藤　みどり　1988：『西突厥史の研究』早稲田大学出版部.

内藤　みどり　1995a：「突厥カプガン可汗の北庭攻撃」『東洋学報』76-3/4, pp. 27-57（逆頁）.

内藤　みどり　1995b：「「張君義文書」と唐・突騎施娑葛の関係」『小田義久博士還暦記念 東洋史論集』龍谷大学東洋史学研究会, pp. 181-208.

内藤　みどり　1997：「アクベシム発見の杜懐宝碑について」『中央アジア北部の仏教遺跡の研究（シルクロード学研究 Vol. 4）』, pp. 151-184.

ヌルラン・ケンジェアフメト　2009：「スヤブ考古——唐代東西文化交流——」窪田順平他, （編）『イリ河歴史地理論集——ユーラシア深奥部からの眺め——』松香堂, pp. 217-301.

古松　崇志　2020：『草原の制覇——大モンゴルまで——（シリーズ 中国の歴史③）』（岩波新書（新赤版）1806）岩波書店.

松崎　光久　1987：「隋末唐初焉耆王統攷——六四四（貞観一八）年、焉耆攻略事件の背景——」山田信夫, 他『中央ユーラシア史の再構成——新出史料の基礎的研究——（昭和61年度科学研究費補助金（綜合研究A）研究成果報告書）』, pp. 31-43.

松田　壽男　1929：「西突厥王庭考」「西突厥王庭考（一）～（四）」『史学雑誌』40-1～4.（再録：同氏『古代天山の歴史地理学的研究（増補版）』早稲田大学出版部, 1970, pp. 248-291）

松田　壽男　1930：「弓月についての考」『東洋学報』18-4.（再録：同氏『古代天山の歴史地理学的研究（増補版）』早稲田大学出版部, 1970, pp. 324-356）

松田　壽男　1933：「砕葉と焉耆」『市村博士古稀記念東洋史論叢』冨山房.（再録：同氏『古代天山の歴史地理学的研究（増補版）』早稲田大学出版部, 1970, pp. 357-391）

松田　壽男　1937：「吐谷渾遣使考（上）（下）」『史学雑誌』48-11・12.（再録：『松田壽男著作集 4 東西文化の交流Ⅱ』六興出版, 1987, pp. 68-126）

松田　壽男　1963：「砕葉路について」『オリエント』6-2.（再録：同氏『古代天山の歴史地理学的研究（増補版）』早稲田大学出版部, 1970, pp. 414-432）

森部　豊　2020：「中国「中古史」研究と「東ユーラシア世界」」『唐代史研究』23, pp. 5-13.

森安　孝夫　1977：「チベット語史料中に現れる北方民族—— DRU-GU と HOR ——」『アジア・アフリカ言語文化研究』14.（再録：『東西ウイグルと中央ユーラシア』名古屋大学出版会, 2015, pp. 49-131）

森安　孝夫　1984：「吐蕃の中央アジア進出」『金沢大学文学部論集 史学科編』4, pp. 1-85.（再録：『東西ウイグルと中央ユーラシア』名古屋大学出版会, 2015, pp. 132-229）

森安　孝夫　2007：『シルクロードと唐帝国』（興亡の世界史 第05巻）講談社.

山口　瑞鳳　1983：『吐蕃王国成立史研究』岩波書店.

岑　仲勉　1958：『西突厥史料補闕及考証』中華書局.

劉　安志　2002：「跋吐魯番鄯善県所出《唐開元五年（717）後西州献之牒稿為被懸点入軍事》」『魏晋南北朝隋唐史資料』19.（再録：同氏『敦煌吐魯番文書与唐代西域史研究』商務印書館, 2011, pp. 177-205）

劉　子凡　2016：『瀚海天山——唐代伊・西・庭三州軍政体制研究——』中西書局.

羅　新　2009：『中古北族名号研究』北京大学出版社.

努尓蘭・肯加哈買提　2017：『砕葉』上海古籍出版社.

王　小甫　1992：『唐・吐蕃・大食政治関係史』北京大学出版社.

王　永興　1994：「唐代前期安西都護府及四鎮研究」『唐代前期西北軍事研究』中国社会科学出版社．（再録：『唐代経営西北研究』蘭州大学出版社，2010，pp. 93-196）

呉　震　1978：「唐砕葉鎮城析疑」『新疆歷史論文集』新疆人民出版社，pp. 151-175.

呉　宗国　1982：「唐高宗和武則天時期安西四鎮的廃置問題」絲綢之路考察隊（編著）『絲路訪古』甘粛人民出版社，pp. 164-177.

薛　宗正　1984：「唐砕葉建置詮索」『新疆社会科学』1984-4（13），pp. 73-91.

薛　宗正　2010：『北庭歷史文化研究――伊・西・庭三州及唐属西突厥左廂部落』上海古籍出版社．

張　広達　1979：「砕葉城今地考」『北京大学学報』1979-5．（再録：同氏『文書・典籍与西域史地』広西師範大学出版社，2008，pp. 1-22）

張　広達／栄　新江　1988：「《唐大暦三年三月典成銑牒》跋」『新疆社会科学』1988-1．（再録：同氏『于闐史叢稿（増訂本）』中国人民大学出版社，2008，pp. 106-117）

周　偉洲　1977：「略論砕葉城的地理位置及其作為唐安西四鎮之一的歷史作用」『新疆歷史論文集』新疆人民出版社，pp. 135-150.

周　偉洲　2000：「吉爾吉斯坦阿克別希姆遺址出土唐杜懐宝造像題銘考」『唐研究』6，pp. 383-394.

Beckwith, C. 1987: *The Tibetan Empire in Central Asia: A History of the Struggle for Great Power among Tibetans, Turks, Arabs, and Chinese during the Early Middle Ages.* Princeton, Princeton University Press.

Clauson, G. 1961: Ak Beshim — Suyab. *Journal of the Royal Asiatic Society* 1961-1/2, pp. 1-13.

Dotson, B. 2009: *The Old Tibetan Annals: An Annotated Translation of Tibet's First History* (Österreichische Akademie der Wissenschaften, Philosophisch-Historische Klasse, Denkschriften 381 Band, Veröffetlichungen zur Sozialanthropologie NR. 12), Wien.

Горячева, В. Д. / Перегудова, С. Я. 1996: Буддийские памятники Киргизии. *Вестник древней истории*, pp. 167-189.

Iwami, K. 2008: Turks and Sogdians in China during the T'ang Period. *Acta Asiatica* 94, pp. 41-65.

Лубо-Лесниченко, Е. И. 2002: Сведения китайских письменных источников о Суябе (городище Ак-Бешим). In: *Суяб: Ак-Бешим*, Санкт-Петербург, pp. 115-127.

Ōsawa, T. 2012: The Significance of *Gongyue* City as a Sogdian Settlement on the Yili Steppe: An Analysis of Chinese Manuscripts from the *Turfan* Basin. 『欧亜学刊』10, pp. 232-260.

Saito, S. 2017: Suiye（砕葉）and Ak-Beshim: a Historical Development at the Western Tien-shan in the 7th to the First Half of the 8th Century. In: Kazuya Yamauchi, Bakit Amambaeva, et al. (eds.) *Protection and Research on Cultural Heritage in the Chuy Valley, the Kyrgyz Republic: Ak-Beshim and Ken Bulun.* Tokyo, pp. 91-107.

Tekin, T. 1988: *Orhon Yazıtları.* (Türk Dil Kurumu Yayınları 540), Ankara.

de la Vaissière, É. 2010: Note sur chronologie du voyage de Xuanzang. *Journal Asiatique* 298-1, pp. 157-168.

Zhang, Guanda / Rong, Xinjiang 1987: Sur un manuscrit chinois découvert à Cira près de Khotan. *Cahiers d'Extrême-Asie, Revue de l'École Française d'Extrême-Orient* 3, pp. 77-92.

文献史料から見た砕葉城

帝京大学文学部史学科　齊藤茂雄

はじめに

アクベシム遺跡周辺は、唐代中国からは「砕葉」と呼ばれていた。これは、チュー河を意味するスイアブ Sūyāb の漢字音写であるとされていて、素葉・睢合・雖合などと音写されることもある[1]。

この砕葉についての文献記述は、そのほとんどを漢文史料に拠らなければならず、そのうえ、量・質ともに十分とは言いがたい。考古学的な研究成果は、筆者のような文献史料を用いる者にとっても、鶴首して待つべきものなのである。

とはいえ、考古学的研究だけでは当時の砕葉周辺の政治や社会状況は明らかにしがたい。筆者は、前稿[2]でタリム盆地周辺を含む砕葉の歴史を概説したが、それゆえに都市としての「砕葉城」の歴史からピントが外れてしまった面は否めない。そこで、本稿では、できるだけ砕葉城に関わる史料だけを零細な記述ではあれ翻訳し、文献史料上明らかにできる範囲までを明示していく。そうして、砕葉城の歴史展開を明確にしていくことが、少しでもアクベシム遺跡研究の助けになれば幸いである。

I　唐進出以前の砕葉

漢籍史料中において、唐進出以前の砕葉について記録している史料は少ない。その数少ない貴重な史料が、インドへ向かう求法の旅の途中、630（貞観四

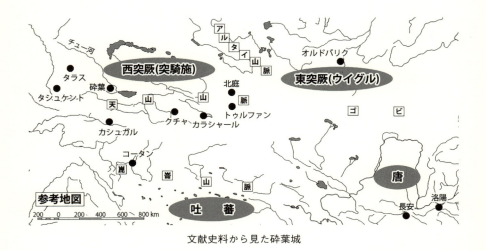

文献史料から見た砕葉城

年に当地を訪れた［de la Vaissière 2010, p. 166］玄奘の記録である。

『大唐西域記』巻一［p. 18］
　清池西北行五百餘里、至素葉水城。城周六七里、諸國商胡雜居也。土宜糜・麦・蒲萄。林樹稀疎。気序風寒、人衣氈褐。素葉已西數十孤城、城皆立長。雖不相稟命、然皆役屬突厥。
【和訳】清池（イシク・クル）の西北に500里あまり（約220km）で素葉水の都市（スイアブ）に到着する。城壁の周囲は6・7里（約2.5～3km）であり、諸国のソグド商人が雑居している。土地はキビ・ムギ・ブドウに適している。木々は少ない。（その）気候は風が冷たく寒いので、人々はフェルトの服を着ている。素葉以西にある数十の独立した都市は、皆（各々の）君長を立てている。命令を受けているわけではないが、（西）突厥に隷属している。

この記録では素葉とあるが、上述したようにやはり Sūyāb の音写であり、問題はない。この記述には、都市の大きさについて記述があり興味深い。実際のアクベシム遺跡の城郭と比較すると、第1シャフリスタンは、城壁の長さがそれぞれ北壁657m、東壁514m、南壁859m、西壁429mで、全周が2,459mであ

アク・ベシム遺跡全体図および呼称名 ［帝文研2020, p.4, Fig.1.4］

り［望月他2020, p. 71］、玄奘の報告とおおよそ一致する。一方、第2シャフリスタンの城壁は、長さがそれぞれ北東壁735m、南壁490m、南西壁744m、北西壁707mで、全周3,490mになり［望月他2020, p. 71］、こちらは玄奘の報告よりもやや長い。後述するように、第2シャフリスタンは玄奘の来訪よりも後に造られたと考えられるため、玄奘が報告しているのは第1シャフリスタンのことであろう。玄奘の報告の正確さに驚かされる。その城内には各地域の商人が拠点を作り、周辺の都市も含めて西突厥に隷属していたという。

　ここでは、遊牧民とオアシス都市民の共生関係が如実に表れている。騎馬軍事力は持っているが経済的には不安定な遊牧民と、交易により経済力は持っているが軍事力は持っていないオアシス都市民は、交易の利益と軍事力による庇護をバーターに、一般的に結合しやすい[3]。砕葉城に住むオアシス都市民は、トルコ系遊牧民の西突厥から庇護を受ける存在だった。

　では、砕葉の都市民と遊牧民とは、どのような距離感で生活を行っていたの

だろうか。唐代後半期に編纂された『皇華四達記』は以下のように記す。

『新唐書』巻四三下「地理志七下　羈縻州　引賈耽『皇華四達記』」［pp. 1149-1150］
傍<u>砕卜水</u>五十里至<u>熱海</u>。又四十里至凍城、又百一十里至賀獵城、又三十里至葉支城、出谷至<u>砕葉川</u>口、八十里至<u>裴羅將軍城</u>。又西二十里至<u>砕葉城</u>、城北有<u>砕葉水</u>、水北四十里有羯丹山、十姓可汗毎立君長於此。自砕葉西十里至米國城、又三十里至<u>新城</u>、又六十里至<u>頓建城</u>、又五十里至<u>阿史不來城</u>、又七十里至<u>倶蘭城</u>、又十里至<u>税建城</u>、又五十里至<u>怛羅斯城</u>。
【和訳】砕卜水に沿って五十里で熱海（＝イシククル）に着く。さらに四十里で凍城に着き、さらに百一十里で賀獵城に着き、さらに三十里で葉支城に着き、谷を出て砕葉川（＝チュー平野）のとば口に着き、八十里で裴羅將軍城に着く。さらに西方に二十里で砕葉城に着くが、城郭の北方に砕葉水（＝チュー河）があり、河の北方四十里には羯丹山があって、十姓可汗（西突厥／突騎施[テュルギシュ]）はいつも君長をこの場所に立てる。砕葉から西方に十里で米国城[4]に着き、さらに三十里で新城（＝クラスナヤレチカ［内藤1988, p. 15］）に着き、さらに六十里で頓建城に着き、さらに五十里で阿史不來城に着き、さらに七十里で倶蘭（クーラーン）城に着き、さらに十里で税建城に着き、さらに五十里で怛羅斯[タラス]城に着く。

不明の地名が多いものの、要所となる地名は判明しているので大まかには理解ができる。まず、熱海とされるイシククルからチュー河に沿って北に山を越え、現在のビシュケクなどがあるチュー平野に出てから、さらに河沿いに西に向かったところに砕葉城がある。原文では「砕葉川」、「砕葉水」という使い分けがされているが、砕葉水がチュー河そのものの意味である一方、「川」は河川の意味ではなく「河川の周囲にある平原」の意味である。つまり、このチュー川沿いの平原が「砕葉川」であり、その中央には「砕葉水」ことチュー川が流れていた。そして、そこの中心都市として「砕葉城」がある、という関係になる。

不明な地名が多いにもかかわらず、ここで延々と史料を引用したのは、チュー河沿いにはそれだけ都市が多かったことを示すためである。遺跡として現存するものとしてアクベシムを含め10程度が知られている[5]が、当時も同等の都市が存在していた事になる。

　そして、肝心の遊牧民と砕葉城の関係についてもこの史料には記述があり、多くの都市があった中で砕葉城の北方のチューイリ Chu-Ili 山脈に、「十姓」と呼ばれる西突厥とその後裔である突騎施との中心地があった。アクベシム周辺は、標高差を利用して高地には遊牧民、低地には農耕民が暮らすという住み分けがされていたものと思われる[6]。高地から見下ろす形で遊牧民がチュー河沿いの都市の安全を見守りつつ、都市からは交易の利益の一部を徴収していたと考えられる。

　さて、かの玄奘の記録以前に砕葉の姿を伝える史料は見当たらないが、それも当然であろう。なぜなら、考古学的な調査結果からは、砕葉城がソグド人によって最初に建設されたのは、5世紀頃と指摘されているからである［ケンジュアフメト2009, p. 224］。

　とはいえ、この見解は文献史料の記述と比較すると新たな疑問を生むこととなる。というのも、敦煌から発見されたソグド語の『古代書簡』によれば、4世紀初頭にはソグド人は酒泉や姑蔵などの河西回廊に進出し、そこを足がかりに中国まで交易網を広げ始めていた［吉田／荒川2009］からである。なぜ中国よりはるかにソグド本国に近い砕葉の方が、後からソグド人が進出したのだろうか。

　この疑問に対して、東西文献史料に考古学的な調査結果も加え、総合的なソグド史の復元を行ったフランスのヴェシエール［2019, pp. 86-98］は、5世紀から6世紀にソグディアナでは農業が飛躍的に発展して人口が増加し、砕葉を含む北方のセミレチエの草原までも、ソグド人が移住を開始したことを指摘する。彼によれば、セミレチエの都市の立地は農業に都合の良い場所に限られており、最初から商業活動を前提とした都市の建設ではなく、農耕を基礎とした入植拠点なのだという。先に挙げた『皇華四達記』の中に登場する多くの河沿いの都市は、これらソグド入植者が建設した都市なのであろう。つまりは、河

西回廊や中国への進出は交易拠点の確保に留まるが、砕葉への進出は農業を基盤とし、都市建設を伴った入植であると考えるべきなのである。

とはいえ、巨視的に見れば砕葉城の立地は農耕だけではなく交易にも向いていた。松田［1970, pp. 430-431］や内藤［1988, pp. 37-38］は、西方のマーワラーアンナフルのオアシス商業圏と北方のアルタイ・モンゴリアの遊牧圏、そして東方の中国に対する交渉地点として砕葉を捉えている。要は、中央アジアと北アジア、そして東アジアの結節点に砕葉は位置しており、その立地のゆえに様々な地域の物産が集積する地域だったと考えられる。その立地が砕葉城を国際的な商業都市として発展させたと考えられるのである。

こうして、砕葉城は農業を基盤とする交易都市として、遊牧民とも提携しつつ発展を遂げることとなったのである。

II　唐・西突厥・吐蕃抗争期の砕葉[7]

618（武徳元）年に唐が建国されると、中央ユーラシア勢力も糾合して支配領域を瞬く間に拡大していった。やがて、タリム盆地へも唐が進出してくることとなる。630（貞観四）年にハミ（伊吾）オアシスを支配下に置いた唐朝は、着々と各オアシスを支配下におさめ、648（貞観二十二）年には、クチャ（亀茲）オアシスに安西都護府を移設して、同時に安西四鎮を置いた。この時の安西四鎮には、クチャ・カシュガル（疏勒）・コータン（于闐）が含まれるが、もうひとつを砕葉とする史料と、カラシャール（焉耆）とする史料があり、明らかではない。内藤［1988, pp. 21-29］は、唐は642年頃から乙毗射匱可汗や阿史那賀魯といった西突厥の有力者を支配下に置いていたため、砕葉まで勢力圏に入っていた可能性を指摘する。

とはいえ、この段階では、唐の支配がどれほど砕葉に及んでいたかは不明である。649（貞観二十三）年に、太宗死後の代替わりの隙を突いて、唐に反旗を翻した阿史那賀魯の反乱が657（顕慶二）年に鎮圧された後、唐は旧西突厥王族[8]の阿史那歩真と阿史那弥射に西突厥を東西に分割統治させる。そのうち、西半を統治した継往絶可汗・濛池都護の阿史那歩真の統治拠点である濛池都護府が、砕葉城に置かれたとされている［内藤1988, p. 44］。しかし、662（龍朔

二）年と666〜667（乾封年間）年に唐が任命した両可汗が相次いで殺害され、唐の西突厥支配は失敗する。内藤［1997, p. 155］も666〜667年段階で砕葉鎮は廃止され、焉耆鎮に交代したと見なしている。

　670年代になると、唐とならんでチベット高原の吐蕃がタリム盆地に進出してくる。670（咸亨元）年と677（儀鳳二）年の二度にわたって、旧西突厥勢力とも連携して唐の安西四鎮を陥落させている。この時期には、再び砕葉は旧西突厥の勢力圏に入ったようである。

　こうして、西域の勢力争いが目まぐるしく展開していく最中、砕葉では王方翼による新城の建設を見ることとなる。

III　裴行倹の阿史那都支討伐と王方翼の築城

　先に述べたように、670年代の砕葉周辺は、吐蕃と連携した旧西突厥の勢力下にあったが、それが十姓可汗を自称していた阿史那都支である。

　阿史那都支は、もともと670（咸亨元）年に唐から匐延都督に任じられ、西突厥東半の統治を任せられていたが、677（儀鳳二）年に反旗を翻した［内藤1988, p. 65］。その背景には、吐蕃との連携があり［森安2015, p. 148］、唐の西域支配は崩壊の危機を迎えていた。

　そこに奇策を打ち出したのが裴行倹である。彼は、679（調露元）年に、サーサン朝ペルシャより逃れた王が長安で亡くなったことを利用して、人質としていた王子を帰国させ、新王に冊立するとして長安を出発した。彼は途上で安西四鎮の現地兵と見られる「蕃酋子弟」を召集し、西州（トゥルファン）で府兵の徴発も行いつつ［劉子凡2016, p. 186］、使者として通過するという名目で都支の住地に近づくと、油断していた都支を奇襲し捕らえたのである。裴行倹はそのまま砕葉城に入り、都市内に紀功碑を建てて帰還した。肝心のサーサン朝王子は、用済みとばかりに砕葉以降自力での帰還を強要され、案の定帰国がかなわず吐火羅に亡命して亡くなったという[9]。

　この時裴行倹によって建てられた碑文ではないかと言われている[10]のが、アクベシム遺跡から見つかった漢文碑文である[11]。幸いにも、加藤［1997, p. 190］で福永光司氏が書き下しを行い、Лубо-Лесниченко［pp. 119-121］・肯加

哈買提［2017, pp. 189-196］が訳注を付けているため、それを参考にして和訳してみたい。

1.］□布微澤無涯、而□□［
2.］□前庭與後庭伊蕞尓之□[12]。［
3.］□物以成勞、乃西顧而授鉞［
4.］□逐別蹛林而已。遠望陰山［
5.］祭天[13]之舊物、覽瑤池之仙圖［
6.］三邊[14]、我指期於□□□□皇［

【和訳】
1．…微少な恩沢を限りない範囲にまで広め、
　…
2．…（車師国の）前庭と後庭（に例えられる西域？）は小さな［境域？］である。
3．…物を…し、そして功績をあげ、それから西方を見て兵権を授けた。
4．…追って（？）（匈奴における秋の大会の地である）蹛林から別れたのである。遠く（遊牧適地である）陰山をながめ、…
5．…（匈奴が）天を祭っていた遺物を…し、
　（西王母が住んでいた西方崑崙にある）瑤池の仙人の図識を見た。…
6．…東・西・北の辺境を…し、私は…を期限を切って、…

断片であるため、ほとんど意味を取ることができないが、少なくとも中国辺境もしくは中国国外を指す表現が羅列されていることが分かる。その指す範囲は匈奴や車師、陰山や崑崙など、中国から見て北方・西方の部族・地名が現れており、いわゆる中国の「西北辺」を想起させる文章である。それゆえ、砕葉城という「西方辺境」に漢人が遺すにふさわしい内容といえる。ただし、ここで注意しておきたいのは、このような雅文においては、これらひとつひとつの部族や地名は、あくまで「西北辺というイメージ」を想起させるための道具であって、実在の部族や地名と具体的に対応することは多くないということであ

る。たとえば、本碑を762（宝応元）年以後のものとする肯加哈買提［2017, pp. 196-197］が年代比定の前提としたような、「前庭」が具体的に「西州前庭県」のことを指している、ということは、絶対にないとは言い切れないが一般的ではない。前後の文脈が分からないので断定的なことは言えないが、「前庭・後庭＝車師」という漢代の故事を踏まえた典拠から、「西域」を連想させる用語として「前庭」が持ち出されているに過ぎないと考える方が、石刻史料の読み方としては自然である。具体的な文脈が把握できない以上、憶測で考察を進めるべきではない。それゆえ、この碑文断片だけでは、「西北辺に関わる碑文」ということ以上のこと、すなわち、裴行倹と関わるかどうかは現時点では明らかにできない、ということをここで明言しておく。

さて、話を裴行倹の遠征に戻そう。裴行倹の遠征には、王方翼が副使として同道していた。阿史那都支を捕らえて砕葉城に入城したときに、王方翼が主導して砕葉城を建てたのだという。史料には次のようにある。

『旧唐書』巻一八五上「良吏伝上 王方翼」［p. 4802］
　又築砕葉鎮城。立四面十二門、皆屈曲作隠伏出没之状。五旬而畢。西域諸胡競來観之、因献方物。
【和訳】さらに（王方翼は）砕葉鎮の都市（の城壁）を建築した。（城壁の）4面に（全部で）12の門を立て、（それらの門は）すべて屈曲していて、（兵の）出撃や退却を隠す形となっていた。50日で（工事は）終わった。西域の外国人たちが競いやって来てこの都城を見て、土地の物を献上した。

この時に建てられたのが、アクベシム遺跡の中のどこかという議論は長らく続いているが、第2シャフリスタンとする説が有力である。柿沼［2019, p. 51＝本書 pp. 68-70］が、先行研究をまとめたうえで、50日による築城が当時の人員・技術で可能であることや、考古学的な発掘成果から、第2シャフリスタン説を改めて補強している。

とはいえ、四面十二門、すなわち一面に三門あったはずの城壁や、門の形状など、実際のアクベシム遺跡とは齟齬が出る部分も多く、謎の多い文章となっ

ているが、ここでは細かい考証を行うことは避け、ただ、築城が679年であったこと、築城までに50日が費やされたことだけを指摘するにとどめたい[15]。そして、この王方翼の築城により、再び砕葉鎮が安西四鎮に加えられることとなった。

　また、この時の築城に関して、裴行倹・王方翼がササン朝王子を護送するという名目を立てて、阿史那都支をだまし討ちしなければならなかったことから考えて、唐が砕葉を完全に勢力下に置いた状態での築城ではなく、西突厥や吐蕃の隙を突いた電撃的な築城であったということは指摘できるだろう。それゆえ、50日という工事期間も決して余裕のあるものではなく、突貫工事で行われたのだろうと推測される。

Ⅳ　唐による砕葉運営

　こうして、砕葉城には唐の支配拠点が作られることとなった。そもそも、唐の西域支配とは、旧来の統治機構であるオアシス国家を解体せず、国王を都督や刺史に任命して唐の官僚体制の中に位置付けた上で、唐の鎮守軍をも駐留させて統治を行うという、二重支配体制であったことが指摘されている[16]。

　一方、砕葉城に関しては、柿沼［2019, pp. 49-50 = 本書 p. 65］が翻訳しているように、『宋高僧伝』の記述から、661（龍朔元）年以前に「砕葉国」が存在していたことが分かる。もし唐が他のオアシス都市に施したような二重支配体制を砕葉でも行っているとすれば、第2シャフリスタンを築城して乗り込んできた唐の軍団とは別に、砕葉の旧来の統治者、すなわち第1シャフリスタンに居を構えていたはずのソグド領主もそのまま王宮に住み続け、統治者としての立場を継続させていたと見られる。

　実際に、砕葉城に州が置かれ、ソグド領主が刺史になっていたことが史料上確認できる。その史料とは、唐高宗の陵墓である乾陵に奉献された蕃臣像に附された人名であり、陳国燦［1980, pp. 195-196］の釈読によれば「砕葉州刺史安車鼻施」とある。この人物は、ソグド姓のひとつである安姓を名乗っていることから、ソグド人と見られる。上述したように、唐の西域政策とは、もともとの国王を都督や刺史に任命するものである。内藤［1988, pp. 45-46］によれ

ば、安西四鎮のひとつであった砕葉都督府には、名目的である可能性はあるものの五州が置かれていたという。この「砕葉州刺史」がそのうちの一州であったと考えて問題なかろう。すなわち、この史料は砕葉国に砕葉州が置かれ、領主が刺史に任命されていたことを表すのである[17]。

　この時期の史料として名高いのが、アク・ベシム遺跡より出土した漢文の「杜懐宝碑」である。杜懐宝は安西副都護として砕葉城に赴任していたと思われる人物で、その赴任時期は679（調露元）年末ないし680（調露）年初頭から、686（垂拱二）年までで諸説一致する［内藤1997, pp. 154, 157；周偉洲2000, pp. 389-390；柿沼2019］。本碑文もその間に作成されたと考えられる。筆者は、2022年5月にこの碑文を所蔵するビシュケクのスラブ大学展示室で、本碑文を実見調査することができた[18]。詳細は別稿に譲るが、実見調査の結果、これまでの録文を一部改めることができたため、録文と和訳のみここに提示する[19]。転写の字体はなるべく原文に近いものにしている。録文のうち、四角囲いの文字は残画から復元した文字を、□に（　）を付けている文字は、完全に破損しているが、意味から推測したものを示す。

【録文】
□(唐?)　□(安)西副都□(護)砕葉鎮壓／十姓使上柱國／杜懷□□(寶)上為／天皇□(天)后、下／為□□□妣、見存□(眷)属之[20]／法界□(蒼)生普[21]／願平安獲其／冥福敬造一佛／□(二)菩薩

【和訳】
唐（？）の安西副都護・砕葉鎮圧十姓使・上柱国である杜懷寶は、上は天皇・天后両陛下のため、下は……亡母や存命中の家中の者、ならびにあらゆる人々のために、（生活が）平安であることや、彼らが冥福を得ることを広く願い、一仏二菩薩を作りたてまつります。

　さて、こうして唐は砕葉の支配に乗り出したが、早くも吐蕃が686（垂拱二）年もしくは687（垂拱三）年に砕葉鎮を含む安西四鎮を陥落させた。残念ながら、吐蕃の経営がいかなるものだったのか、その時砕葉城に駐留していた

はずの唐の軍団がどうなったのか、伝える史料はない。

　吐蕃に対して、690（天授元）年に唐から代わった則天武后の武周は、692（長寿元）年に反撃を開始する。旧西突厥の一部族である突騎施（テュルギシュ）の首長・烏質勒と手を結び、同年に砕葉鎮を含む安西四鎮を奪還することに成功したのである[22]。この時から、安西四鎮には３万人にも及ぶ漢兵が鎮守するようになったとされる［『旧唐書』巻一四八「西域伝 亀茲条」(p. 5304)］。

　アク・ベシム遺跡からは、この頃のものと考えられている亀型の割符（亀符）が２点発見されている。柿沼［2020, pp. 141-142＝本書 pp. 219-222］は、これらの亀符を分析して以下のように述べている。亀符は武周期に属する690（天授元）年から705（神龍元）年に使われたものであり、アク・ベシム遺跡で発見されたのは随身亀符と呼ばれる一種の身分証である。１点目の亀符には「左豹韜衛翊府右郎將員外置石沙陁」とあって、石沙陁なる人物が帯びていたとみられる。柿沼は石沙陁について「アク・ベシムに駐在した異国人軍官」と述べる一方で、「タシケント出身のソグド系商人の有力者」ではないかと推測している。２点目の亀符には「左武威衛翊府中郎將員外置颯支達干」とあって、颯支達干という人物が帯びていたと見られる。柿沼はこの人物について、颯支は古代トルコ語の savči[23]（使者）、達干は古代トルコ語称号 tarqan の音訳であり、唐に与する西突厥王族の阿史那斛瑟羅か、台頭しつつある突騎施の烏質勒か、いずれかのトルコ系遊牧勢力に属していたのではないかと推測している。蓋然性の高い推測であろう。この２点の亀符は、武周期の砕葉鎮において、様々な出自の人物が唐の官僚として出入りしていたことを示唆している。

　その頃、砕葉城は西方の玄関口として機能を果たしたようだ。前嶋［1982, p. 62］が紹介する以下の記事について見てみよう。本記事は『資治通鑑』［巻二〇五 (p. 6505)］が武周期の696（万歳通天元）年に紀年付けている。

『旧唐書』巻八九「姚璹伝」[p. 2903]
　時有大石國使請獻獅子、璹上疏諫曰、「獅子猛獸、唯止食肉、遠從砕葉、以至神都、肉既難得、極爲勞費。‥‥(後略)」疏奏、遽停來使。
【和訳】おりしも大石国（＝大食？）の使者が獅子を献上したいと請願して

きたが、姚璹は上奏して次のように諫めた。「獅子は猛獣で、肉を食べるばかりで、遠く砕葉から神都（＝洛陽）までやって来るのであれば、肉は得がたいもので、多大な費用がかかります。･･･（後略）」上奏した後、すぐに使者の来訪を停止した。

「大石国」の場所は残念ながら分からない。しかし、『資治通鑑』はこれを「大食国」に書き改めている。大石と大食は発音が同じなので、本来は大食が正しいのかもしれないが、一方で砕葉の西南にはソグド諸国のひとつの石国（チャーチ／現タシュケント）があるので、そちらの意味なのかもしれない。いずれにせよ、西方からの使者が獅子を献上したいと武周に申し出たのであるが、それに対する姚璹の諫言は、「砕葉から洛陽までの間」、多大な費用がかかる、というものだった。

前嶋は、この記事を唐が690年代にも砕葉を保持していたことを示す証拠として取り上げたのだが、さらに議論を進めて、砕葉城が当時持っていた国際的機能という面から捉え直せば、この記事で砕葉が洛陽までの旅程の起点として記されているということが重要である。というのも、使者によって持ち込まれた獅子は、砕葉から洛陽まで唐がその食糧を負担する予定であったことをこの記事は示していて、使者は砕葉城で唐国内の通行許可証の発行を受けた可能性が高い。それはつまり、唐の支配領域として最西端にあった砕葉は、唐が外国使節と接触する玄関口であったことをこの記事は示していることになる[24]。

上述した松田［1963, pp. 430-431］や内藤［1988, pp. 37-38］の見立ては、地理的に砕葉は中国と西方世界の結節点となる位置にあったという指摘であったが、唐の領域の西端であるという性格上、国際関係においても砕葉は結節点として働いていたのである。

この時期に、砕葉城には大雲寺と呼ばれる仏寺が建てられる。後述するように、751（天宝十）年に砕葉城を訪れた杜環という人物が大雲寺の存在を報告しているのである。大雲寺とは、690（載初元）年七月に則天武后が命令して全国各地に作らせた仏寺である［『旧唐書』巻六「則天武后本紀」（p. 120）］。大雲寺は、アク・ベシム遺跡の第2シャフリスタン内にある仏寺跡（第0仏教

寺院）がそれに当たると指摘されており［城倉2021, p. 25］、都市の中枢部に隣接することからその重要性がうかがえる。様々な出自の人物が出入りし、様々な国の使節が訪れる砕葉城においては、仏教は人々を結びつける重要な要素として働いたものと考えられるのである。

　唐はさらに700（久視元）年に、旧西突厥王族の阿史那斛瑟羅を平西軍大総管として砕葉に鎮守させた。これは、西突厥と同様、砕葉周辺の山地で遊牧をしながら周辺を鎮守するという形を取っていたものと思われる。

　しかし、唐が砕葉を明確に確保できていたのも、わずかな時間だった。703（長安三）年に、烏質勒が斛瑟羅を唐内地に追いやって砕葉を確保したのである。唐はこの後も砕葉鎮守使を置いているが、それは烏質勒との妥協の結果であって、実質的には唐の勢力圏とは言えないという［松田1970, pp. 367-369］。とはいえ、唐が砕葉城に軍団を駐屯させていたのもまた確かである。

『資治通鑑』巻二〇九「中宗景龍三（709）年条『考異』所引『景龍文館記』」［p. 6632］

時砕葉鎮守使中郎周以悌率鎮兵數百人大破之、奪其所侵忠節及于闐部衆數萬口。

【和訳】おりしも砕葉鎮守使で中郎の周以悌が、鎮兵数百人を率いてこれ（烏質勒の子の娑葛）を破り、その侵攻してきた阿史那忠節とコータンの人々数万人を奪った。

この史料から、数百人単位であるかもしれないが、少なくとも唐兵が砕葉城にいたことが分かる。さらに、次の史料も同時期の唐兵の存在を示している。

蘇頲「命呂休璟等北伐制」（景龍四（710）年五月十五日）『唐大詔令集』巻一三〇［p. 705］[25]

北庭副都護郭虔瓘・安處哲等、懷才抱器、蓄鋭俟時、慣習軍容、備知邊要、並可爲副大總管、領瀚海・北庭・砕葉等漢兵及驍勇健兒五萬騎。

【和訳】北庭副都護の郭虔瓘・安処哲等は、徳行と才能を兼ね備え、鋭気を

養って時機に備え、軍容に習熟し、辺境情勢に通じているので、それぞれ副大総管とし、瀚海・北庭・砕葉等の漢兵と驍勇健児五万騎を率いることを許可する。

　この史料は、モンゴル高原を中心とする突厥第二可汗国（東突厥）のカプガン可汗黙啜に対して、北伐を行うために出された制勅である。その中で、北庭副都護が砕葉の兵を率いるよう命じられている[26]。少なくとも砕葉にはこの時に軍団が駐屯していて、戦時には徴集され得たのである。突騎施の勢力下に入ったとはいえ、唐も確かに軍団を置いていたのは間違いない。

　突騎施の勢力下にありながら、唐の軍団も同時に駐屯しているというこの状況について、王小甫［1992, pp. 282-288］は、当時西域進出を狙っていた突厥第二可汗国の侵攻に対して、唐と突騎施の間の利害が一致した結果であると見なしている。すなわち、砕葉を名目的にとはいえ自分たちの領域におさめておきたい唐と、突厥第二可汗国の侵攻に対して兵力を増強したい突騎施が手を結び、砕葉は両属状態に入ったと見なすのである。この両属時期に当たる705（神龍元）年から719（開元七）年の間に利用されたと見なされ、朝貢使者が帯びていた「朝貢魚符」がアク・ベシム遺跡周辺から発見されており［柿沼2020, pp. 138-139＝本書 pp. 213-215］、両属時期にも砕葉城で外国使節の受け入れが行われていた可能性がある。

　このような両属状態が生じることは、タリム盆地のオアシス都市では他にも例がある。すなわち、およそ100年後の782（建中三）〜790（貞元六）年頃に、東部天山地域の北庭・トゥルファンは唐とウイグル可汗国の両属状態にあった［Mackerras 1990, p. 328］ことである。実質的にはウイグルの勢力下に入っており、長安との連絡も途絶えがちであったにもかかわらず、唐が設置した節度使は存続し続けていた。そのほか、11世紀に契丹と北宋とに両属していた雄州の事例［洪性珉2013］、12世紀にカラキタイと西カラハン朝に両属していた中央アジア勢力の事例［Biran 2005, pp. 125-126］など、両属状態は内陸アジアで多く見られる現象なのである。

V　唐放棄後の砕葉

　唐が砕葉から完全に撤退したのは、719（開元七）年のことだった。上述したように、砕葉はそれ以前から突騎施の勢力圏であり、唐の軍団は両属状態にありながら駐屯しているに過ぎなかった。しかし、唐が派遣した十姓可汗の阿史那献が、当時の突騎施の可汗であった蘇禄に717（開元五）年に敗れたことによって、両属状態も完全に破綻し、唐は719年に安西四鎮から砕葉鎮を除外し、代わりに焉耆鎮を加えることで砕葉を名実ともに放棄した。

　その後、蘇禄が738（開元二十六）年に殺害されると、砕葉は蘇禄を殺害した莫賀達干（バガニタルカン）率いる黄姓突騎施と、都摩度（あるいは都摩支）及び彼が擁立した蘇禄の息子の吐火仙などが率いる黒姓突騎施の争乱の舞台となった[27]。唐は当初、莫賀達干を支援し、安西都護の蓋嘉運を派遣して、739（開元二十七）年に吐火仙等を砕葉城で捕縛する勝利を収めた。しかし、欲を出した唐は、旧西突厥王族の阿史那昕を送り込んで莫賀達干から主導権を奪い返そうとしたため、莫賀達干と断絶することとなり、742（天宝元）年には十姓可汗として送り込んだ阿史那昕が、莫賀達干によって砕葉の西南の俱蘭城（クーラーン）で殺害されてしまった。そこで、唐は翌年743（天宝二）年から黒姓突騎施を支援することに切り替え、吐火仙を擁立した都摩度を十姓可汗に冊立する一方、744（天宝三）年に河西節度使の夫蒙霊督を送り込んで莫賀達干を殺害した。

　その後も、黒姓・黄姓両突騎施の抗争は継続し、唐は749（天宝八）年、753（天宝十二）年にも黒姓可汗を冊立して、黒姓に支援を行っている。この唐の黒姓支援が、黄姓に連なる石国が唐から離反してイスラーム勢力に接近する原因となり、751（天宝十）年に、有名なタラス河畔の戦いを招くことになるのである[28]。

　そこで、タラス河畔の戦いで捕虜になった杜環の『経行記』逸文に現れる、砕葉城の記述を紹介したい。杜環は経歴不明の人物ではあるが、『通典』を編纂した杜佑の族人だったため、タラス河畔で捕虜になってから宝応初年（762年頃）に海路で帰国するまでの記録、『経行記』の一部が『通典』に採録される形で後世に残った。彼自身の経験談であるため、その記録は極めて貴重であ

る。

『通典』巻一九三「辺防九 西戎五 石国条所引 杜環『経行記』」[p. 5275]
又有砕葉城。天寶七年、北庭節度使王正見薄伐、城壁摧毀、邑居零落。昔交河公主所居止之處、建大雲寺、猶存。
【和訳】さらに砕葉城がある。天宝七（748）年に北庭節度使の王正見が討伐を行った際、城壁が破壊され、集落は凋落した。かつて交河公主が留置されていた所には、大雲寺が建てられており、現存している。

まず、748年の砕葉攻撃の記述があるが、これを敢行した王正見については、ほかに史料がないため何者か明らかではない。この時に破壊された城壁として、柿沼［2019, p. 52＝本書 pp. 71-72］は、王方翼が建設した第2シャフリスタンであると指摘しており、その根拠として、本史料に現れる大雲寺が690（載初元）年十月以後に建てられ、第2シャフリスタン内に遺構が確認できることを指摘している。この点、考古学的な検討を行った上述の城倉［2021, p. 25］と軌を一にする。そこにいたとされる「交河公主」とは、722（開元十）年に唐から突騎施の蘇禄に嫁いだ女性である。その居地が砕葉城にあったとこの史料は述べているのである。

　この記述に関して、内藤［1988, p. 16］は、蘇禄の時代から交河公主が砕葉城にいたことを示すと指摘する。一方、柿沼［2019, pp. 52-53＝本書 pp. 71-72］は、杜環『経行記』の「交河公主の居止せらるる所の處」とある記述の「居止」という表現が、半強制的に留置されたという意味合いが強いことから、交河公主は蘇禄殺害後に都摩度に擁立された時期か、739年に長安に連行される直前に砕葉城に「居止」されていた可能性をあげる。しかしながら、「居止」という表現を使ったのは、交河公主が砕葉を去った10年以上後に、当地を偶然訪れただけの杜環である。それゆえ、杜環の記録が現実を正確に反映したものかどうか心許なく、この記述だけで、交河公主が砕葉城に居住していた時期の決定という大問題に答えを出すことはできないだろう。本稿では従来通り、内藤説に与しておきたい。ただし、「居止」の意味合いに関しては傾聴に値す

るものであるため、柿沼説に基づいて「居止」は「留置」と訳している。突騎施と敵対する時代に砕葉を訪れた漢人の杜環の目には、唐から突騎施へ出嫁した交河公主は、実態は別として、留置されていたように見えたのではなかろうか。

この王正見の城壁破壊に関して、柿沼［2019, p. 52＝本書 p. 71］はアクベシム遺跡の第１シャフリスタンではなく、第２シャフリスタンのみであると指摘していて、現状ではこれに従っておきたい。というのも、唐が安史の乱の混乱によって西域から完全に撤退した後の状況を、史料は以下のように記しているからである。

『新唐書』巻二一七下「回鶻伝下」[p. 6143]
至德後、葛邏祿寖盛、與回紇爭彊、徙十姓可汗故地、盡有砕葉・怛邏斯諸城。然限回紇、故朝會不能自達于朝。
【和訳】至德（756-757）の後、カルルクがますます強力となり、ウイグルと争いあった際に、十姓可汗の故地に移り、砕葉やタラスといった都市をみな保有した。しかし、ウイグルに隔てられ、それゆえ朝見しようとしても自力で朝廷まで到達することができなかったのである。

この史料から、８世紀後半期にカルルクが強勢となり、砕葉やタラスなどの「諸城」を支配したとある。「十姓可汗の故地」とは、チュー平野北方の山地のことを指していると見て間違いなく、その中で「砕葉城」を支配したと言っているのだから、砕葉の都市自体は存続していたのである。砕葉城は、第１シャフリスタンのみになりながら存続し続けたと考えられる[29]。ただし、20世紀まで第２シャフリスタンの城壁の大部分が残存していたのは事実なので、王正見が城壁のどの部分を破壊したのか、破壊後に再建されたのか、などの疑問は残ってしまう。今後の検討課題とせざるを得ない。

この後の砕葉がどうなったか、史料からははっきり分からない。そこで視野を少し広げ、セミレチエあるいはタラス地方について言えば、近年のカラバルガスン碑文とコータン文書との研究[30]によって、おぼろげながら歴史状況が

明らかになってきた。それらの研究成果によれば、突厥第二可汗国を倒してモンゴル高原を統一したウイグル可汗国が、中央アジアをめぐる吐蕃・カルルク同盟軍との争いに勝利した後、802年以降にカルルクを支配下に置き、突騎施の黒姓可汗を再設置し、そして、その結果として、セミレチエからオルホンのオルド・バリク（現カラバルガスン遺跡）にあったウイグル王宮まで駅伝が開通したという［吉田2011, pp. 18-19；吉田2019, pp. 45-47］。さらには、ウイグルの支配地域は、タラス地方までも含む可能性があるともされている［吉田／森安2019, pp. 42-43］。タラスがウイグルの支配下に入ったならば、近接する砕葉城もウイグルの支配下に入った可能性が出てくるだろう。吉田［2018, pp. 161-164］が解読したセミレチエ発現のコインの銘文に、ウイグル王族であるヤグラカル氏が発行したと記されていたことも、その傍証となる可能性がある。アクベシム遺跡の考古学的時代区分では、突騎施の後にカルルクの時代があり（756-940年）、その後にカラハン朝の時代が来るとされている［肯加哈買提2017, p. 11］が、あるいは9世紀初頭にウイグルの時代も想定すべきなのかもしれない。ウイグル可汗国は840年に崩壊するため、彼らがいつまでセミレチエ方面に影響をおよぼすことができたのか、明らかではない。

　その後、10世紀のペルシャ語地理書である『世界境域志』には、「SŪYĀB 20000人（の兵士）が送られてくる大きな村落」［『世界境域志』17.2; Minorsky 1937, p. 99］という記述がある。SŪYĀBとはスイアブ、すなわち砕葉のことなので、砕葉城について記されているかのようである。しかし、ミノルスキー［Minorsky 1937, p. 303］は、12世紀に書かれたガルディージー Gardīzī の歴史書に、チュー河右岸にスイアブがあると記されていることから、チュー河左岸にあるはずの砕葉城とは合わないと指摘し、『世界境域志』のスイアブもまた、チュー平野の都市ではあるが、砕葉ではないとしている。

　最後に砕葉城という名が見られるのは、1219年から1227年まで、チンギス・カンの中央アジア遠征に従った耶律楚材の『西遊録』の記録においてである。

『漢西域圖考』巻一「附論」所引『西遊録』［十八葉左］
　索虜城在大河南。城已圮。唐砕葉鎮城古壚也。

【和訳】 索虜城は大河（＝チュー河）の南方にある。城郭は既に崩れている。唐代の砕葉鎮城の廃墟である。

　この記述は、宮内庁図書寮が所蔵する完本の『西遊録』には見えず、1870（同治九）年に刊行された、李光廷の『漢西域図考』にのみ採録されている逸文である。この記述では、砕葉鎮城は索虜城と呼ばれていたという。現在の遺跡の位置から見て、チュー河の南という位置関係は正しく、砕葉鎮城とはアクベシムのことであると見なせよう［cf. 内藤1988, p. 9］。この13世紀前半の段階では、アクベシムは確実に廃墟となっていたようである。

おわりに

　本稿では、史料に見える砕葉城の記述を拾い集めて紹介した。その結果として、遊牧民とオアシス民との関係、王方翼による築城の際の政治状況、唐朝統治下における砕葉城が持っていた国際関係上の意義、唐朝が西域支配の際に行っていた二重支配体制が砕葉でも行われていた可能性、突騎施の烏質勒統治下で両属状態にありながら、唐の軍団が駐屯していたこと、8世紀半ばの城郭破壊は第2シャフリスタンのみに留まっていた可能性が高いこと、などを指摘した。また、9世紀にはウイグル可汗国の影響がこの地域に及んでいた可能性があることも指摘し、注意喚起を行った。

　本稿で取り上げた史料は、もちろんすべてではないが、齊藤［2021］と合わせることで重要なものはだいたい網羅できた。砕葉とその周辺の歴史については、出土文書や出土石刻史料に断片的に現れるものは省いているとはいえ、史料が豊富にあるとは言いがたい。それゆえに、考古学的な調査の進展は重要であり、今後も注視していきたい。

註

1）本稿では、「砕葉」と呼称した場合歴史上の地名を指し、「アクベシム」と呼称した場合、現代の遺跡を指すこととする。また、「砕葉」と表記する場合、周辺地域を含む、ある程度広域の地理空間を想定し、「砕葉城」と表記する場合、都市そのものを指すこととする。

2）齊藤［2016］ならびにその増補英訳版である Saito［2017］と、両者に基づき、さらに増補修正を加えた齊藤［2021］を指す。本稿で、単に「前稿」と言う場合、これらを指すこととする。煩雑となるため、書誌情報を挙げる際は齊藤［2021］のみを挙げる。

3）トゥルファンオアシスの高昌王国と西突厥の関係について、荒川［2015, 第Ⅰ部］がトゥルファン出土文書を用いて詳細に検討しており、参考になる。

4）「米国城」については吉田［2002］を参照のこと。

5）アクベシム遺跡以外のチュー平野の遺跡については、望月［2022］を参照のこと。

6）山内［2022, p. 193］も遺跡の分布の検討から、遊牧民は山麓から山間部で、定住民はチュー川南岸の河岸段丘上に都市を建築して、それぞれ異なる生活圏を持っていたと指摘している。

7）本章の内容は前稿で詳しく論じている。先行研究の情報などはそちらをご参照いただきたい。

8）西突厥は阿史那賀魯の乱の鎮圧によって可汗の継承が途絶え、滅亡するとされているため、その後の西突厥系勢力は「旧西突厥」と称する。とはいえ、8世紀にわたって力を持ち続ける突騎施を含め、天山地域で力を持ち続けるトルコ系遊牧民の多くは西突厥由来の勢力であり、滅亡したとはいえ、旧西突厥の活動は活発であり続けるため注意が必要である。

9）ここまで、『旧唐書』巻八四「裴行俭伝」によった。ササン朝の亡命政権の顛末は前嶋［pp. 50-58］を参照のこと。

10）Лубо-Лесниченко［2002, p. 122］・加藤［1997, p. 150］・周偉洲［2007, p. 38］。このほか、王方翼の建てた碑文であるとする説［薛宗正2010, p. 139］や、762（宝応元）年以後に建てられたものとする説［肯加哈買提2017, pp. 196-197］がある。

11）本碑文は加藤［1997, p. 190］・周偉洲［2000, p. 312］に現物の写真が載るほか、Лубо-Лесниченко［2002, pp. 120-121］が現物と拓本の写真を掲載している。録文は諸氏がそれぞれ作成している。

12）福永は「隅」肯加哈買提は「小邦」を欠字に補う。

13）周偉洲［2000, p. 307］は「涂」、Лубо-Лесниченко［2002, p. 122］は「癸」に作る。とりあえずは、福永［加藤1997, p. 190］・肯加哈買提［2017, p. 189］に従い、「祭」と読んでおく。

14）周偉洲［2000, p. 307］は欠字としており、福永［加藤1997, p. 190］は「二」で読むが、Лубо-Лесниченко［2002, p. 121］が示唆するように、「三辺」は中国周辺地域を指す定型表現であるため、「三」とする。

15）柿沼［2019, pp. 51-52＝本書 pp. 69-70］は、「四面十二門」は誇張ではないかと推測する。断定はできないものの、筆者もその可能性が高いと考えている。

16）張広達［2008, pp. 149-150］の指摘を参照のこと。具体的には、クチャ王国の二重支配体制については荒川［1997］、コータン王国については森安［2015, pp. 191-201］・Zhang / Rong［1987, pp. 90-91］・張広達／栄新江［2008］・吉田［2006, pp. 147-148］がある。

17）高宗が死去したのは683（永淳二）年であるが、この乾陵蕃臣像が作られたのは705（神龍元）年前後であり、その像の中には、高宗死去以前に死亡した者や、高宗死後に冊封された者も含まれている［陳国燦1980, pp. 189-190］。そのため、砕葉国／州が705年前後に存在したとは断言できないものの、少なくとも唐支配期に砕葉州が置かれたことがあったのは間違いない。なお、内藤［1988, pp. 17-20］は、スミルノヴァ氏の銘文読解に従って突騎施コインを分析し、突騎施支配下の7世紀末から8世紀前半における砕葉に、ソグド領主が存在していたことを指摘するが、現在、スミルノヴァ氏の読解は支持されていない［吉田2018, pp. 156-160；吉田2021, pp. 100-101］ため、それに依拠する内藤説もここでは取り上げない。

18) 調査の際にはスラブ大学のヴァシリー・ウラジミロビッチ Василий Владимиробич 氏にご厚情を賜ったほか、同行した龍谷大学の岩井俊平氏、元・大阪府文化財保護課技師の枡本哲氏には調査に多大なご協力を賜った。この場を借りて諸氏に感謝申し上げたい。
19) 先行研究の結果を踏まえた以前の録文については、齊藤［2021, p. 76 ＝ 本書 pp. 16-17］を参照のこと。
20) 「在□属」の3文字は、以前の録文では「□□□使」とされていたが、実見すると3文字分のスペースしかなく、「使」とされていた文字は明らかに「属」が正しい。
21) 「法界蒼生」の4文字は、以前の録文では「法界□□生」とされていたが、実見すると「蒼」の下半分が見えており、「界」と「蒼」の間には文字が入るほどのスペースがないことが判明した。筆者は実見前から意味上、「蒼」ないし「衆」が入ると予想していた［齊藤2021, p. 80, n. 29 ＝ 本書 p. 24］が、その予想が的中することとなった。
22) この吐蕃と唐との安西四鎮の争奪戦については、齊藤［2021］でも触れた。史料や先行研究についてはそちらをご参照いただきたい。
23) この単語は、古代トルコ語で「言葉」を意味する「sav」に、「～の人」を意味する接尾辞の「+čï」が付加されたものである。柿沼［2020, p. 142 ＝ 本書 pp. 221］は savci と表記するが、より一般的に用いられている古代トルコ語表記に改めた。
24) 9世紀後半期の事例ではあるが、齊藤［2014］は陰山山脈南麓にあった天徳軍が外交の窓口になっていたことを指摘している。
25) その他の版本については呉玉貴［2009, p. 860］を参照のこと。
26) 王小甫［1992, pp. 285-286］は、金山道行軍総管を北庭都護府の前身と見なし、郭元振が金山道行軍総管として砕葉鎮の兵を従えたことが、北庭都護府に砕葉鎮が所属する理由であると指摘している。
27) 両者の争乱は前嶋［1982, pp. 81-97］に詳しい。本稿は主にそれに拠っている。
28) 前嶋［1982, p. 95］による。ただし、筆者はタラス河畔の戦いを直接引き起こした高仙芝の遠征自体は全く別の目的で行われたと考えており、現在別稿を準備中である。
29) 畢波［2007, p. 28］も砕葉城は破壊されていないという認識を示しているが、第1シャフリスタンと第2シャフリスタンの一方だけが破壊された可能性は考慮していない。8世紀後半以降も第1シャフリスタンが存続したことについては、第1シャフリスタンの中央街区で採取された出土木炭のうち、最も新しい伐採年代として10世紀末から11世紀初頭という炭素年代測定結果が出ている［中村2016, pp. 56-58］こととも軌を一にする。
30) 吉田［2006］・Yoshida［2009］・吉田［2019］・吉田／森安［2019］・Yoshida［2020］、ならびにそこで挙げられている参考文献参照。

参考文献

『旧唐書』／『新唐書』／『通典』／『資治通鑑』（旧版）＝中華書局標点本
『大唐西域記』＝京都帝大校訂本　『唐大詔令集』＝商務印書館排印本
『漢西域図考』＝広文書局影印本
荒川　正晴　1997：「クチャ出土『孔目司文書』攷」『古代文化』49-3，pp. 1-18.
ヴェシエール，E.／影山悦子（訳）　2019：『ソグド商人の歴史』岩波書店．

柿沼　陽平　2019：「唐代砕葉鎮史新探」『帝京大学文化財研究所研究報告』18, pp. 43-59.
柿沼　陽平　2020：「文物としての随身魚符と随身亀符」『帝京大学文化財研究所報告』19, pp. 127-147.
加藤　九祚　1997：「セミレチエの仏教遺跡」『中央アジア北部の仏教遺跡の研究（シルクロード学研究 Vol. 4）』, pp. 121-184.
ケンジェアフメト，N. 2009：「スヤブ考古──唐代東西文化交流──」窪田順平他，（編）『イリ河歴史地理論集──ユーラシア深奥部からの眺め──』松香堂, pp. 217-301
齊藤　茂雄　2014:「唐後半期における陰山と天徳軍──敦煌発見「駅程記断簡」（羽〇三二）文書の検討を通じて──」『関西大学東西学術研究所紀要』47, pp. 71-99.
齊藤　茂雄　2016：「砕葉とアク・ベシム──7世紀から8世紀における天山西部の歴史的展開──」独立行政法人国立文化財機構 東京文化財研究所 文化遺産国際協力センター（編集・発行）『キルギス共和国チュー川流域の文化遺産の保護と研究　アク・ベシム遺跡、ケン・ブルン遺跡──2011 ～ 2014年度──』, pp. 81-92.
齊藤　茂雄　2021：「砕葉とアクベシム──7世紀から8世紀前半における天山西部の歴史展開──（増訂版）」『帝京大学文化財研究所研究報告』20, pp. 69-83.
城倉　正祥　2021：『唐代都城の空間構造とその展開』早稲田大学東アジア都城・シルクロード考古学研究所.
城倉　正祥／山藤　正敏／ナワビ　矢麻／伝田　郁夫／山内　和也／バキット　アマンバエヴァ　2017：「キルギス共和国アク・ベシム遺跡の発掘（2015年秋期）調査出土遺物の研究──土器・塼・杜懐宝碑編──」『早稲田大学総合人文科学研究センター研究誌』5, pp. 145-175.
帝京大学文化財研究所（編）　2020：『アク・ベシム（スイヤブ）2019』帝京大学文化財研究所／キルギス共和国国立科学アカデミー歴史文化遺産研究所.
内藤　みどり　1988：『西突厥史の研究』早稲田大学出版部.
内藤　みどり　1997：「アクベシム発見の杜懐宝碑について」『中央アジア北部の仏教遺跡の研究（シルクロード学研究 Vol. 4）』, pp. 151-184.
中村　俊夫　2016：「出土木炭の放射性炭素年代」独立行政法人国立文化財機構 東京文化財研究所 文化遺産国際協力センター（編集・発行）『キルギス共和国チュー川流域の文化遺産の保護と研究　アク・ベシム遺跡、ケン・ブルン遺跡──2011 ～ 2014年度──』, pp. 56-59.
洪　性珉　2013：「税役から見た宋遼両属民」『内陸アジア史研究』28, pp. 1-28.
前島　信次　1982：『民族・戦争──東西文化交流の諸相──』誠文堂新光社.
松田　壽男　1970：『古代天山の歴史地理学的研究（増補版）』早稲田大学出版部.
望月　秀和　2022：「アク・ベシム遺跡の周辺遺跡の調査」山内和也／バキット・アマンバエヴァ（責任編集）『アク・ベシム（スイヤブ）2016・2017』（帝京大学シルクロード学術調査団調査研究報告1）帝京大学文化財研究所, pp. 218-235.
望月　秀和／山内　和也／バキット アマンバエヴァ　2020：「空中写真によるアク・ベシム遺跡（スイヤブ）の解析」『帝京大学文化財研究所研究報告』19, pp. 61-126.
森安　孝夫　2015：『東西ウイグルと中央ユーラシア』名古屋大学出版社.
森安　孝夫／吉田　豊　2019：「カラバルガスン碑文漢文版の新校訂と訳注」『内陸アジア言語の研究』34, pp. 1-59, + 1 pl.
山内　和也　2022：「おわりに」山内和也／バキット・アマンバエヴァ（責任編集）『アク・ベシム

（スイヤブ）2016・2017』（帝京大学シルクロード学術調査団調査研究報告１）帝京大学文化財研究所，pp. 193-201.
吉田　豊　2002：「米国問題再訪」『神戸市外国語大学外国学研究』51, pp. 163-166.
吉田　豊　2006：『コータン出土 8 - 9 世紀のコータン語世俗文書に関する覚え書き』神戸市外国語大学外国学研究所．
吉田　豊　2011：「ソグド人と古代のチュルク族との関係に関する三つの覚え書き」『京都大学文学部研究紀要』50，pp. 1 -41.
吉田　豊　2018：「貨幣の銘文に反映されたチュルク族によるソグド支配」『京都大学文学部研究紀要』57, pp. 155-182.
吉田　豊　2019：「カラバルガスン碑文に見えるウイグルと大食の関係」『西南アジア研究』89, pp. 34-57.
吉田　豊　2021：「補説：クズラソフ Kyzlasov が発掘したコインの年代と歴史的背景に関するクローソン Clauson の解釈の問題点とコインに関する研究のその後の展開」『帝京大学文化財研究所研究報告』20, pp. 99-102.
吉田　豊／荒川　正晴　2009：「ソグド人の商業（四世紀初）」歴史学研究会（編）『世界史史料 3 ──東アジア・内陸アジア・東南アジアⅠ』岩波書店，pp. 342-345.
畢　波　2007：「怛羅斯之戰和天威健児赴砕葉」『歴史研究』2007- 2，pp. 15-31.
陳　国燦　1980：「唐乾陵石人像及其銜名的研究」『文物集刊』2, pp. 189-203.
肯加哈買提．努尓蘭　2017：『砕葉』上海古籍出版社．
劉　子凡　2016：『瀚海天山──唐代伊・西・庭三州軍政体制研究──』中西書局．
王　小甫　1992：『唐・吐蕃・大食政治関係史』北京大学出版社．
呉　玉貴　2009：『突厥第二汗国漢文史料編年輯考』中華書局．
薛　宗正　2010：『北庭歴史文化研究──伊・西・庭三州及唐属西突厥左廂部落』上海古籍出版社．
張　広達　2008：「唐滅高昌国後的西州形勢」『文書・典籍与西域史地』広西師範大学出版社，pp. 114-152.
張　広達／栄　新江　2008：『于闐史叢稿（増訂本）』中国人民大学出版社．
周　偉洲　2000：「吉爾吉斯坦阿克別希姆遺址出土唐杜懷寶造像題銘考」『唐研究』 6，pp. 383-394.
Biran, M. 2005: *The empire of the Qara Khitai in Eurasian history: between China and the Islamic world*, Cambridge.
de la Vaissière, É. 2010: Note sur chronologie du voyage de Xuanzang. *Journal Asiatique* 298-1, pp. 157-168.
Лубо-Лесниченко, Е. И. 2002: Сведения китайских письменных источников о Суябе (городище Ак-Бешим). In: *Суяб: Ак-Бешим*, Санкт-Петербург, pp. 115-127.
Mackerras, C. 1990: The Uighurs. Sinor, D.（ed.）*The Cambridge History of Early Inner Asia*, Cambridge, pp. 317-342.
Minorsky, V. 1937: Ḥudūd al-'Ālam. 'The Regions of the World': A Persian Geography 372 A. H. ─ 982 A. D. London.
Saito, S. 2017: Suiye（砕葉）and Ak-Beshim: a Historical Development at the Western Tien-shan in the 7th to the First Half of the 8th Century. In: Kazuya Yamauchi, Bakit Amambaeva, et al.（eds.）*Protection and Research on Cultural Heritage in the Chuy Valley, the Kyrgyz Republic: Ak-Beshim and Ken Bulun*. Tokyo, pp. 91-107.

Yoshida, Y. 2009: The Karabalgasun Inscription and the Khotanese Documents. In: Durkin-Meisterernst, D. et al. (eds.), *Literarische Stoffe und ihre Gestaltung in mitteliranischer Zeit: Kolloquium anlässlich des 70. Geburtstages von Werner Sundermann*, Wiesbaden, pp. 349-362.

Yoshida, Y. 2020: Studies of the Karabalgasun Inscription: Edition of the Sogdian Version. *Modern Asian Studies Review* 11, pp. 1-139.

Zhang, Guanda / Rong, Xinjiang 1987: Sur un manuscrit chinois découvert à Cira près de Khotan. *Cahiers d'Extrême-Asie, Revue de l'Ecole Française d'Extrême-Orient* 3, pp. 77-92.

唐代砕葉鎮史新探

早稲田大学文学学術院 柿沼陽平

はじめに

　唐代の砕葉鎮は、唐帝国の最西端に位置する。伝世文献によれば、当地をめぐって唐・突厥・突騎施・吐蕃等の強国がはげしい取り合いを演じた。すぐ西側にはタラス河が流れており、唐とイスラム勢力が衝突したことで有名である。タラス河畔の戦い（以下、タラス戦）によって唐の西進は止まり、中国本土の漢人勢力（漢文行政文書を操る皇帝と官吏が民を直接統治する勢力）が砕葉以西に及ぶことはなくなる。唐代以前にも砕葉以西に漢人勢力の直接統治が及んだ形跡はなく、その意味で砕葉鎮は、史上最西端に位置する漢人都市であったといえよう[1]。よって、唐代砕葉鎮は、たんに無数にある帝政中国期の遺跡のひとつではなく、むしろ唐代の対外交渉史を理解し、当時の中央アジア史のありようを知り、中華文明拡大史の限界を知るうえで、非常に重要な都市なのである。

　もっとも、唐代砕葉鎮史に関しては従来論争が絶えない。尚永亮氏の総括によると、最初に問題となったのは、砕葉鎮が実際どこにあったのか（換言すれば、唐代砕葉鎮遺跡はどこか）、伝世文献で唐代砕葉鎮とよばれる場所は1箇所に絞りうるのか、砕葉鎮と安西四鎮との関係はいかなるものかである[2]。これらの問題は、砕葉関連の文字史料がどれも断片的で、全体像の把握が容易でなかったために生じる。ただしその後、多言語を駆使した歴史学的研究により、唐代に「砕葉」とよばれた鎮は1箇所しかない点が判明した。また、現キルギ

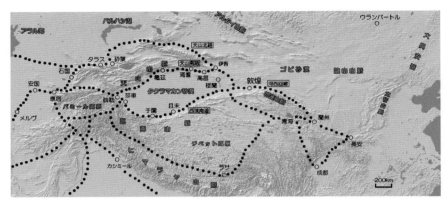

図1　中央アジアとシルクロード・ネットワーク

ス共和国内のトクマク周辺には複数の古城の存在が知られ、20世紀後半の考古調査を通じて、そのなかのアク・ベシム遺跡こそが唐代砕葉城であると推定されるに至った[3]。後述するように、この点は2017年度の正規の考古発掘で、漢文史料の出土があったことにより、歴史学的にも鉄証を得た[4]。

　それでは、砕葉鎮の問題はこれですべて解決かというと、そうではない。むしろ砕葉鎮史研究は、現在まったく新しい問題群に直面しつつある。すなわち、唐代砕葉鎮＝アク・ベシム遺跡とすれば、今後はアク・ベシム遺跡を考古学的にさらに調査し、出土遺物を整理し、それらを歴史学的知見のなかに位置づける必要がある。また、そもそも近年の研究者が唐代砕葉鎮＝アク・ベシム遺跡とする史料的根拠は何であり、それは本当に論拠たりうるのか。ほかにこの点を裏付ける根拠はないか。アク・ベシム遺跡自体はじつは東西2城よりなるが、両者の関係はいかなるものか。アク・ベシム遺跡周辺にはほかにもいくつかの遺跡があるが、これらの相互関係はどのようなものか。私たちは今や、こういった点にも検討を加えねばならないのである。

　ところで帝京大学では2016年度以来、山内和也氏を団長とし、キルギス科学アカデミーと共同で考古調査隊を組織し、アク・ベシム遺跡を発掘している。筆者もその一員として、2016年11月と2017年5月に発掘に従事するとともに、関連史料の収集・解読を進めた。本稿はその中間報告であり、唐代砕葉鎮の重

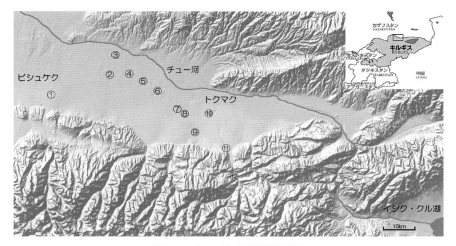

図2　アク・ベシム遺跡等の所在
①ノヴァ・パクロフカ遺跡　②クラスナヤ・レーチカ遺跡　③ケネシュ遺跡　④セレホズクヒミヤ遺跡　⑤イワノフカ遺跡　⑥ケンブルン遺跡　⑦小アク・ベシム遺跡　⑧アク・ベシム遺跡　⑨スタラヤ・パクロフカ遺跡　⑩ブラナ遺跡　⑪シャムシー第4遺跡　⑫シャムシー第3遺跡

要性を念頭におきつつ、歴史学の立場から上記問題群への接近を試みるものである。具体的には、まず唐代砕葉鎮をふくむ安西四鎮に関する伝世文献と、それをふまえた近年の先行研究をふまえ、唐代砕葉鎮をめぐる歴史を概観する。つぎに唐朝進出以前の砕葉鎮のありようを文献に基づいて説明する。さらに、唐朝進出後の砕葉鎮に注目し、それが廃棄されるまでの過程を明らかにする。そのうえで、当該遺跡の考古調査の一端を紹介し、それと歴史学的知見との相互検証過程を通じ、アク・ベシム遺跡（とくにそのなかの第2シャフリスタンを中心とする）こそが唐代砕葉鎮の中核であるとの説を検証する（山内氏はこの推定をもとに発掘している）。そして最後に、筆者の実見に基づく出土文字資料（杜懐宝碑とクラスナヤ・レーチカ碑）の新釈文を提示し、唐代砕葉鎮遺跡の存在を裏付けるとともに、唐代砕葉鎮が周辺の聚落や寺院をも包括する複合体をなしていた可能性を指摘する。

I　唐代砕葉鎮史略

そもそも唐代砕葉鎮をめぐって諸国がしのぎを削った理由は、少なくとも第

1に、砕葉鎮がいわゆるシルクロード交易上、かかせぬ位置に存在したためである。第2に、砕葉付近には農耕に適した大地が広がり、水量も豊富で、牧畜も可能であり、ゆえに農耕民と遊牧民の双方にとって垂涎の的であったためである。以上2点をふまえ、唐代砕葉鎮とその歴史的背景をおおまかに年表化してみたい（表1）。

ちなみに、砕葉をふくむ唐代安西都護府関連の漢文史料は、すでに収集・整理されている[5]。また多言語を駆使した砕葉鎮史研究として、内藤みどり氏や齊藤茂雄氏の専論があり、関連諸論文を網羅的に検証している[6]。加えて、タラス戦（751年7月）前後に関しては、アラビア語文献を駆使した前嶋信次氏の研究もある[7]。以下の年表は、それらの成果を取捨選択し、簡略にまとめなおしたものである。その基準として、まずは史料的裏付けがあり、異論の少ない点を挙げた。また異論のある箇所は両論を併記した。さらに砕葉鎮の動向に関連する歴史的大事件にも適宜言及し、若干の私見も加味した。もっとも、現在歴史学者の間では、すでにもっと微に入り細を穿つ議論が展開されている。だが、文献の専門家以外には理解しにくいところもあるようで、筆者は発掘現場にゆくたび、簡要な年表を求められた。そこで、そうした考古学者の要望に応えるためにも、本年表を作成した次第である。

本年表は、砕葉が唐・突厥・突騎施・吐蕃等の争覇の地であったことをしめす。それによると、砕葉の保有者は100年足らずのあいだに転々としている。砕葉を唐人が直接統治した期間はじつは長くなく、確実なのは679〜686年と692〜703年の合計20年間である。論者のなかには、648〜651年、658〜660年にも砕葉城に唐の行政単位が置かれ、660年〜667年（もしくは670年）にもその置廃があったとする者もいるが、この点はなお論争がある。かりに唐の行政単位が置かれていたとしても、当時実質的に当地を支配していたのは西突厥とその遺衆であり、その支配も不安定極まる。以上をふまえ、つぎに唐代砕葉鎮成立（679年）以前の砕葉城の様子からみていこう。

II　唐朝進出前の砕葉

本稿冒頭で紹介したごとく、キルギス共和国内にあるアク・ベシム遺跡こそ

は現在一般に、唐代砕葉鎮の遺構を含むものとみなされている。本稿第3節で後述するように、この点はもはや疑いえない。しかし、これによってすべての疑問点が氷解したわけでもない。アク・ベシム遺跡は広大で、さまざまな時代の遺構を含むため、一体どこが唐朝進出以前の砕葉城で、どこが唐代砕葉鎮遺跡で、どこがそれ以後の遺跡かは、今後別途検討していかねばならないのである。

　この点を考えるうえで、従来注目されてきたのは、アク・ベシム遺跡が左・右の城よりなる点である（図3）。本稿では、左側を第1シャフリスタン、右側を第2シャフリスタンとよぶ[8]。築城開始時期は第1シャフリスタンのほうが古く、ラスポポヴァ氏は、5～6世紀にソグド人植民都市として建設されはじめたものとしている[9]。張広達氏によれば、ソグド人はタラス河・チュー河に沿って東進した[10]。実際に、2017年5月の発掘でも、第1シャフリスタン中央部からソグド文字の墨書された土器が出土しており[11]、第1シャフリスタンにソグド人がいたことを裏付ける。どうやら唐朝進出前の砕葉城を理解するには、まず第1シャフリスタンの歴史を理解する必要がありそうである[12]。

　第1シャフリスタンとソグド人について山内和也氏は、当地の自然環境をふまえつつ、こう推測している。すなわち、まず「遊牧民が支配する地域に定住民であるソグド人が進出し」た。だが、「定住民と遊牧民は隣接して暮らしていたものの生活圏は異なって」おり、「遊牧民は山麓から山間部で移牧［transfumance］を行い、そして定住民はチュー川南岸の河岸段丘上に都市（第1シャフリスタン……引用者補）を建設し、灌漑システムを構築することによって農耕を営んでいた」と[13]。そのうえで山内氏は現在、第1シャフリスタンの考古発掘をすすめている。

　それでは、唐朝進出以前の砕葉城（第1シャフリスタン）の状況について、歴史学的にはどのような手がかりが得られるであろうか。ここでまず注目されるのは、周知の基礎史料ともいうべき、つぎの2史料である。

①清池〔イシク・クル〕の西北に500里あまりゆくと素葉水城に到着する。城の周囲は6、7里［約2.5～3km］で、諸国の商胡が雑居している。土地は糜［キビ］・麦［ムギ］・蒲萄［ブドウ］に適する。木々は少ない。気候は風が冷たく寒い

表1．砕葉鎮関連年表

支配	西暦	大事記
突厥	626	玄武門の変で太宗李世民即位。
	628～630	東突厥（第一可汗国）が唐に降る。薛延陀の夷男が唐の支持を受け、モンゴル高原支配。ササン朝ペルシアがシリアでイスラム勢力に大敗。このころ玄奘が砕葉城（私見では第1シャフリスタン）を訪問し（628年説、629年説、630年説あり）、西突厥の「葉護可汗」（統葉護可汗説と肆葉護可汗説あり）と面会[14]。
	634～635	唐が吐谷渾を討伐して鄯善・且末へ侵攻。630年代に西突厥は内部分裂。
	639	唐が高昌に進攻。イスラム攻勢に悩むササン朝ヤズデギルド3世の使者が長安訪問。
	640	唐が高昌を州郡に編入し西州とする。安西都護府を設置（治所は交河城、のち移転）。毎年1000余名の現地人が徴兵され常駐（貞観政要巻9）。
	642	ニハーヴァンドの戦いでイスラムがササン朝を滅ます。ヤズデギルド3世逃亡。
	644	唐が焉耆に侵攻（647年に再度侵攻）。
突厥？	648	唐が亀茲を攻略し安西都護府設置。「安西四鎮」成立。ただし亀茲・疏勒・于闐以外に、焉耆か砕葉かで説が分かれる[15]。
	649	太宗李世民死す。高宗李治即位。吐蕃のソンツェン=ガンポ死す[16]。
	651	西突厥の阿史那賀魯が唐に反旗を翻し砕葉城を占拠し、沙鉢羅可汗を称す（648年砕葉鎮設置説支持者は651年に砕葉鎮が西突厥に奪われたとする[17]）。ササン朝ヤズデギルド3世が逃亡先のメルヴで殺される。のち子卑路斯（ペーローズ）がトカラで帝位継承。トカラは仏教国ゆえイスラム勢力に抵抗。
突厥	655	唐で武照が皇后となる。
	657	唐は西突厥の阿史那賀魯を大破し、西突厥10支族を西の5弩失畢部と東の5咄陸部に分け、西を阿史那歩真（継往絶可汗・濛池都護）、東を阿史那弥射（興昔亡可汗・崑陵都護）に委ねる。東に6都督府が置かれ、西にも都督府が置かれた[18]。阿史那氏の衰退はじまる。
	658	濛池都護阿史那歩真のもと、砕葉に州が置かれたとの説あり[19]。
	659	阿悉結闕俟斤の都曼が叛乱し、西（阿史那歩真麾下）の都督や州は廃止。吐蕃が実力者ガル氏の主導で吐谷渾へ侵攻（～663年）[20]。
	660	唐で二聖政治開始。百済滅亡。都曼の叛乱が鎮圧される。660～661年に西（濛池都護阿史那歩真）で安西都護府所属の都督・州が復活し、砕葉都督府（5州統治か）が復活したとの説あり[21]。
	661	イスラム躍進に悩むトカラ等は唐へ救援要請。唐は王名遠を派遣し、名目上、トカラ方面に波斯都督府を含む諸都督府を設置。
	662～667	阿史那歩真が唐将葡海道と阿史那弥射を謀殺。のち阿史那歩真も殺され、西突厥は混乱。660～667年（もしくは670年）、砕葉鎮も放棄されたとの説あり[22]。663年に白村江の戦い。663年に吐蕃の攻撃で吐谷渾の可汗が逃亡（所謂吐谷渾滅亡）。吐蕃は別途、吐谷渾王を擁立・支配）[23]。665年に吐蕃がパミールを越えて西から弓月・疏勒とともに于闐へ侵入[24]。
	668	高句麗平定。
	670	吐蕃がパミール側から疏勒経由で亀茲等を制圧（のち撤退）[25]。670年以前に疏勒・于闐は吐蕃側で、670年に亀茲・焉耆も廃止され[26]、安西都護府は西州へ撤退。この時（もしくは660～667年）に砕葉鎮も放棄されたとの説あり[27]。670年、所謂吐谷渾滅亡に際して唐が出兵するも、吐蕃が勝利し対吐谷渾支配を確立[28]。
	674	唐で皇帝を天皇、皇后を天后と改称。
	676	このころ唐は吐蕃より安西四鎮の地を奪還。
	677	阿史那都支（十姓可汗）が李遮匐と反乱し（砕葉を拠点とした可能性あり）、阿史那歩真死後の西突厥を糾合し、吐蕃と連合し安西四鎮を陥す。
唐	679	唐は、長安に亡命中のササン朝末裔ペーローズの子泥涅師（ナルセ）を西方で復権させる名目で、安撫大食使裴行倹が西方へ進軍。阿史那都支が裴行倹一行への警戒を解いたため、裴行倹は阿史那都支を急襲して砕葉城接収。9月頃、唐の王方翼が新たに砕葉に築城（私見では第2シャフリスタン）。だが王方翼は庭州刺史に異動し、杜懐宝が「安西を統べ、砕葉を鎮守す」[29]。だが杜懐宝は安西副都護ゆえ（杜懐宝碑）、このとき安西都護府が砕葉に置かれたかは疑問[30]。

支配	西暦	大事記
	682	阿史那氏の骨咄禄（クトゥルグ）が陰山山脈付近で東突厥を再興し、イルテリシュ可汗を自称（突厥第二可汗国）。熱海付近で阿史那車簿が反乱。裴行倹の急死で、王方翼が出陣・撃破。唐は高宗末の混乱期ゆえ西突厥指導者をすぐには新たに擁立できず。
	685〜686	阿史那弥射の子の元慶を王鈐衛将軍兼崑陵都護・興昔亡可汗とし、686年に阿史那歩真の子の斛瑟羅を継往絶可汗・濛池都護とする（だが690〜703年に斛瑟羅は唐へ亡命。東突厥の攻勢によるとする史料や、西突厥咄陸部内の突騎施烏質勒の台頭・反抗によるとする史料あり）[31]。
吐蕃	686〜687	唐で高宗李治死去。中宗即位。武后が摂政。阿史那元慶が咄陸部安輯に失敗し、さらに686年（686年説は吐魯番文書68TAM100：1－3に依拠）か687年に吐蕃が砕葉を陥す。吐蕃はラサから西北への進軍路を採用したとおぼしい[32]。
	690	9月、武后が即位（国号は周）。『大雲経』を編纂し、大雲経寺に配置。
	691	東突厥でイルテリシュ可汗死去。黙啜可汗（カプガン）即位。唐に攻勢。
唐	692〜693[33]	唐の王孝傑らが突騎施と結び吐蕃に大勝し、砕葉鎮復活[34]。安西都護府（亀茲）に漢兵3万を常駐させる体制へ転換。第2代目興昔亡可汗・崑陵都護阿史那元慶が刑死。
	694	大食が砕葉で唐へ獅子献上を図る。吐蕃は統護可汗（元慶の子の俊子）を擁立し、旧西突厥勢力を糾合し砕葉を攻めるが、砕葉鎮守使韓思忠が迎撃し、千泉で撃破。
	698	吐蕃で、内政のみならず対外軍事をも担っていたガル氏が粛正され、吐谷渾支配等が不安定化[35]。
	700	唐は阿史那斛瑟羅（阿史那歩真の子）を平軍大総管として砕葉へ派遣。吐蕃は旧西突厥系反唐勢力か東突厥と結び、草原世界への進出を継続。
突騎施	703	突騎施が砕葉奪取（冊府元亀967は698-699年に繋年）。突騎施の妥協下で唐砕葉鎮は名目上存続したとされる。
	705	1月、武后退位。2月、中宗即位、唐再興。
	706	突騎施の烏質勒が死に娑葛が継ぐ。唐は彼を嗢鹿州都督・懐徳群王に任じて懐柔。イスラムのクタイバが商業都市パインケントを陥す。
	708	唐は旧臣阿史那忠節の提言に従い、西突厥第二代興昔可汗阿史那元慶の子阿史那献を十姓可汗として擁立し、吐蕃とともに娑葛を攻撃。だが敗北。
	709	唐は突騎施の娑葛に大敗したため、娑葛を十四姓可汗として懐柔を図り、娑葛の旧西突厥への覇権も容認。唐・黠戛斯・突騎施は提携し、東突厥（突厥第二可汗国）の黙啜可汗に対抗。イスラムのクタイバがブハラ征服。
唐？	710〜711	中宗は北庭都護・砕葉鎮守使・安撫十姓使呂休璟を金山道行軍副大総管とし、金山道行軍大総管の郭元振とともに進軍させ、黠戛斯・突騎施娑葛と合流したうえで、東突厥を攻撃しようとしたが、韋后らが中宗を毒殺したため、計画は頓挫[36]。唐では李隆基の謀反で睿宗が即位。東突厥は黠戛斯を攻撃し、娑葛を殺し突騎施を滅ぼす。娑葛支配下の砕葉は空白地と化す。唐は阿史那献を安撫招慰十姓大使・興昔滅可汗として旧西突厥支配（砕葉を含む）を委ねる。
	712	唐で玄宗即位。イスラムのクタイバがサマルカンド包囲、フェルガナ侵攻。サマルカンド王グーラク（烏勒伽）はクタイバと講和条約締結。
	714	唐側の阿史那献に対抗し、旧西突厥の都担が砕葉を奪うが、同年中に阿史那献が反乱を鎮圧。東突厥も砕葉進出を図るが失敗。
	715	イスラム内紛でクタイバがフェルガナで殺され、イスラム躍進が一時停止。
	716〜717	蘇禄が突騎施を再興させる。唐は阿史那献を十姓可汗に、蘇禄を都督とし、蘇禄を懐柔しつつ阿史那献を上位とする。だが6〜7月に阿史那献が蘇禄を攻めて逆に破られ、蘇禄の権威が確立。阿史那献がその後も砕葉を確保したとする説が分かれる。なお716年に東突厥（突厥第二可汗国）で黙啜可汗（カプガン）死去。初代イルテミシ系と二代目カプガン系が対立し、前者の毗伽可汗（ビルゲ）即位。ビルゲ弟のキョル・テギンが軍事権を握り、トゥニュクク（阿史徳元珍）が輔佐役となり、唐との交易関係を重視。717年に吐蕃・突騎施・大食が連合して安西四鎮（とくに亀茲周辺）を攻撃（おそらく突厥とも交渉[37]）。
	719	唐は突騎施の蘇禄を忠順可汗に冊立して懐柔。「十姓可汗」（阿史那献説と蘇禄説あり）は砕葉に継続居住希望。唐は安西節度使湯嘉恵の上表で、亀茲・疏勒・于闐・焉耆を安西四鎮とし、名実ともに砕葉を放棄。イスラム攻勢に伴い、サマルカンド王グーラクは唐へ援軍要請。

ので、人びとは氈［細毛の織物］や褐［粗い毛織物］を着ている。素葉以西には数十の孤城があり、みな各々君長を立てている。命令を受けているわけではないが、みな突厥［西突厥］に隷属している。素葉水城から羯霜那国［カサンナ、キッシュ］にいたるまで、土地は窣利［ソグディアナ］と名づけ、人もそう称する。文字のなりたちは簡略で、もともと20余字あるが、それが組み合わさって［語彙が］でき、その方法がしだいに広がっている。……力田と逐利が半ばしている（京都帝大校訂本『大唐西域記』巻１）[38]。

② ［跋禄迦国［現在の温宿］以来、野宿を重ねたあと］海［イシク・クル］に沿って西北に500里あまりで、素葉城に到着した。突厥の葉護可汗（統葉護可汗説と肆葉護可汗説あり。表１参照）に会った。ちょうど狩りに出かけようとしており、軍馬はたいへん強壮であった。……［中略。可汗と部下の様子］……。面会すると、可汗はよろこんで「しばらく出かけますが、２、３日で帰るでしょう。法師さまはとりあえず衙帳［本拠地］でお待ちください」といい、達官の答摩支に命じて玄奘を衙帳に送って休ませた。……［中略。可汗と面会後、出立］……。ここ［衙帳］から西方に400里あまりで屛聿に到着した。ここは千泉［メルケ付近］ともいう。その土地は数百里四方で、池や沼が多いのみならず、珍しい木が豊かに茂っている。森林が鬱蒼としていて、清涼湿潤であるので、可汗の避暑地であった。屛聿から西へ150里ゆくとタラス城［現在のジャンブル］に至り、また西南200里で白水城［サイラム］に至った（『大慈恩寺三蔵法師伝』巻２）[39]。

史料①は、かの玄奘が貞観３年（629）８月に長安を出発し、同19年（645）正月に長安に帰朝するまでの「志記」（記録）に基づく地誌である。引用部分とほぼ同じ記載が釈道宣（596〜667年）『釈迦方志遺跡篇』（『大正新脩大蔵経』第51冊所収）にみえる。『釈迦方志遺跡篇』の記載は『大唐西域記』に基づく。史料②は、玄奘が大慈恩寺で仏典翻訳に従事したさい、弟子慧立が玄奘の伝記『慈恩三蔵行伝』（全５巻）を書き、そこに弟子彦悰が帰路記録を付加したもので、引用部分は慧立の手になる部分とみられる。

　以上はみな砕葉に関する貴重な史料で、唐代砕葉の位置・周辺環境・統治

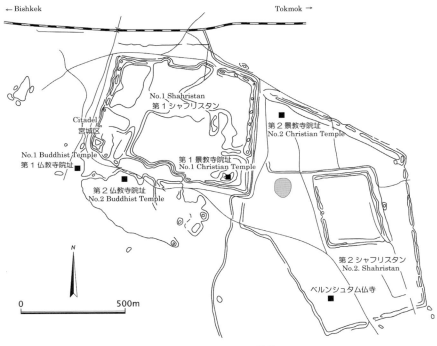

図3　アク・ベシム遺跡

者・習俗等々に触れており、多くの先行研究がある。ただし、史料①②に描かれる砕葉は、厳密には唐の直接統治期間に該当しない。当時すでに唐王朝は成立していたものの、まだその手は砕葉付近に伸びていないのである。すると史料①②は、唐朝進出以前の砕葉の様子を窺わせる格好の史料ということになる。

これによると、まず630年代の砕葉は突厥に属していた（前掲表1も参照）。そもそも砕葉等の商人はシルクロード交易に従事し、そのキャラバン隊はたえず強盗・略奪等の危険にさらされており、突厥は格好の庇護者となりうる。一方、突厥は、ユーラシアの商業利権を糧としていた。それゆえ砕葉と突厥は、確たる上下関係を有しながらも、同時に互恵的な関係をも築き得た[40]。

このように、630年代の砕葉は、突厥と密接な関係にあった。ただし、突厥の「葉護可汗」の根拠地自体は、厳密には砕葉城と異なる場所にあったようで

ある。内藤みどり氏はそれを、砕葉城の北（チュー河よりもさらに北）の羯丹山付近に比定し、避暑地の千泉とともに、西突厥の二大重要拠点と解している[41]。

また上記史料より、砕葉城がすでに城壁を有し、城内に「諸国の商胡」が雑居していたこともわかる。ここで注目すべきは、玄奘のみた城壁の規模（6、7里、つまり約2.5〜3km）が、第1シャフリスタンとみごとに合致することである。ちなみに第2シャフリスタンの外周は3km以上である。また第1シャフリスタンと第2シャフリスタンを囲む巨大な外壁も見つかっているが[42]、その建造年代は不明で[43]、玄奘が描く城壁の規模とも合致しない。この点からも、「第1シャフリスタン＝630年代の砕葉城＝玄奘の訪問した砕葉城」の可能性が裏づけられる。

つぎに住民の生活様式をみてみよう。史料①によれば、彼らは糜［キビ］・麦［ムギ］・蒲萄［ブドウ］を栽培していたという。『通典』辺防9石国条本注所引の杜環『経行記』砕葉国条にも、類似の記載がみえる。本文全体は次節で引用・検討することとし（史料⑦）、ここではその一部を引用しておく。

③これより西海［カスピ海］までは、3月から9月には雲もなく雨も降らず、みな雪水で農業をしている。大麥［オオムギ］・小麥［コムギ］・稲禾［イネ］・豌豆［エンドウ］・畢豆［エンドウの一種？］がよく採れる。蒲萄酒［ブドウ酒］・糜酒［キビ酒］・醋乳［ヨーグルト？］を飲む[44]。

問題となるのは、本文冒頭の「これ」（此）がどこをさすかで、一見、引用文の直前にみえる「タラス城（怛羅斯）」をさすとも解釈できそうである。だが私見では、本引用文は「砕葉國」に関する説明文の総括部分にあたり、「此」は「砕葉國」をさすとみるべきであろう。実際に、本引用文（史料③）所引の特産物は、史料①所引の特産物（糜・麦・蒲萄）とも合致する（史料③によれば、さらにイネ・エンドウ・ヨーグルトの類も採れたことがわかる）。

史料①によれば、城内には「諸国の商胡」も住み、地元のソグド人と「雑居」していた[45]。ただし史料③によれば、砕葉国以西はみなが似たような品物を生産しているので、その版図内での特産物売買だけでは、大規模な利潤が得にくかったであろう。当時のソグド人商人は、砕葉国以東の稀少品（絹織物）

を、砕葉国以西の品々と交換することによって、はじめて巨利を得ていたのではあるまいか。現に、第１シャフリスタンでは開通元宝（もしくは開元通宝）が出土し[46]、漢人商人も訪問していた可能性がある。当該銭は唐代武徳４年（621年）に鋳造されはじめ、数百年間流布しつづけた。

　史料①によれば、こうしたチュー河沿岸の土地（素葉水城から羯霜那国にいたるまで）と人びとは「窣利」（ソグディアナ）と総称され、各々君長を擁立していた。第１シャフリスタンも、少なくとも突厥の傘下に入るまでは、独立を維持していたはずである。内藤みどり氏は、突騎施可汗銭やムグ山文書を活用し、710年に突騎施娑葛支配下のNavakat（Navikat。おそらく新城、すなわちKrasnaya Rechka）に「首長」（γωß/γωßω）がいた点を指摘し、同時期のソグド人植民市のアク・ベシムにも「首長」がいたはずであると推測している[47]。けだし卓見というべきであろう。

　以上に加えて、唐進出以前の砕葉の様子をしめす漢文史料はほかにもあり、開元年間（713～741年）にマニ教徒が作った『老子西昇化胡経』序説に、80余国の「諸胡王」が列記され、「砕葉國王」が含まれている[48]。実在しない国王も含むが、完全な架空とも思われない。ただし実在しない国王を含む以上、それは開元年間の記録ではなく、むしろ過去に仮託したものとすべきで、砕葉が独立国であったときの記憶が反映されているのではないか。また、より確実な証拠として、『宋高僧伝』巻第18（『大正新脩大蔵経』巻50「史伝部２」所収）には、

> ④釈僧伽は、葱嶺の北の何国の人である。本人によれば、俗姓は何氏であるという。［これは］また、僧会がもともと康居国の人で、命［天命？］によって康僧会となったのと同様である。だから［彼］は胡と梵の姓名を併せもっている。名は梵音でありながら、姓は華語と関係しているのである。その何国を詳細にみると、砕葉国の東北にあり、砕葉の附庸にすぎない。釈僧伽は本土にいて若くして出家した。僧となったのち、志を立てて方［地方］を外遊した。はじめは西涼府にゆき、つぎに江淮地域をめぐった。おりしも龍朔初年［661年］のことであった[49]。

とあり、661年以前に砕葉国があり、複数の「附庸」国を擁したことを物語る。

これは、砕葉国が唐や西突厥に挟まれながらも半独立を保ち、そのうえ砕葉城（第1シャフリスタン）を中心に、周辺聚落へ間接的支配力を及ぼしていたことをしめす。つまり、少ないながら漢文史料からも、砕葉国が半独立を維持し続けていたことが窺えるのである。

III　唐代砕葉鎮の築城と破却

1．王方翼の築城と第2シャフリスタン

　ところがその後、678年にいよいよ唐帝国が砕葉への進出を図る。それ以前から唐帝国の影響力が及んでいたふしもあるが（前掲表1参照）、第1シャフリスタンを直接統治下に置いていたかは疑問で、考古学的確証もない。そして翌679年9月頃には、王方翼が砕葉城を新たに築く。『文苑英華』巻93所収の張説「夏州都督太原王公神道碑」は、張説がしるした王方翼の神道碑で、そこに築城前後の説明がある。

　　⑤裴行倹が波斯［末裔ナルセ］の擁立を名目とし、じつは遮匐（李遮匐）を捕らえようとしており、公［王方翼］の威厳ある様子をみて、上奏文を郵送して彼を推挙した。詔が下され、公［王方翼］は波斯軍副使兼安西都護・上柱国とされ、安西都護懐宝［杜懐宝］は庭州刺史とされた。大々的に砕葉に築城した。街郭は入り組んでおり、夷夏［夷狄と唐人］があまねく見回ったが、端まで行きつくことはできなかった。……ほどなくして詔があり、公［王方翼］は庭州刺史となり、波斯使として金山都護を領した。前任者の杜懐宝はあらためて安西を統べることになり、砕葉に鎮守した[50]。

類似の記載は『新唐書』巻111王方翼列伝にもみえる。前掲表1がしめすように、当時西アジアではイスラム勢力の躍進がめざましく、ササン朝ペルシアは滅ぼされた。一方、砕葉城付近では、西突厥の阿史那都支（十姓可汗）が李遮匐らとともに猛威を振るい、吐蕃までがその味方についていた。そこで唐は、長安に亡命中のササン朝末裔ナルセを西方で復位させるとの名目で、砕葉方面へ唐軍を進めた。唐軍を率いるのは、「安撫大食使（アラブを鎮撫する使者の意）」の裴行倹であった。裴行倹の本当の狙いは、阿史那都支の反乱を鎮圧す

ることであったが、阿史那都支は用心深い。だから裴行倹は、アラブ鎮撫とサ
サン朝復興の名目で西進し、阿史那都支が裴行倹一行への警戒を解いたところ
で、阿史那都支を急襲した。かくて唐は、初めて砕葉城を直接支配するに至っ
た。そして史料⑤によれば、679年9月頃に砕葉の地に王方翼が新たに城を築
いた。

　築城に際しては、「波斯に送る（送波斯）」建前で集まった西州の豪傑子弟や
西州前庭府の衛士が動員された[51]。王方翼は、阿史那都支の捕縛以後も「波斯
軍副使」や「波斯使」の職位を保持し、「送波斯」軍の統率権を有していた。
そして築城後の679年末〜680年初頭に杜懐宝と交替し[52]、砕葉城を離れたとお
ぼしい[53]。

　では、王方翼が築いたのは、アク・ベシム遺跡のどの部分であろうか。前節
では上記史料をふまえ、アク・ベシム遺跡に新旧2城があり、第1シャフリス
タンは唐朝進出以前からの城だとしたが、そうすると王方翼は第2シャフリス
タン側を築いたのではないか。

　もっとも、王方翼の城をめぐっては従来諸説ある。たとえば、クローソン氏
や張広達氏は第1シャフリスタンとし[54]、ガリャーチェヴァ・ペレグドヴァ両
氏や、加藤九祚氏、山内和也氏は第2シャフリスタンとする[55]。また最近では、
ケンジェアフメト氏が上記両説を批判し、以下の新説を提唱している。すなわ
ち、第1シャフリスタンは5世紀に建築されはじめ、建築技法的に唐代と関係
がなく、むしろソグド風である。よって、王方翼が第1シャフリスタンを築く
はずはなく、まず前説は否定される。また考古学的にみて、安西四鎮期の第2
シャフリスタンには城壁がなく、築城はカルルク期（柿沼注：756年〜940年）
以降に下る。また第2シャフリスタンは約3970mに及ぶ5角形の城で、短期
間では建造できない。これは、王方翼がわずか5旬（50日間）で築城したとの
史料（『新唐書』巻111王方翼列伝）と矛盾する。よって、王方翼が第2シャフ
リスタンを築いたとの説も成り立たない。そこで第2シャフリスタン内の仏寺
遺跡（ベルンシュタムが発掘した仏寺。いわゆるAKB-0。以下、ベルンシュ
タム仏寺）をみると、唐代の瓦当などが出土している。よって、これこそ王方
翼の城であろう、と[56]。

だが第1シャフリスタン説に問題があることは既述のとおりである。またケンジェアフメト説にも疑問がある。第1に、これでは王方翼の官衙（数十m四方）が当時しっかりした外壁をもたず、剥き出しの状態で外敵（西突厥等）に晒されていたことになり、危険きわまりない。第2に、これでは王方翼が第1シャフリスタン外部に官衙を構えていたことになり、より大きな第1シャフリスタンの城郭内の砕葉民を統治しにくい。第3に、2017年度の調査で、第2シャフリスタン内の建造物（ベルンシュタム仏寺以外）から厖大な瓦が出土し、文様・技術面の類似性から、唐代の瓦とみられる[57]。とりわけ注目すべきは、筆者も関わった、漢文瓦書の発見である[58]。なぜなら瓦書は不動産（つまり建物）の一部を構成するので、これによって第2シャフリスタンは唐代遺跡を含み、漢字を行政言語とする行政府が設置されていたと確言できるからである。これは、第2シャフリスタン（ベルンシュタム仏寺以外）から唐代遺物は出土していないとするケンジェアフメト説の論拠を崩すものである。第4に、たとえば亀茲唐王城遺跡の日干煉瓦はほぼ縦35cm、横20cm、厚さ10cmである[59]。一方、王方翼は50日間で築城したとされる。漢代の例では、詳細は不明とはいえ、毎日各人が80個の日干煉瓦を造っていたようである[60]。すると、縦3970m、幅5m、高さ5mの城壁を築く場合、日干煉瓦の製作に約3540人が必要で、それを積み上げる人員を加算しても6000人以下で十分であろう。また版築の場合、北魏の宣武帝が景明2年（501年）に東西15里・南北20里の洛陽外城（坊を含む）を55000人で、40日間で築いた例がある。すると第2シャフリスタン城壁（約3970m）は唐代の約9里にあたり、王方翼は50日で築城したとされるので、必要人員は約5657人となり、やはり6000人以下ですむ[61]。当時王方翼は大食（アラブ）鎮撫を名目とし、実際に西突厥首領（阿史那都支）を捕縛しており、彼の率いる軍勢が6000人を割込むとは考えにくい。現に694年には、砕葉鎮守使の韓思忠が「萬餘人」の反乱軍を破っているので[62]、砕葉鎮には万単位の唐兵がいたと思われる。これより、王方翼が50日間で第2シャフリスタン城壁を築くことはけっして不可能ではないと推測できよう。あくまでも机上の計算にすぎないとはいえ、少なくともこれより、王方翼がベルンシュタム仏寺だけを建造したとする説には無理がある。

以上より、筆者はガリャーチェヴァ・ペレグドヴァ両氏以来の第２シャフリスタン＝王方翼築城説を支持する。もっとも、『旧唐書』巻185上・良吏列伝上・王方翼列伝や[63]、『冊府元亀』巻410将帥部や[64]、『新唐書』巻111王方翼列伝等の記載を総合すると[65]、王方翼の城は本来四角形で、４面に３門ずつ、計12門があったごとくである。一方、地図をみると、第１シャフリスタンがほぼ正方形に近いのに対し、第２シャフリスタンの形状は四角でない。しかも現時点では、第２シャフリスタン城壁にはそれほど多くの門の遺構も確認できない[66]。第１シャフリスタンと第２シャフリスタンはぴたりと接続しているので、12門は第１シャフリスタンと第２シャフリスタンの門の総計である可能性も棄てきれないが、上述の人数計算によれば、王方翼が第１シャフリスタンにまで改築の手を伸ばす余力があったとは到底考えにくい。第２シャフリスタン＝王方翼築城説を支持する以上、この矛盾を解かねばならない。

そこで指摘したいのは、「四面十二門」がもともと誇張表現である可能性である。第一に、「四面十二門」を有する巨城は例外的で、じつは文献では洛陽城や長安城くらいしかない。よって、最果ての鎮城レベルが12門をもつとは考えにくい。第二に、現実的に城の内外を結ぶ道が12本もある必要があったとは思えない。それはまた、砕葉鎮城の防衛力にマイナスになりこそすれ、プラスになることはなく、防衛上も不可思議である。第三に、史料⑥には「（王方翼の城は）夷夏（夷狄と唐人）があまねく見回ったが、端まで行きつくことはできなかった」とあるが、第１シャフリスタンにせよ、第２シャフリスタンにせよ、実際にはそれほど大きくなく、これは誇張表現といわざるをえない。すると、王方翼がほかに誇張表現を採っても不思議はない。第四に、砕葉鎮城の門に関して『新唐書』巻43地理志下焉耆都督府本注には、

⑥調露元年に、都護の王方翼が築城した。４面に12門があり、曲がっていて軍勢の出し入れを隠せる形状であったという[67]。

とあり、末尾にわざわざ伝聞の意の「……という（云）」字が付されている。「云」字は、『旧唐書』『冊府元亀』『唐会要』『玉海』の該当箇所になく、『新唐書』はそれらの後に成立した書籍で、信憑性が劣る。だが筆者はむしろ、『新唐書』撰者があえて「云」字を書き足した点に注目したい。これは、『新唐

書』撰者が「四面十二門」を非現実と感じたために、意図的に伝聞表現を付した結果ではないか。第五に、そもそも12門は、伝統的な中国城市制においては、天子の住まう王城の構えである（『周礼』冬官・考工記）。安西四鎮の１つがこの城制を採るであろうか。砕葉鎮城が夷夏（夷狄と唐人）の慕う王城のごとき存在であるとの誇張表現から、砕葉鎮城が12門を有するとの伝聞が生じたのではないか。

　もちろん、今後の発掘で12門が発掘されれば、以上５点の私見は棄却される。しかしそれでもなお、筆者がもっとも強調したい第２シャフリスタン＝王方翼築城説自体は崩れない。むしろ、かりに12門がみつかれば、第２シャフリスタン＝王方翼築城説にとって好都合である。それにもかかわらず第２シャフリスタンに12門がない可能性を指摘したのは、第２シャフリスタンに12門がなくとも第２シャフリスタン＝王方翼築城説に矛盾が生じない点を指摘しておくためである。

２．王正見による城壁破壊

　では、唐代砕葉鎮城はその後、どのような最後を迎えたのか。表１によれば、砕葉鎮は西暦703年頃に突騎施に奪われて以来、名目上は存続していたけれども、実際にはほとんど唐王朝の直接統治下に置かれていなかった。そして719年には、とうとう安西四鎮からも外され、完全に唐王朝の手を離れることになる。その後の砕葉鎮跡地の様子をしめすものとして、『通典』辺防９石国条本注所引の杜環『経行記』砕葉国条がある[68]。

　⑦砕葉国は……また砕葉城がある。天宝７年［748年］に、北庭節度使の王正見が征伐し、城壁は砕き壊され、邑居は荒廃した。むかし交河公主（阿史那懐道の娘。722年12月に玄宗が封じ、突騎施の蘇禄可汗に嫁ぐ）が「居止」されたところで、大雲寺が建てられており、まだ残存していた。砕葉川の西は石国と接し、だいたい距離は1000余里である。砕葉川沿いには異姓の部落があり、異姓の突厥がおり、それぞれ兵馬数万を擁していた。城堡同士は密集し、日々干戈を交えている。およそ農業を営む者はみな甲冑を身にまとい、好き勝手に略奪しあって奴婢としていた。砕葉川の西の

端には城があって怛邏斯とよばれ、石国人の鎮があった。これこそ天宝10年［751年］に高仙芝の軍が敗れた場所である。これより西海［カスピ海］までは、3月から9月には雲もなく雨も降らず、みな雪水で農業をしている。オオムギ・コムギ・稲禾・豌豆［エンドウ］・畢豆［エンドウの一種？］がよく採れる。ブドウ酒・麋酒［オオジカの乳の酒？］・醋乳［ヨーグルト？］を飲む……。

本史料は、タラス戦でイスラム側に拉致された杜環が、のちに唐に帰国してから書き残した記録である。これによると、砕葉鎮跡地は諸国係争の地となり、748年には北庭節度使の王正見が来寇し、残されていた城壁を破壊している。このとき当地にはまだ第1シャフリスタンと第2シャフリスタンが並存していたはずであるが、王正見がどの部分を破壊したかは史料に明記されていない。

そこで賈耽（730〜805年）の『皇華四達記』（『新唐書』地理志七下所引）をみると、

⑧谷を出ると、砕葉川の河口に至る。80里にしてバラサグン城［ブラナ遺跡か］に到達する。また西へ20里ゆくと砕葉城に到達する。砕葉城の北には砕葉水があり、砕葉水から北へ40里ゆくと羯丹山がある。十姓可汗はいつもここで君長を擁立している。砕葉から西へ40里ゆくと米国城に到達する。また30里ゆくと新城［クラスナヤ・レーチカ遺跡。後述］に到達する[69]。

とある。『皇華四達記』は、801年に皇帝へ献上された『古今郡国県道四夷述』の一部とされている[70]。すると、8世紀後半にもまだ、砕葉城（少なくともその一部）は残っていたことになる。実際に、第1シャフリスタン内の宮城区（ツィタデル）等は9〜10世紀のものであり、宮城区が宮城区たりうるのは、その外壁がまだ残っているからに外ならない。さもなくば、宮城区が単独で平原地帯に屹立していたことになり、外敵が多いなか、危険きわまりない。よって、9〜10世紀に宮城区が建造されたときには、第1シャフリスタンの城壁はまだ残っていたと考えられよう。すると、王正見が破壊したのは第2シャフリスタン側ではなかろうか。

この推測を裏づけるものとして、再度史料⑦をみてみよう。それによると、王正見が破壊した場所には、かつて交河公主が「居止」され、そこに大雲寺

砕葉史研究

（大雲経寺）があったという。精確には、交河公主は阿史那懐道の娘で、722年12月に突騎施の蘇禄可汗に嫁ぎ、砕葉鎮城内に「居止」されたのはそれ以降である。蘇禄の死後、蘇禄の子が吐火仙可汗として都摩度（もしくは都摩支）に砕葉で擁立された時期かもしれない。もしくは、彼女はその後、莫賀達干に逐われ、739年9月に長安に護送されており、長安に護送される直前に砕葉城にいたのかもしれない。「居止」という表現には、たんに居住しているというよりも、半強制的に留置されたという意味合いが強く、長安へ護送される直前の状況と合致するごとくである。一方、大雲寺は則天武后が690年10月に作ったものである。よって記述の順番は本来逆となるべきで、690年10月以後に大雲寺が作られ、のちにそこに交河公主が「居止」されたはずである[71]。その場所（大雲寺跡地）には従来諸説あったが、現在は考古学的に、第2シャフリスタン内の1区画に比定されている[72]。これは、王正見が破壊したのが第2シャフリスタン側だとする私見を裏づけるものである。

　ともあれ以上本稿では、文献史料と考古調査の双方の成果を活かしながら、唐代砕葉鎮の前史、築城過程、そして放棄までの歴史を辿ってみた。そこで最後に、アク・ベシム遺跡付近出土の文字資料に注目し、出土文字資料研究の観点から、これまでのべてきたことを裏づけてみたい。出土文字資料は現時点で、石碑3点・瓦書1点・魚符1点・亀符1点に及ぶが、本稿ではとくに、筆者が実見できた石碑2点に絞って検討を加えたい。

IV　碑文よりみた唐代砕葉鎮

1. 杜懐宝碑

　杜懐宝は、既述のとおり、王方翼の後継者として砕葉鎮を「鎮守」した人物である。1982年、現地農民によって、ブラナの塔付近の博物館に杜懐宝碑が持ち込まれ、鑑定の結果、杜懐宝の碑文であるとの結論が下された[73]。なるほど、碑文には「杜懐」の2字がみえ、人名と目される。その内容を鑑みるに、造像記である。結果、本碑の出土したアク・ベシム遺跡は唐代砕葉鎮に比定されるに至った[74]。王方翼の異動と杜懐宝の着任が680年頃であること、唐帝国の砕

葉支配期間がおおよそ678〜686年と692〜703年であることに鑑みれば（表1参照）、杜懷宝碑の作成年代は680年頃〜686年である可能性が高い。

2016年11月、筆者はスラヴ大学で詳細に碑文を実見する機会を得た。それによって全体的にいくつかの文字の解釈を確定し、いくつかの文字解釈の通説を改めることができた。もっとも、釈文のうち、とくに「天皇」の箇所は齊藤茂雄氏の釈文（拓本に基づく釈文）による[75]。通説では「天子」と読まれてきたが、筆者の実見によると、たしかに「子」には読めない。おそらく齊藤説が妥当である。かりに齊藤説に従うと、杜懷宝碑の作成が680年頃〜686年である可能性はさらに高まる。しかも前後の文字をよくみると、「天皇□后」と続くようでもあり、「天皇天后」の可能性もある[76]。現に、この表現は造像記に散見し、天皇は高宗、天后は武后をさす。これは674年からの名称で[77]、683年には高宗が崩御している。けれども、そうした作例は675年からみられ、高宗死後の作例や武周革命（690年）以後の作例もある。これは工人が手近にある造像記を安易に参照・踏襲したためである[78]。よって、杜懷宝碑の場合も、「天皇天后」をすぐさま年代特定の手がかりとみることには慎重さが求められる。ともかく筆者の釈文は以下の通り。

ちなみに、釈文末尾の「一菩薩」の箇所は、通説では「二菩薩」に作る。当時の常識に即せば、「二菩薩」で、三尊像を構成するはずである。だが筆者に

はどうやっても「一菩薩」にしかみえなかった。杜壊宝碑上部は折れており、何体の仏像があったかもわからない。「一仏一菩薩」を奉ずる説一切有部の影響であろうか。それとも筆者の間違いであろうか。今後の検討課題である。

図4　クラスナヤ・レーチカ遺跡

図5　クラスナヤ・レーチカ造像記

2．クラスナヤ・レーチカ出土造像記

クラスナヤ・レーチカ遺跡 (Krasnaya Rechka) は、ビシュケクとトクマクのあいだに位置する[79]。それは、アク・ベシム遺跡付近に点在する、アク・ベシム遺跡とほぼ同時代の遺跡のひとつとみなされている。全体は都市遺跡・墓地・仏教寺院遺跡などよりなり、6世紀頃にソグド人入植者が城砦と商品取引所を作り、7～8世紀に市街地区が形成されたといわれている[80]。

そもそも漢文の伝世文献には、イシク・クル以西の都市として、まず砕葉の名前がみえ、西に十里ゆくと「米國城」が、また三十里ゆくと「新城」が、また六十里ゆくと「頓建城」が、また五十里ゆくと「阿史不來城」が、また七十里ゆくと「倶蘭城」が、また十里ゆくと「税建城」が、また五十里ゆくと「怛羅斯城」があるとある（史料⑧）。クラスナヤ・レーチカは一般に、そのなかの「新城」に比定されている。

またクラスナヤ・レーチカ遺跡は、ムグ文書やイスラム地理書にみえるNavakatやNavikatに比定されており、砕葉城（アク・ベシム。蘇禄夫人が滞在）と並び、突騎施首領の蘇禄の副牙的場所であった[81]。蘇禄は、709年頃に台頭し、738年頃まで勢威を振るった突騎施の首領で、アラブ方面に版図拡大を図ったことから、アラブ史料によれば、アラブ側からはAbu Muzahim（襲いかかる人）の異名で恐れられていた。

クラスナヤ・レーチカ遺跡のなかでも、東南部にはいわゆる第二仏教寺院跡があり、ソグド文字やブラーフミー文字の史料のほか、漢文とおもわれる碑文の刻まれた三尊像も出土している[82]。ここではそのなかでも、第二仏教寺院跡出土の三尊像の背面下部の漢文に注目したい。従来その判読に成功した者は皆無のようである。だが、2016年11月に筆者がスラヴ大学で実見したところ、つぎのように読めた。これは管見の限り、中国史上最西端の出土漢文資料（銭などの簡単に移動できるものを除く）である。

　　清□□弟子挙
　　為□□□公敬
　　造□□□□
　　并□□□□
　　□年五月造□

本碑文は表面が大きく欠損し、固いもので意図的に削り取られたかのごとくである。そのため、文字はきわめて判読しにくいのであるが、上記釈文部分はたしかに判読できた。そのうち、とくに文章構造を理解するうえで重要な用語に注目し、それを他の石刻資料と照合すると、本文はほぼ次のような構造になっていたと考えられる。

　　清……弟子挙……公の為に、敬みて……并びに……を造る。……年五月造る。

なかでも杜懐宝碑と「為……敬造」部分が一致する点は重要である。これより、本碑は杜懐宝碑同様に造像記の1種と解される。

　本碑文冒頭の「清」字は、当時の仏教経典の書式に照らせば、「清信」の「清」ではないか。たとえば675年に写経された敦煌文書（スタイン本1515号）『観無量寿経』跋文には、

　　大唐上元2年（675年）4月28日、仏弟子で清信女の張氏（原文は「佛弟子清信女張氏」）は、思い立ち、つつしんで『無量寿観経』1部と『観音経』1部を写経しました。願わくば、この功徳によって、上は天皇・天后の聖化が無窮となることに資し、下は［功徳が］7代父母にまで及びますように。あわせて［功徳が］法界の民草に及びますように。また［彼ら

75

が］煩悩の門を超越しますように。［彼らが］ともに浄妙国土に登りますように[83]。

とある。「佛弟子淸信女張氏」の「淸信」は、在家の仏教徒に冠せられる形容詞である。それは男女問わず冠せられ、ほかにも敦煌文書（スタイン本217号）『観音経』跋文所見「淸信佛弟子陰嗣」や敦煌文書（スタイン本114号）『妙法蓮華経』巻第7写本所見等の事例があり、唐代にはめずらしくない。前掲『観無量寿経』跋文に「敬造」の語があるのも、クラスナヤ・レーチカ碑と共通する。

ただし前掲史料はいずれも仏教経典であり、厳密にいえば造像記ではない。むしろ杜懐宝碑を例にとれば、碑文冒頭には主語の官名がくる可能性も絶無ではない。かりに「安西都護」のごとく地名を冠するとすれば、唐代以前の西域関連史料で「淸」字を冠する地名の「淸池」が有力である。前掲史料①の「淸池（イシク・クル）の西北に500里あまりゆくと素葉水（Chui river）の都市に到着する」が例である。このほかに、『新唐書』や「混一疆理歴代国都之図」所見の「淸鎮軍」や「淸海軍」も候補であるが、クラスナヤ・レーチカからは遠すぎる。筆者は、現時点では「淸信」の「淸」である可能性がもっとも高いと考えているが、いちおう後説の可能性も指摘しておく。

以上、2点の砕葉付近出土碑文を紹介・検討した。これによって唐代砕葉鎮（アクベシム遺跡）に漢人が居住していたこと、そこに漢字文化圏（とくに漢文行政文書に基づく支配圏）が及んでいたこと、漢字を媒介とした仏教が周辺に流布していたこと、クラスナヤ・レーチカ等にも漢字文化とそれを媒介とした仏教が及んでいたことを裏づけた。唐朝進出の影響は、けっしてアク・ベシム遺跡内に収まりきるものではなく、その周辺地域にも確実に影響を与えていたのである。

それでは、アク・ベシム遺跡を中心とする唐代遺跡群は、相互に一体どのような関係にあったのか。文字資料が不足しているため、具体的な関係性を探るのは至難であるが、于闐（コータン）の例が参考になるのではなかろうか。すなわち、タリム盆地（タクラマカン砂漠）に位置する于闐は、砕葉と同じく、当時重要なオアシス都市であり、諸国争乱の的であるとともに、しばしば安西

四鎮の一つが置かれた。伝世文献と出土文字資料による研究によれば、もともと当地には、地元民による于闐王国があった。安西四鎮設置期には、そこに都督府が置かれ、于闐国王が都督を兼ねた。そのもとには複数の蕃州が設けられ、州刺史が統治した。州刺史も于闐王国の王族が任官した。州の下にはさらに郷・村があった（他地域では一般に州―県―郷―里）。都督府・州・郷・村と並置される形で、鎮守使の率いる鎮守軍も駐屯し、周辺聚落には鎮守軍麾下の鎮や守捉が配置された。民は郷・村に属し、都督府・州・鎮守軍は彼らに多様な物品・家畜・労働力を課した[84]。

　以上を参考にすると、安西四鎮設置期の砕葉にも、都督府（州―郷―里）と鎮（鎮守使）による二重統治体制が布かれていたのではないか。現に、伝世文献や出土文字資料には、砕葉関連の官名として「安西副都護」や「砕葉鎮守使」や「州」が登場する。すると、新城（クラスナヤ・レーチカ）は本来、砕葉の都督や鎮守使に属する下位の行政単位で、唐の砕葉鎮放棄後にその独立的地位を高めてゆくのではないか。このように、砕葉城（アク・ベシム遺跡）だけに注目するのではなく、その周辺遺跡も砕葉鎮の構成要素をなしていたと考え、それらの相互関係を念頭に置きながら遺跡発掘をすすめてゆくことこそ、今後私たちに求められていることではなかろうか。

おわりに

　以上、伝世文献研究・考古発掘調査・出土文字資料研究の成果をふまえ、唐代砕葉鎮に関する若干の検討を行なった。具体的には、まず唐代砕葉鎮をふくむ安西四鎮に関する伝世文献と、それをふまえた近年の先行研究をふまえ、唐代砕葉鎮をめぐる歴史を概観した。つぎに唐朝進出以前の砕葉のありようを文献に基づいて説明した。さらに当該遺跡の考古調査の一端を紹介し、それと歴史学的知見との相互検証過程を通じて、アク・ベシム遺跡（とくにそのなかの第2シャフリスタン中心）こそ唐代砕葉鎮だとの説を検証した。そして最後に、出土文字資料（杜懷宝碑とクラスナヤ・レーチカ碑）の新釈文を提示し、唐代砕葉鎮遺跡の存在を裏付けるとともに、唐代砕葉鎮が周辺の聚落や寺院をも包括する複合体をなしていた可能性を指摘した。さらに、唐代砕葉が都督系統と

鎮守使系統による二重統治体制下にあり、その下部機構がクラスナヤ・レーチカ等の周辺遺跡に置かれていた可能性にも言及した。本稿が今後の砕葉鎮発掘の一助になれば幸いである。

註

1 ）前嶋1971:150は「唐人が天山以西に営んだ最初にして最後の城郭」とする。前嶋はまた、タラス戦以後も唐側主将の高仙芝や封常清が失脚せずに活躍し続けていることから、タラス敗戦の戦略的意義の過大評価を戒めている。もとよりイスラム側に東進の意図は希薄で、唐側もすでに719年に砕葉鎮を放棄し、748年以前には第2シャフリスタンの放棄が確認でき（本文で後述）、西進の意図は希薄であった。ただし、751年に高仙芝らが砕葉を越えて西進を図ったのも事実である。筆者が本文で「（タラス戦により）唐の西進は止ま」ったとするのは、その意味においてである。
2 ）尚2016:39～56。
3 ）1893年にサンクトペテルブルク大学がキルギス地方にバルトリドを派遣して以来、当地の実地調査が進み、バルトリドはアク・ベシム遺跡を発見した。1904年にはシャヴァンヌがトクマク付近に唐代砕葉鎮があったと推定。その後、ベルンシュタムらが発掘調査をすすめた。1961年、イギリスのクローソンがアク・ベシム＝砕葉鎮説を提唱した。1982年には水官（mirab）が第2シャフリスタン内の仏寺遺跡で偶然杜懐宝碑を発見。ブラナ博物館をへて、スラブ大学へ移管された。1996年に報告されて以降、数名の研究者が釈文を提示している。また1997年春には、現地民が遺跡城壁南側（ジャブリンが発掘した第二仏寺遺跡）で漢文残碑を発見し、ルボ＝レスニチェンコが試釈し、裴行儉が西突厥都支らの乱平定時に建てた紀功碑残片だとし、周偉洲もそれを支持した。2011-2013年には東京文化財研究所・奈良文化財研究所・キルギス民族科学院が考古調査を行い、アク・ベシム遺跡は10世紀末～11世紀初にすでに遺棄されていたとした。上記学説史に関しては、城倉他2016:43-71や肯加哈買提2017:71-83参照。
4 ）山内他2018:121-168。
5 ）石2012、劉2016。
6 ）内藤1988: 1 ～50、齊藤2016:81～92。
7 ）前嶋1971:129～200。
8 ）帝京大学文化財研究所編2017は、従来のシャフリスタンを第1シャフリスタン、ラバトを第2シャフリスタンとよぶ。ここでは便宜上、この説に従っておくが、今後遺跡理解が深まるにつれて名称変更がありうる点は注意しておく必要がある。
9 ）Rasppova1960。
10）張1995。
11）山内他2018:121-168。
12）第1シャフリスタン南方のいわゆる第2仏教寺院は、考古学的には6～7世紀の創建で、おそらく突騎施の来襲で、7世紀末～8世紀初頭に火で破壊されたとみられる。南西のいわゆる第1仏教寺院はソグド式日干煉瓦製で、東トルキスタンと中央アジア（西トルキスタン）を折衷した建築様式により、東トルキスタンに移住した、または住んだことのある中央アジア出身のソグド人の手になるものといわれる。第2仏教寺院の創建よりも遅く、8世紀には破壊に遭っている。加

藤1997:121-150。
13）山内2017。
14）玄奘の砕葉訪問時期については現在、梁1922:140〜143以来、森安2016:187等も支持する貞観2年（628年）説や、De la Vaissiere 2010:165-166、吉田2011:8-78の支持する貞観4年（630年）説がある。また玄奘の面会相手の「葉護可汗」に関しても従来の統葉護可汗説に対し、De la Vaissiereは肆葉護可汗とする。統葉護可汗は628年に殺され、内乱の後、630年に肆葉護可汗が即位しているため、必然的に、貞観2年論者は統葉護可汗説を、貞観4年説論者は肆葉護可汗説を採ることになる。
15）伊瀬1955:197〜199や内藤1988:21〜29は砕葉鎮説を主張する。一方、松田1970:357〜391等は異論を唱える。
16）佐藤1958:211、山口1983:507〜527。
17）内藤1988:29。
18）内藤1988:30〜44。
19）内藤1988:45。
20）佐藤1958:248〜326、周1985:97〜106。
21）内藤1988:30〜47頁。
22）内藤1988:280
23）旗手2014:38〜63。
24）森安2015:138〜142。
25）森安2015:138〜146。
26）伊瀬1955年、244〜245。
27）内藤1988:280
28）旗手2014:38〜63。
29）伊瀬1955:220-222は、杜懐宝が庭州刺史兼金山都護となったのを677-679年、王方翼が異動したのを682年とする。
30）周2016:211〜227。
31）内藤1988:305〜362。
32）森安2015:132〜229。
33）森安2015年:153頁、註12。
34）唐の王孝傑らと突騎施による四鎮奪還作戦が692年の年内に終わらず、693年にも続いた点は、森安2015:152-153。
35）旗手2014:38〜63。
36）内藤1988:305〜362。
37）森安2015:164〜169。
38）清池西北行五百餘里、至素葉水城。城周六七里、諸國商胡雜居也。土宜檗・麦・蒲萄。林樹稀疎。氣序風寒、人衣氈褐。素葉已西數十孤城、城皆立長。雖不相賓命、然皆役屬突厥。自素葉水城、至羯霜那國、地名窣利、人亦謂焉。文字語言、即隨稱矣。字源簡略、本二十餘言、轉而相生、其流浸廣……力田・逐利者雜半矣。
39）……循海西北行五百餘里、至素葉城。逢素葉城。逢突厥葉護可汗。方事畋遊、戎馬甚盛。……。既與相見、可汗歡喜云、「暫一處行、二三日當歸。師且向衙所」。令達官答摩支引送安置。……自

此西行四百餘里、至屏聿。此日千泉。地方數百里、既多池沼、又豐奇木。森沈涼潤、既可汗避暑之處也。自屛聿西百五十里至呾邏斯城。又西南二百里至白水城。

40) 荒川2010:18-151、石見2018:375〜396。
41) 内藤1988:48。
42) Kyzlasov1959.
43) 肯加哈買提2017:90は、建築技術よりみて、葛邏祿期［柿沼注：7〜12世紀］より遅いはずがないとする。
44) 從此至西海以來［東字の誤］、自三月至九月天無雲雨、皆以雪水種田。宜大麥・小麥・稻禾・豌豆・畢豆。飮蒲萄酒・糵酒・醋乳。
45) 榮2014:125〜127によれば、ソグド聚落内では一般に内部通婚が行なわれ、ほかにイラン系胡人との通婚がみられる程度で、漢人との通婚例は基本的にない。
46) 帝京大学文化財研究所編2017。なお『古今図書集成』経済彙編食貨典錢鈔部「右碎葉鐵國錢。徐氏曰、賓鐵作之。形如兩鐶相連、枚各圍寸九分。聖曆中、御史封思業使西域、監斬叛突厥阿悉結薄露大足下。還讎陽、得西域諸國錢。此與何國以下六品並是也」によれば、砕葉国では独自に鉄銭を鋳造していたようであるが、現時点で考古学的裏づけは得られていない。
47) 内藤1988:19。
48) 復以神力召諸胡王。無問遠近。人士咸集。于闐國王乃至朱俱半王・渴叛陀王・護密多王・大月氏王……疎勒國王・碎葉國王・龜茲國王・拂林國王・大食國王……高昌國王・焉耆國王・弓月國王・石國王・瑟匿國王・康國王・史國王・米國王……大秦國王……五天竺國王。如是等八十餘國王。
49) 釋僧伽者。葱嶺北何國人也。自言俗姓何氏。亦猶僧會本康居國人便命爲康僧會也。然合有胡梵姓名。名既梵音。姓涉華語。詳其何國在碎葉國東北。是碎葉附庸耳。伽在本土少而出家。爲僧之後誓志遊方。始至西涼府。次歷江淮。當龍朔初年也。
50) 裴行儉名立波斯、實取遮匐、偉公偉厲、飛書薦請、詔公爲波斯軍副使兼安西都護・上柱國、以安西都護懷寶爲庭州刺史。大城碎葉、街郭迴互、夷夏縱觀、莫究端倪。……無何、詔公爲庭州刺史、以波斯使領金山都護。前使杜懷宝更統安西、鎮守碎葉。
51) 劉2016:180-187。
52) 内藤1997:151-158。
53) 劉2016:187-198。
54) Clauson1961:1-13や張広達1979:78。
55) Goryaceva, V.D. & Peregudova, S. 1996:186-187、加藤1997:121-150、山内2017:61-72。
56) 肯加哈買提2017:174。
57) 櫛原2018。
58) 漢文瓦書には「懷」字が確認でき、上にも文字の一部がみえる。本瓦書の発見には筆者も居合わせた。筆者はこれまで机上で議論をするのみで、出土文字資料の発見現場に居合わせたことはなかった。Bobomulloev Bobomullo氏と土器を分別していたとき、彼がおもむろに文字ではないかと当該瓦書をみせてくれたときの感動は忘れられない。この場を借りて、山内和也氏をはじめとする関係者に深甚に謝する。
59) 張2003:29-21。
60) 大庭1990、敦煌漢簡（第1簡）。

61) 『魏書』巻8世宗宣武帝紀伝「九月丁酉、發畿内夫五萬人築京師三百二十三坊」、『北史』巻4世宗宣武帝紀「九月丁酉、發畿内夫五萬五千人築京師三百二十坊、四旬罷」、『魏書』中華書局本校訂「南・北・殿三本和北史卷四「五萬」下有「五千」二字。又北史作「三百二十坊」。按卷一八廣陽王嘉傳也作「三百二十坊」。「坊」上「三」字當衍」によれば、宣武帝は景明2年に55000人を動員し320坊を築いた。森1970:244-261によれば、当時の洛陽では、東西6里、南北9里の内城（城）に加え、新たに東西15里、南北20里の外城（郭）が増築され、外城内に320坊（＝里。「防」字より転じ、土壁を有する区画をさす）が整然と並んだ。これは、長さ70里分（15里＋15里＋20里＋20里）の城壁（坊を含む）を40日間かけ、55000人で築いたことを意味する。第2シャフリスタンは全長3970mで、森1970:264〜268によれば1里＝約440mゆえ、3970mは約9里である。王方翼はこれを50日で築いたのであるから、必要人員は約5657人となる。

62) 『資治通鑑』巻205延載元年条。

63) 會吏部侍郎裴行儉西討遮匐、奏方翼爲副、兼檢校安西都護。又築碎葉鎮城、立四面十二門、皆屈曲作隱伏出沒之狀、五旬而畢。西域諸胡競來觀之。因獻方物。

64) 「唐王方翼爲安西都護。高宗朝安撫大食使裴行儉之遮匐也、詔以方翼爲副行儉、軍還、方翼始築碎葉鎮城、立四面十二門、皆屈曲作隱伏出沒之狀、五旬而畢」。類似の記載は『唐会要』巻73や『玉海』巻174宮室唐碎葉城条にもみえる。

65) 方翼築碎葉城、面三門、紆還多趣以詭出入、五旬畢。

66) Kyzlasov1959やKožemyako1959の地図参照。

67) 調露元年、都護王方翼築、四面十二門、爲曲隱伏沒之狀云。

68) 「碎葉國……又有碎葉城。天寶七年、北庭節度使王正見薄伐、城壁摧毀、邑居零落。昔交河公主所居止之處、建大雲寺、猶存。其川西接石國、約長千餘里。川中有異姓部落、有異姓突厥、各有兵馬數萬。城堡閒雜、日尋干戈、凡是農人皆攬甲冑、專相廣掠以爲奴婢。其川西頭有城、名曰怛邏斯、石國人鎭、即天寶十年高仙芝軍敗之地。從此至西海以來〔東字の誤〕、自三月至九月天無雲雨、皆以雪水種田。宜大麥・小麥・稻禾・豌豆・畢豆。飲蒲萄酒・糵酒・酪乳」。杜環については前嶋1971:85-102。

69) 出谷、至碎葉川口、八十里至裴羅將軍城。又西二十里至碎葉城、城北有碎葉水、水北四十里有羯丹山、十姓可汗毎立君長於此。自碎葉西四十里至米國城、又三十里至新城。

70) 榎1994:192-203。

71) 従来本文の読み方には2説ある。交河公主が住んだ場所に大雲寺を建てたとするシャヴァンヌ説と、王正見が砕葉城を破壊したことと、砕葉城にかつて交河公主が住んでいたことと、砕葉に建てられた大雲寺が748年頃にまだ現存していたことを、それぞれ別々に理解する説である。Forte, A.は、大雲寺が748年に建てられたはずがないことから、前説を否定する。加藤1997:158-159参照。

72) 従来は大雲寺＝アク・ベシム第1寺院跡説が有力で、ケンジェアフメト等は現在も本学説を支持する。第1寺院跡は1953〜1954年にキズラソフ等が発掘し、7世紀末〜8世紀初頭の遺跡とした。Clauson1961はアク・ベシム＝砕葉城説を提唱した上で、大雲寺748年建設に則り、第1寺院跡＝大雲寺説を提唱した。一方、加藤1997: 158-159は「アクベシム第1寺院が692-705年に建てられた大雲寺である可能性は否定できない」としつつも、結局は「私には、第1寺院址が大雲寺であったとは考えられない。それが防壁の外側にあり、しかも建築技術において全体にあまりにも中央アジア的色合いが強すぎるからである。大雲寺は今も地下に眠っているかもしれない」とする。さらに加藤氏は「実質的に最も中国的要素の大きいのは、アクベシム都城址の防壁内の僧院

址である。ただ年代がベルンシュタムによって9〜10世紀に比定されていて、大雲寺の年代とはちがいすぎる」とも付記している。しかしベルンシュタムの比定自体は根拠が曖昧で、むしろ帝京大学文化財研究所編2017は大雲寺が第2シャフリスタン内にあったと想定している。

73）加藤1997:121-150。
74）内藤1997:151-158。
75）齊藤2016の英語版（2017年）参照。
76）山内和也氏の御助言による。なお付注2参照。
77）『旧唐書』巻6則天武后本紀長安4年条「詔依上元年故事、號爲天后」、『新唐書』巻4則天武后本紀「上元元年、高宗號天皇、皇后亦號天后、天下之人謂之「二聖」」、『通鑑』巻202上元元年条「皇帝稱天皇、皇后稱天后、以避先帝、先后之稱。改元、赦天下」によれば、上元元年（674年）に天后と称した。なお、天后を名乗ろうとした事例は則天武后以前にもあり、吐谷渾可汗に嫁した光化公主の例がある（『通鑑』巻178隋開皇16年条等）。
78）礪波1986:397-477。
79）クラスナヤ・レーチカに関しては加藤1997:159-182等に詳しい。
80）加藤1997:159-160。
81）内藤1988:16。
82）加藤1997:161-166によれば、寺院部分は、それよりも古い建物の上に立てられていた。早期の遺物として7〜8世紀の仏涅槃像等があり、アク・ベシム仏教建築物と同時期（8世紀後半の）に崩壊したらしい。また加藤1997:166-178によれば、寺院東側にも建築物があり、最下層は中国が進出した7世紀のもので、重厚な開元通宝3点が出土し、上層はカラハン朝のものである。ほかに林2017もある。
83）大唐上元二年四月廿八日、佛弟子清信女張氏、發心敬造无量壽觀經一部及觀音經一部。願以此功德、上資天皇・天后聖化无窮、下及七代父母。并及法界倉（蒼）生。並超煩惱之門。倶登淨妙國土。
84）森安2015:191〜202、吉田2006:99〜116、荒川2010:308〜311。

文献

日文（五十音順）
荒川正晴　2010　『ユーラシアの交通・交易と唐帝国』　名古屋大学出版会
伊瀬仙太郎　1965　『中国西域経営史研究』　巌南堂
石見清裕　2018「むすび」『ソグド人墓誌研究』　汲古書院　375〜396頁
榎一雄　1994「買耽の地理書と道里記の称とに就いて」『榎一雄著作集』第7巻　汲古書院
大庭脩　1990　『大英図書館蔵敦煌漢簡』　同朋舎出版
加藤九祚　1997　『中央アジア北部の仏教遺跡の研究』　シルクロード学センター
櫛原功一　2018「アク・ベシム遺跡出土の瓦」『山梨文化財研究所報』第57号
齊藤茂雄　2016「砕葉とアク・ベシム——7世紀から8世紀前半における天山西部の歴史的展開——」『キルギス共和国チュー川流域の文化遺産の保護と研究　アク・ベシム遺跡、ケン・ブルン遺跡——2011〜2014年度——』　独立行政法人国立文化財機構東京文化財研究所文化遺産国際協力センター

佐藤長　1958『古代チベット史研究』上巻　同朋舎［1977再版］
城倉正祥・山藤正敏・ナワビ矢麻・山内和也・バキット アマンバエヴァ　2016「キルギス共和国アク・ベシム遺跡の発掘（2015年秋期）調査」『WASEDA RILAS JOURNAL』第4号
帝京大学文化財研究所編　2017『キルギス共和国国立科学アカデミーと帝京大学文化財研究所によるキルギス共和国アク・ベシム遺跡の共同調査2016年』　キルギス共和国国立科学アカデミー歴史遺産研究所・帝京大学文化財研究所
礪波守　1986「唐中期の仏教と国家」『唐代政治社会史研究』　同朋舎
内藤みどり　1988『西突厥史の研究』　早稲田大学出版部
内藤みどり　1997「アクベシム発見の杜懐宝碑について」『中央アジア北部の仏教遺跡の研究』　シルクロード学センター
旗手瞳　2014「吐蕃による吐谷渾支配とガル氏」『史学雑誌』第123巻第1号
林俊雄　2017「クラスナヤ・レチカ Krasnaya Rechka 遺跡の仏教遺跡」『2016年度 中央アジア遺跡調査報告会』　帝京大学文化財研究所・帝京大学シルクロード総合学術研究センター
前嶋信次　1971『東西文化交流の諸相』　誠文堂新光社
松田壽男　1970『古代天山の歴史地理学的研究（増補版）』　早稲田大学出版部
森鹿三　1970『東洋学研究　歴史地理篇』　同朋舎
森安孝夫　2015「吐蕃の中央アジア進出」『東西ウイグルと中央ユーラシア』　名古屋大学出版会
森安孝夫　2016『シルクロードと唐帝国』　講談社
山内和也　2017「チュー川流域における都市や集落の出現──遊牧民とソグド人──」『キルギス共和国国立科学アカデミーと帝京大学文化財研究所によるキルギス共和国アク・ベシム遺跡の共同調査2016』　キルギス共和国国立科学アカデミー歴史遺産研究所・帝京大学文化財研究所
山内和也・櫛原功一・望月秀和　2018「2017年度アク・ベシム遺跡発掘調査報告」『帝京大学文化財研究所研究報告集』第17集
山口瑞鳳　1983『吐蕃王国成立史研究』　岩波書店
吉田豊　2006『コータン出土8-9世紀のコータン語世俗文書に関する覚え書き』　神戸市外国語大学研究叢書38
吉田豊　2011「ソグド人とソグドの歴史」『ソグド人の美術と言語』　臨川書店

中文（ピンイン・アルファベット順）

努爾蘭・肯加哈賈提　2017『砕葉』　上海古籍出版社
榮新江　2014『中古中国与外来文明（修訂版）』　生活・読書・新治三聯書店
梁啓超　1922『中国歴史研究法』　商務印書館
尚永亮　2016「唐砕葉与安西四鎮百年研究述論」『浙江大学学報（人文社会科学版）』第46巻第1期
石墨林編著　2012『唐安西都護府史事編年』　新疆人民出版社
劉子凡　2016『瀚海天山：唐代伊、西、庭三州軍政体制研究』　中西書局
張広達　1995「砕葉城今地考」『西域史地論叢初編』　上海古籍出版社
張平　2003「庫車唐王城調査」『新疆文物』第1期
周偉洲　1985『吐谷渾史』　寧夏人民出版社
周偉洲　2016『新出中古有関胡族文物研究』　社会科学文献出版社

欧米文（アルファベット順）

Clauson, G. 1961. Ak Beshim-Suyab. Journal of the Royal Asiatic Society of Great Britain and Ireland. London
De la Vaissiere 2010. Note sur chronologie du yoyage de Xuanzang. Journal of Asiatique. no.298-1. pp.165-166
Kožemyako, P.N.1959 Rannesredhevekovye Goroda I poseleniya Cuyskoy doliny.
Kyzlasov, L.R.. 1959. Arheologiceskie Issledovaniya Na Gorodise Ak-Besim v 1953-1954 gg.. Trudy Kirgizskoy Arheologo-Etnograficeskoy Ekspedicii II. Moskva.
Rasppova, V.I..1960. Concarnye Izdeliya Sogdicev Cuyskoy Doliny: Po Materialam Raskopok na Ak-Besime v 1953-1954 gg. Trudy Kirgizskoy Arheologo-Etnograficeskoy Ekspedcii. IV. Moskva.

［付注］本稿は、研究報告「唐代砕葉史稿」涼州文化与絲綢之路国際学術研討会（2018年10月11日、於武威市武威建隆大酒店）に基づく。本稿校正段階で齊藤茂雄氏よりいくつかの御助言を賜わった。深甚に謝する。

［付注２］本稿を論集に再録するにあたり、少し日本語表現を訂正したほか、２点の修正を加えた。第１に、注76の位置を「「天皇天后」の可能性もある」の直前から直後に移した。それは、この一文の指摘までが本来山内氏の創見であったためである。ここに伏しておわびし、訂正する。第２に、クラスナヤ・レーチカ出土造像記の釈文について、旧稿発表後に吉田豊氏から「弟子」と「公」の文字も追加できるのではないかとの提言を受けた。誠にそのとおりと思うので、自分の責任でここに追加した。

王方翼攷
―『旧唐書』巻185良吏王方翼列伝訳注を中心として―

早稲田大学文学学術院　柿沼陽平

1　序　文

　本稿は、唐代前期におもに西域で活躍した王方翼の生涯について検討するものである。帝京大学文化財研究所は近年、キルギス共和国のアク・ベシム遺跡を発掘中で、筆者もその仕事に関わっている。その過程で、アク・ベシム遺跡の第2シャフリスタンこそ唐代砕葉鎮遺跡であるとの結論に至ったのであるが（柿沼2019、43～59頁、前章所収）、じつは唐代砕葉鎮城の建造を主導した人物こそ、王方翼であった。ところが王方翼の事績に関しては、従来複数の伝世文献の存在が知られ、史料間には数多くの矛盾・齟齬がある。これらをすべて整合的に解釈しないかぎり、王方翼の実像には迫りえない。しかも近年、王方翼の人生に関わった人びとの墓誌がいくつか発見・公開されており、ようやく王方翼の人物像がおぼろげながらわかってきた。本稿では、『旧唐書』巻185良吏上・王方翼列伝に訳注をつける形をとり、煩瑣を厭わず諸史料を網羅的に検証することで、王方翼の生涯を闡明したい。

　なお訳注作成に際しては、中華書局標点本（底本は清道光年間揚州岑氏懼盈齋刻本）を底本とし、商務印書館百衲本（南宋初期刊本を底本とし、欠巻を明嘉靖年間余姚聞人詮本で補ったもので、王方翼列伝は聞人詮本）、芸文印書館本（清乾隆年間武英殿聚珍版影印本）を参考にした。

2 本　文

　王方翼、并州祁人也[1]。高宗王庶人從祖兄也[2]。祖裕、武德初隋州刺史。裕妻、即高祖妹同安大長公主也[3]。太宗時、以公主屬尊年老、特加敬異、數幸其第、賞賜累萬。方翼父仁表、貞觀中爲岐州刺史[4]。

　仁表卒、妻李氏爲主所斥、居於鳳泉別業[5]。時方翼尚幼、乃與傭保齊力勤作、苦心計功、不虛棄、數年闢田數十頃、修飾館宇、列植竹木、遂爲富室[6]。

　公主卒後、歸長安[7]。友人趙持滿犯罪被誅、暴尸於城西、親戚莫敢收視。方翼歎曰「欒布之哭彭越、大義也。周文之掩朽骼、至仁也。絕友之義、蔽主之仁、何以事君」[8]。乃收其屍、具禮葬之。高宗聞而嘉歎、由是知名。

　永徽中、累授安定令、誅大姓皇甫氏。盜賊止息、號爲善政[9]。五遷肅州刺史[10]。時州城荒毀、又無壕塹、數爲寇賊所乘。方翼發卒濬築、引多樂水環城爲壕[11]。又出私財造水碾磑、稅其利以養飢餒、宅側起舍十餘行以居之[12]。屬蝗儉、諸州貧人死於道路、而肅州全活者甚衆、州人爲立碑頌美[13]。

　會吏部侍郎裴行儉西討遮匐、奏方翼爲副、兼檢校安西都護[14]。又築碎葉鎭城、立四面十二門、皆屈曲作隱伏出沒之狀、五旬而畢。西域諸胡競來觀之。因獻方物[15]。

　永隆（淳）[誤]中、車簿反叛、圍弓月城[16]。方翼引兵救之、至伊麗河。賊前來拒、因縱擊、大破之、斬首千餘級[17]。

　俄而三姓咽麪悉發衆十萬、與車簿合勢以拒[18]。方翼屯兵熱海、與賊連戰、流矢貫臂、徐以佩刀截之、左右莫有覺者[19]。既而所將蕃兵懷貳、謀執方翼以應賊、方翼密知之、悉召會議、佯出軍資以賜之[20]。續續引去、便令斬之。會大風、又振金鼓以亂其聲、遂誅七千餘人[21]。因遣裨將分道討襲咽麪等、賊既無備、因是大潰、擒首領突騎施等三百人、西域遂定[22]。

　以功遷夏州都督[23]。屬牛疫、無以營農、方翼造人耕之法、施關鍵、使人推之、百姓賴焉[24]。

　永淳二年、詔徵方翼、將議西域之事、於奉天宮謁見、賜食與語[25]。方翼衣有舊時血漬之處、高宗問其故、方翼具對熱海苦戰之狀。高宗使袒視其瘡、歎曰「吾親也」。賞賜甚厚。俄屬綏州白鐵余舉兵反、乃詔方翼副程務挺討之[26]。賊

平、封太原郡公[27]。

則天臨朝、以方翼是庶人近屬、陰欲除之。及程務挺被誅、以方翼與務挺連職素善、追赴都下獄。遂流于崖州而死[28]。

子珣・玽・瑨並知名、珣・瑨開元中皆爲中書舍人、玽至祕書監[29]。

3　訓　読

王方翼は、并州の祁の人なり。高宗の王庶人の從祖兄なり。祖の裕は、武德の初めに隋州刺史たり。裕の妻は、即ち高祖の妹の同安大長公主なり。太宗の時、公主の屬尊にして年老なるを以て、特に敬異を加え、數々其の第に幸し、賞賜すること萬を累ぬ。方翼の父の仁表は、貞觀中に岐州刺史と爲る。

仁表の卒するや、妻の李氏は主の斥く所と爲り、鳳泉の別業に居る。時に方翼は尚お幼く、乃ち傭保と力を齊しくして作するに勤め、苦心して功を計り、虛しくは棄てず、數年にして田數十頃を闢き、館宇を修飾し、竹木を列ね植え、遂に富室と爲る。

公主の卒するの後、長安に歸る。友人の趙持滿、罪を犯して誅せられ、尸を城西に暴さるるも、親戚、敢えて收視する莫し。方翼、歎じて曰く「欒布の彭越を哭するは、大義なり。周文の朽骸を掩うは、至仁なり。友の義を絶ち、主の仁を蔽い、何をか以て君に事えん」と。乃ち其の屍を收め、具禮して之を葬る。高宗、聞きて嘉歎し、是れに由りて名を知らる。

永徽中、累ねて安定令を授けられ、大姓の皇甫氏を誅す。盜賊は止息し、善政を爲すと號せらる。五遷して肅州刺史たり。時に州城は荒毀し、又た壕塹無く、數々寇賊の乘ずる所と爲る。方翼、卒を發して濬い築き、多樂水を引きて城を環らせて壕と爲す。又た私財を出だして水磑磴を造り、其の利に稅して以て飢饉を養い、宅の側に舍十餘行を起こして以て之に居らしむ。屬々蝗ありて儉しく、諸州の貧人、道路に死し、而るに肅州の全活する者甚だ衆く、州人、爲に碑を立てて頌美す。

會々吏部侍郎の裴行儉、西のかた遮匐を討ち、奏して方翼をば副と爲し、檢校安西都護を兼ねしむ。又た碎葉鎭に城を築き、四面に十二門を立て、皆な屈曲して隱伏出沒の狀を作し、五旬にして畢る。西域の諸胡、競いて來たりて之

を觀、因りて方物を獻ず。

　永淳中、車簿、反叛し、弓月城を圍む。方翼、兵を引きて之を救わんとし、伊麗河に至る。賊、前み來たりて拒めば、因りて縱擊し、大いに之を破り、首を斬ること千餘級。

　俄にして三姓咽麪、悉く衆十萬を發し、車簿と勢を合して以て拒む。方翼、兵を熱海に屯し、賊と連戰し、流矢、臂を貫くも、徐ろに佩刀を以て之を截ち、左右、覺る者有る莫し。既而にして將いる所の蕃兵、貳を懷き、方翼を執えて以て賊に應ぜんことを謀るも、方翼は密に之を知り、悉く會議に召し、佯りて軍資を出だして以て之に賜わんとす。續續引きて去らんとするや、便ち之を斬らしむ。會々大いに風あり、又た金鼓を振るいて以て其の聲を亂し、遂に七千餘人を誅す。因りて裨將を遣わして道を分けて咽麪等を討襲し、賊は既にして備うる無く、是れに因りて大いに潰え、首領の突騎施等三百人を擒え、西域は遂に定まる。

　功を以て夏州都督に遷せらる。屬々牛疫あり、以て農を營む無く、方翼は人耕の法を造り、關鍵を施し、人をして之を推さしめ、百姓は焉に賴る。

　永淳二年、詔して方翼を徵し、將に西域の事を議せんとし、奉天宮に於いて謁見し、食を賜いて與に語る。方翼の衣に舊時の血漬の處有り、高宗、其の故を問うや、方翼は具に熱海の苦戰の狀を對う。高宗、袒せしめて其の瘡を視、歎じて曰く「吾が親なり」と。賞賜は甚だ厚し。俄に屬いて綏州の白鐵余、兵を擧げて反し、乃ち方翼に詔し、程務挺を副として之を討たしむ。賊、平らぎ、太原郡公に封ぜらる。

　則天の臨朝するや、方翼は是れ庶人の近屬なるを以て、陰に之を除かんと欲す。程務挺の誅せらるるに及び、方翼の務挺と職を連ねて素より善しきを以て、追いて都に赴かせて獄に下す。遂に崖州に流されて死す。

　子の珣・珦・瑨は並な名を知られ、珣・瑨は開元中に皆な中書舍人と爲り、珦は祕書監に至る。

4　注　釋

〔1〕本文は王方翼の伝記で、『新唐書』巻111王方翼列伝にも類似の記載がみ

える。また『文苑英華』巻第913職官21には、張説「夏州都督太原王公神道碑」(以下、王方翼碑) があり、『張説之文集』巻16には「唐故夏州都督太原王公神道碑」として採録され、王方翼の生涯をしるしたものである。張説 (667〜730年) は則天武后・中宗・玄宗に仕えた重臣で、彼の書き残した王方翼碑は『旧唐書』に先行する。王方翼の生涯を解明するには、このように両唐書と碑文が基礎史料となる。史料間の関係については後述する。ちなみに王方翼碑に関しては、宋・陳思『宝刻叢編』巻8陝西永興軍路二京兆府中咸陽県条に

　　唐贈夔州都督王方翼碑。唐張説撰。陸堅八分書、元冲行篆額。開元十六年十月。『京兆金石録』(唐の贈夔 (夏) 州都督の王方翼の碑。唐の張説撰す。陸堅、八分もて書し、元冲の行篆の額あり。開元十六年十月。『京兆金石録』にあり)。

ともあり、これによれば王方翼の死後、開元16年 (728年) に刻まれたもののようである。後述するように、宋・陳思『宝刻叢編』巻8陝西永興軍路二京兆府中咸陽県条に

　　唐祕書監王珣墓誌。唐韓休撰。馬極書。開元十六年。『京兆金石録』(唐の祕書監の王珣の墓誌。唐の韓休撰す。馬極書す。開元十六年。『金石録』にあり)。

とあり、子の王珣の墓誌も開元16年 (728年) に刻まれているので、おそらく子の王珣が亡くなったときに、王方翼・王珣父子の墓誌がまとめて刻まれたのであろう (ただし作文者と筆写者は異なるので、作成は別々に依頼されたと考えられる)。王方翼は最晩年に崖州に左遷され、その途中で亡くなっており、すぐに墓誌を作ってその生涯を称えることのできる政治的状況ではなく、王方翼の政治的名誉は神龍初期 (705年) にようやく回復したものの (後掲注28参照)、墓誌の作成はなお遅れたのであろう。そしてそれゆえに、子の王珣が開元年間に秘書監にまで昇り、王氏が一定の政治的権力を取り戻したのを見計らって、王珣の埋葬とほぼ同時に、父王方翼の墓誌を建てたのであろう。

　并州祁県は現在の山西省晋中市付近。武徳6年 (623年) から開元11年 (723年) までは并州に属する (古今2005、1328頁)。後述するように、王方翼は武徳7年 (624年) 頃の生まれで、たしかに并州祁県は当時すでに存在した。

王方翼の字は『旧唐書』本文にみえないが、『新唐書』巻111王方翼列伝に

　　王方翼、字仲翔、并州祁人（王方翼、字は仲翔、并州の祁の人なり）。

とあり、王方翼碑に、

　　公、諱方翼、字仲翔、太原祁人（公、諱は方翼、字は仲翔、太原の祁の人なり）。

とあり、「仲翔」である。王方翼碑は王氏の出自について文を続け、

　　王周之後也。王子以敗狄、受姓徵召、以遁世爲名。司徒之濟艱難、義形漢室。太尉之圖舉甲、心盡魏朝。聞蔣濟所言、則知尚書志力、兄弟繼美。覽『周書』所載、則見潁川忠烈子姓〈集作姪〉皆封、臣節奮揚於百代、家聲籍（藉）甚於四海大（王は周の後なり。王の子、狄を敗るを以て、姓を受けて徵召せらるるも、世を遁るるを以て名を爲す。司徒（王允か）の艱難を濟うや、義、漢室に形わる。太尉の甲を舉ぐるを圖るや（太尉袁紹による官渡の戦いをさすか）、心もて魏朝に盡くす。蔣濟の言う所を聞き、則ち尚書の志力を知り、兄弟は美を繼ぐ。『周書』の載す所を覽るに、則ち潁川の忠烈の子姪の皆な封ぜらるるを見、臣節もて奮いて百代を揚げ、家聲は藉りて四海の大なるより甚だし）。

とし、王氏が周代以来の名家であることを謳う。けれども信憑性に欠けるためか、『旧唐書』や『新唐書』にこの記述は採用されていない。なお王方翼碑中の〈　〉は『文苑英華』の本注である。本訳註では適宜それを訓読に反映させることにする。

〔2〕王庶人は、高宗李治に仕え、永徽元年（650年）正月から永徽6年（655年）10月まで皇后であった。『旧唐書』巻4高宗紀上に、

　　永徽元年春正月……丙午、立妃王氏爲皇后。……六年……冬十月己酉、廢皇后王氏爲庶人、立昭儀武氏爲皇后、大赦天下（永徽元年春正月……丙午、妃王氏を立てて皇后と爲す。……（永徽）六年……冬十月己酉、皇后王氏を廢して庶人と爲し、昭儀武氏を立てて皇后と爲し、天下に大赦す）。

とあり、『旧唐書』巻6則天武后本紀に、

　　及太宗崩、遂爲尼、居感業寺。大帝於寺見之、復召入宮、拜昭儀。時皇后

王氏・良娣蕭氏頻與武昭儀爭寵、互讒毀之、帝皆不納。進號宸妃。永徽六年、廢王皇后而立武宸妃爲皇后（太宗の崩ずるに及び、（武氏）遂に尼と爲り、感業寺に居る。大帝、寺に於いて之に見え、復た召して宮に入れ、昭儀に拜す。時に皇后王氏・良娣蕭氏、頻りに武昭儀と寵を爭い、互いに之を讒毀するも、帝は皆な納れず。進みて宸妃と號す。永徽六年、王皇后を廢して武宸妃を立てて皇后と爲す）。

とあり、『旧唐書』巻51后妃列伝上高宗廃后王氏条に、

高宗廢后王氏、并州祁人也。父仁祐、貞觀中羅山令。同安長公主、即后之從祖母也。公主以后有美色、言於太宗、遂納爲晉王妃。高宗登儲、冊爲皇太子妃、以父仁祐爲陳州刺史。永徽初、立爲皇后、以仁祐爲特進・魏國公、母柳氏爲魏國夫人。仁祐尋卒、贈司空。初、武皇后、貞觀末隨太宗嬪御居於感業寺、后及左右數爲之言、高宗由是復召入宮、立爲昭儀。俄而漸承恩寵、遂與后及良娣蕭氏遞相譖毀。帝終不納后言、而昭儀寵遇日厚。后懼不自安、密與母柳氏求巫祝厭勝。事發、帝大怒、斷柳氏不許入宮中、后舅中書令柳奭罷知政事、并將廢后。長孫無忌・褚遂良等固諫、乃止。俄又納李義府之策、永徽六年十月、廢后及蕭良娣皆爲庶人、囚之別院。武昭儀令人皆縊殺之。后母柳氏・兄尚衣奉御全信及蕭氏兄弟、並配流嶺外。遂立昭儀爲皇后。尋又追改后姓爲蟒氏、蕭良娣爲梟氏（高宗の廢后王氏は、并州の祁の人なり。父の仁祐は、貞觀中に羅山令なり。同安長公主は、即ち后の從祖母なり。公主は后の美色有るを以て、太宗に言い、遂に納れて晉王妃と爲す。高宗、儲（柿沼補：太子の位）に登るや、冊して皇太子妃と爲し、父の仁祐を以て陳州刺史と爲す。永徽の初め、立てて皇后と爲し、仁祐を以て特進・魏國公と爲し、母の柳氏は魏國夫人と爲る。仁祐、尋いで卒するや、司空を贈らる。初め、武皇后、貞觀末に太宗の嬪御に隨いて感業寺に居り、后及び左右、數々之が爲に言えば、高宗は是に由りて復た召して宮に入れ、立てて昭儀と爲す。俄而にして漸く恩寵を承け、遂に后及び良娣の蕭氏と遞いに相い譖毀す。帝、終に后の言を納れず、而して昭儀の寵遇、日に厚し。后、懼れて自ら安んぜず、密に母の柳氏と巫祝を求めて厭勝す。事、發かれ、帝、大いに怒り、柳氏を斷ちて宮中に入るるを許さず、

后の舅の中書令の柳奭は知政事を罷められ、幷せて將に后を廢せんとす。
　　　長孫無忌・褚遂良等は固く諫め、乃ち止む。俄にして又た李義府の策を納
　　　れ、永徽六年十月に、后及び蕭良娣を廢して皆な庶人と爲し、之を別院に
　　　囚う。武昭儀、人をして皆な之を縊殺せしむ。后の母の柳氏・兄の尚衣奉
　　　御の（王）全信及び蕭氏の兄弟は、並びに嶺外に配流せらる。遂に昭儀を
　　　立てて皇后と爲す。尋いで又た追いて后の姓を改めて蟒氏と爲し、蕭良娣
　　　を梟氏と爲す）。
とあり、『新唐書』巻3高宗李治紀永徽6年条に、
　　　是冬、皇后殺王庶人（是の冬、皇后は王庶人を殺す）。
とあり、これらによれば、王氏は幷州祁県出身で、父の王仁祐は貞観年間（627
〜649年）に羅山県令であった。従祖母にあたる同安長公主（後掲注3参照）
がその美貌をほめて推薦したため、王氏はときの晋王李治の妃となり、晋王李
治が皇太子になるにともない、皇太子妃に冊立された。このときに父の王仁祐
は陳州刺史に昇進している。永徽初（650年頃）には王氏は皇后に冊立され、
父の王仁祐は特進・魏国公に、母の柳氏は魏国夫人になっている。「従祖兄」
はまたいとこ、すなわち曾祖父を同じくする者をさす。

〔3〕王裕については『旧唐書』本文に「祖裕、武德初隋州刺史、裕妻即高祖
妹同安大長公主也」とあるほか、王方翼碑に、
　　　王父司徒定公秉、隋氏之崇也。王父駙馬・開府文公裕、先朝之懿也（王の
　　　父の司徒の定公秉は、隋氏の崇なり。王の父の駙馬・開府の文公裕は、先
　　　朝の懿（隋朝における立派な人物の意）なり）。
とあり、大唐西市博物館蔵「大唐故随州刺史上開府儀同三司王使君墓誌之銘」
（胡2016、40頁。以下、王裕碑）に、
　　　公諱裕、字長弘、太原祁人也。……祖思政、周侍中、河南道太行臺尚書左
　　　僕射、荊州刺史、太原忠公。……父秉、侍中・使持節・襄州總管・襄州刺
　　　史・上柱國・太原公。……隋高祖藉甚高名、虛心引納、乃以公爲新衛……
　　　大業九年、勅授始平縣令。……乃尚同安長公主。……蒙授上儀同三司。武
　　　德八年、詔除隨州諸軍事・隨州刺史。……以武德八年五月十二日遘疾薨於

官舍、春秋五十有九（公、諱は裕、字は長弘、太原の祁の人なり。……祖の思政は、周の侍中・河南道太行臺尚書左僕射・荊州刺史・太原忠公なり。……父の兼は、侍中・使持節・襄州總管・襄州刺史・上柱國・太原公なり。……隋の高祖は、甚だ高名なるに藉り、虚心もて引納せんとし、乃ち公を以て新衞と爲す……大業九年、勅して始平縣令を授く。……乃ち同安長公主に尚す。……蒙り授かりて儀同三司に上る。武德八年、詔ありて隨州諸軍事・隨州刺史に除せらる。……武德八年五月十二日を以て疾に遘いて官舍に薨じ、春秋は五十有九）。

とあり、『新唐書』巻83諸帝公主列伝世祖一女条に

同安公主、高祖同母媦也。下嫁隨州刺史王裕。……裕、隋司徒柬之子、終開府儀同三司（同安公主は、高祖の同母の媦なり。下されて隨州刺史の王裕に嫁す。……裕は、隋の司徒の柬（秉か）の子にして、開府儀同三司に終わる）。

とあり、『新唐書』巻111王方翼列伝に、

祖裕、隨州刺史。尚同安大長公主、官開府儀同三司、卒。諡曰文（祖の裕は、隨州刺史なり。同安大長公主に尚し、官は開府儀同三司にして、卒す。諡して文と曰う）。

とある。これらによれば、王裕は太原王氏で、字を長弘という。隋の高祖楊堅は太原王氏の名声を利用すべく、王裕を「新衞」として挙用し、さらに大業9年（613年）には始平県令に抜擢した。唐の高祖李淵も王裕を認め、妹の同安公主（後述）をめあわせた。王裕は開府儀同三司にまで昇り、武德8年（625年）5月に59歳で亡くなり、「文」と諡された。逆算すれば、王裕は566年頃の生まれとなる。

王裕の父は、前掲『新唐書』巻83諸帝公主列伝世祖一女条によれば「隋司徒柬之子」であった。しかし前掲王方翼碑は、「大王父司徒定公秉、隋氏之崇也（大王父の司徒の定公秉は、隋氏の崇なり）」とし、王方翼の父を司徒であったとしつつも、その名を「秉」に作る。前掲王裕碑も父の名を「秉」に作り、「侍中・使持節襄州總管・襄州刺史・上柱國・太原公」とする。王裕碑に誤りがあるとは考えにくく、「王秉」が正しい。「隨州」は、現在の湖北省随州市・

棗陽市付近（古今2005、2794頁）。

「高祖妹同安大長公主」は、同安長公主・大長公主・同安公主ともいい、高祖李淵の妹、太宗李世民の叔母。『新唐書』巻83諸帝公主列伝世祖一女条に、

  貞觀時、以屬尊進大長公主。嘗有疾、太宗躬省視、賜縑五百、姆侍皆有賚予。永徽初、賜實戸三百。薨。年八十六（貞觀の時、屬尊を以て大長公主に進めらる。嘗て疾有るや、太宗は躬ら省視し、縑五百を賜い、姆侍は皆な賚予有り。永徽の初め、實戸三百を賜わる。薨ず。年八十六）。

とあり、これによれば、貞觀年間（627～649年）に「大長公主」の称号を受け、永徽初（650年頃）に86歳で亡くなった。逆算すれば、彼女は564年頃の生まれとなる。

〔4〕本文は一見すると、太宗の時に王裕が公主の夫であり、老齢であったために「敬異」を加えられたと読めなくもない。けれども、前掲注で論じたように、王裕は武徳8年（625年）に亡くなっており、それは太宗李世民が実権を掌握した玄武門の変（武徳9年。626年）よりも前である。よって「太宗時……數幸其第、賞賜累萬」の「其」は、王裕ではありえず、同安大長公主をさすとみられる。

王仁表は、李世民に仕え、本文によれば、貞觀年間（627～649年）に岐州刺史となっている。『唐尚書省郎官石柱題名考』巻21祠部郎中所収録文に「王仁表」の名がみえ、同一人物とみられる（徐・王1992、869-871頁）。王方翼碑にも、

  考特進愼公仁表、皇室之甥也（考の特進の愼公仁表は、皇室の甥なり）。

とみえ、最終的に特進に昇り、「愼」と諡された。また『新唐書』巻80太宗諸子常山王承乾列伝に、

  常山愍王承乾、字高明、生承乾殿、即以命之。……太宗即位、立爲皇太子。……及長、好聲色慢游、然懼帝、祕其迹。……後過惡寖聞。宮臣若孔穎達・令狐德棻・于志寧・張玄素・趙弘智・王仁表・崔知機等皆天下選、毎規爭承乾、帝必厚賜金帛、欲以厲其心。承乾愎不悛、往往遣人陰圖害之（常山愍王の承乾、字は高明、承乾殿に生まれ、即ち以て之に命づく。

……太宗、即位するや、立てて皇太子と爲す。……長ずるに及び、聲色を好みて慢游し、然るに帝を懼れ、其の迹を祕す。……後に過惡、寖く聞こゆ。宮臣の孔穎達・令狐德棻・于志寧・張玄素・趙弘智・王仁表・崔知機等の若きは皆な天下の選にして、規めて承乾と爭うごとに、帝は必ず厚く金帛を賜い、以て其の心を厲まさんと欲す。承乾は懍りて悛めず、往往にして人を遣わして陰かに之を害せんことを圖る）。

とあり、王仁表は皇太子李承乾の諫言役であった。李承乾は626年に立太子され、643年に廃位されている。よって王仁表は626年以後も存命していたことになる。具体的な死亡年は不明だが、後述するように、王方翼らが父の死をきっかけに鳳泉県に移住したのは貞観8年（634年）以前である。よって王仁表も634年以前に亡くなっていたはずである。

「岐州」は、現在の陝西省鳳翔県付近（古今2005、1481頁）。

〔5〕王方翼の生誕年に関しては、王方翼碑に、

路至衡山、寢疾捐館。春秋六十有三。垂拱三年閏正月二十九日（路は衡山に至り、寢疾して館を捐つ。春秋は六十有三。垂拱三年閏正月二十九日）。

とあるのに注目される。これによれば、王方翼は垂拱3年閏1月29日（687年3月18日）に63歳で亡くなっているので、逆算すれば、王方翼は武德7年（624年）頃の生まれであろう。

王方翼の出生について、王方翼碑には、

公門摠（總）四岳之靈、帝子分五潢之氣、是生時傑、欝爲人紀。公雄姿沉毅、凜難犯之色。虛懷信厚、坦招納之量。識略精斷、達應變之權。神守密靜、堅不奪之節。孝友內兆於免懷、忠敬外灼於既冠。加以思參造化、誠合鬼神、文其詩書、武其韜略。推此才也、以從政焉、求無遺矣〈集作無匱〉（公門、四岳の靈を摠べ、帝子、五潢の氣を分かち、是れ時傑を生じ、欝として人紀（道の意）を爲す。公は雄姿ありて沉（沈）毅にして、凜として犯し難きの色あり。虛懷にして信厚く、招納の量を坦にす。略を識りて精斷（緻密な判断）し、應變の權に達す。神（こころの意）は密靜を守り、不奪の節を堅くす。孝友は內に免懷（三歳の意）に兆し、忠敬は外に既冠

に灼らかなり。加以、思いて造化に参かり、誠に鬼神を合し、文は其の詩書にあり、武は其の韜略にあり。此の才を推すや、以て政に従い、無遺を求む)。

とある。この点は『旧唐書』・『新唐書』にみえない。

王方翼の幼少期について、王方翼碑はさらに、

夙遭家難、衰過柴瘠、京師號曰孝童 (夙に家難に遭い、衰に柴瘠（瘠）なるを過ぎ、京師は號して孝童と曰う)。

と続け、王方翼が早くに父親を亡くし、心から嘆き悲しみ、京師の人びとが彼を「孝童」と呼んだことがしるされている。この点は『旧唐書』本文にはみえないが、『新唐書』巻111王方翼列伝には、

方翼早孤、哀毀如成人、時號孝童 (方翼は早に孤にして、哀毀すること成人の如く、時に孝童と號せらる)。

とある。

「妻李氏爲主所斥、居於鳳泉別業」は、『新唐書』では「母李爲主所斥、居鳳泉墅」に作り、いずれも父王仁表の妻李氏と祖父王裕の妻同安公主が不仲（両者は嫁姑関係）であったことを意味する。一方、王方翼碑は、

王母同安長公主引貴遊之誡、示作〈集作其〉苦之端、兪〈兪字集作今太〉夫人徙居鄠墅 (王母（母）の同安長公主は貴遊の誡を引き、其の苦の端を示し、今の太夫人、徙りて鄠墅に居る)。

とし、姑を是とする書きぶりである。王方翼碑に険悪な嫁姑関係を書き残せない関係で、やむをえずぼかしたか。

「鳳泉」は現在の陝西鄠県東南付近。『旧唐書』巻38地理志１関内道条に、

鳳翔府。隋扶風郡。武德元年、改爲岐州、領雍・陳倉・鄠・虢・岐山・鳳泉等六縣。又割雍等三縣、置圍川縣。其年、割圍川屬稷州。貞觀元年、廢稷州、以圍川及鄜州之麟遊・普潤等三縣來屬。七年、又置岐陽縣。八年、改圍川爲扶風縣、省虢縣及鳳泉。天授二年、復置虢縣 (鳳翔府。隋の扶風郡なり。武德元年、改めて岐州と爲し、雍・陳倉・鄠・虢・岐山・鳳泉等六縣を領す。又た雍等三縣を割きて、圍川縣を置く。其の年、圍川を割きて稷州に屬せしむ。貞觀元年、稷州を廢し、圍川及び鄜州の麟遊・普潤等

三縣を以て來屬せしむ。七年、又た岐陽縣を置く。八年、圍川を改めて扶
　　風縣と爲し、虢縣及び鳳泉を省く。天授二年、復た虢縣を置く)。

によれば、岐州に属し、貞観8年（634年）に省かれた。よって王方翼らが鳳
泉県に移住したのも634年より前とみられる。

〔6〕「虛棄」は、百衲本では「虛弃」に作る。「時方翼尚幼……遂爲富室」は、
王方翼碑に、
　　儲無斗粟、庇無尺椽、公躬率傭保、肆勤給養、墾山出田、燎松釁墨、一年
　　而良疇千畝、二年而廈屋百間、日舉壽觴、獸珍膳矣。處約能久、不亦仁乎。
　　在困能亨、不亦智乎（儲に斗粟無く、庇に尺椽無く、公は躬ら傭保を率い、
　　肆
はなは
だ給養に勤め、山を墾し田に出で、松を燎き墨を釁ぎ、一年にして良疇
　　千畝、二年にして廈屋百間、日に壽觴を舉げ、珍膳に獸
あき
る。約（困難な状
　　態の意）に處ること久しきに能
お
ぶも、亦た仁ならずや。困ること亨
か
くの能
ごと
　　きも、亦た智ならざるや）。
とあり、『新唐書』巻111王方翼列伝に、
　　方翼尚幼、雜庸保、執苦不棄、日墾田植樹、治林埄、墅（墾）完牆屋、燎
　　松丸墨、爲富家（方翼、尚お幼きとき、庸保に雜じり、執苦するも棄てず、
　　日々田を墾し樹を植え、林埄を治め、牆屋を墾め完うし、松を燎き墨を丸
　　め、富家と爲る）。
に作る。諸史料の文面は微妙に異なるが、いずれも当時の母子（母李氏と王方
翼）が苦労をしたことをのべる。ただ、彼らは「儲無斗粟」とされる反面、所
有田畑は巨大（千畝）で、貧民一般と同一視はできない。

〔7〕「公主卒後、歸長安」は、『新唐書』巻111王方翼列伝に、
　　主薨、還京師（主、薨ずるや、京師に還る）。
に作り、いずれも大長公主の死去後に、王方翼が長安へ移住したことをしめす。
前掲注でのべたように、同安長公主は永徽初（650年頃）に亡くなっている。
また王方翼は624年生まれである。よって、同安長公主死去時に王方翼は26歳
前後であろう。

『旧唐書』本文では、王方翼が長安へ帰還した記載の直後に、趙持満関連の故事が続く。後述するように、趙持満の故事は659年頃のもので、同安長公主死去年と約10年間のズレがある。『旧唐書』はその後、永徽年間（650～656年）の故事に戻り、叙述は必ずしも時代順に整理されていない。一方、王方翼碑は「爲富家」の直後に「永徽初始宰安定」の文を続け、同安長公主の死去には觝れていないものの、この部分の叙述は時代順である。だが王方翼碑の後段には、

> 初公善書與魏叔琬相輩。工射與趙持満齊名。帝毎矚之、賜比鳴輦、賞深懸帳。嘗獨行入夜、有恠人長丈、直求趣逼、射而仆焉、乃朽木也。太宗壯之、授石千牛（初め公、書を善くすること、魏叔琬と相い輩（つら）ぬ。射に工なること、趙持満と名を齊うす。帝は之を矚るごとに、比鳴輦を賜わり、深懸帳を賞す。嘗て獨り行きて夜に入り、恠人の長さ丈なるもの有り、直（ただ）ちに趣き逼（せ）まるを求め、射て焉を仆すに、乃ち朽木なり。太宗は之を壯とし、石（右）千牛を授く）。

とあり、これは太宗期（～649年）の故事である。つまり王方翼碑の叙述も必ずしも完璧に時系列順とは限らない。ともあれ、王方翼が若くして武芸に優れていた点は、『新唐書』巻111王方翼列伝にもみえ、

> 嘗夜行、見長人丈餘、引弓射仆之、乃朽木也。太宗聞、擢右千牛。高宗立……（嘗て夜に行くに、長人の丈餘なるを見、弓を引きて射ちて之を仆すに、乃ち朽木なり。太宗聞き、右千牛に擢く。高宗立ち……）。

とある。これらによれば、若き王方翼は武勇によって「千牛」になっている。「千牛」は、『唐六典』巻25諸衛府左右千牛衛条に、

> 左右千牛衞。……凡千牛備身・備身左右執弓箭以宿衞、主仗守戎服器物。凡受朝之日、則領備身左右昇殿、而侍列於御坐之左右。若親射於射宮、則大將軍・將軍率其屬以從。凡千牛備身・備身左右考課、賜會及祿秩之升降、同京職事官之制（左右千牛衞。……凡そ千牛の備身・備身左右、弓箭を執りて以て宿衞し、仗もて戎服器物を守るを主る。凡そ受朝の日、則ち備身左右を領して昇殿し、而して侍して御坐の左右に列す。若しくは親ら射宮に射し、則ち大將軍・將軍は其の屬を率いて以て從とす。凡そ千牛備身・

備身左右の考課に、會及び禄秩の升降を賜わること、京の職事官の制と同
　　じ）。
とあり、本注に、
　　隋置左右千牛備身二十人、掌供御弓箭。備身六十人、掌宿衞侍從。煬帝置
　　備身府、皇家改爲千牛府。龍朔爲左右奉宸衞、神龍復爲千牛衞（隋は左右
　　千牛備身二十人を置き、供御弓箭を掌る。備身は六十人、宿衞侍從を掌る。
　　煬帝は備身府を置き、皇家は改めて千牛府と爲す。龍朔に左右奉宸衞と爲
　　し、神龍に復して千牛衞と爲す）。
とあり、隋代以来の近衞兵の一種で、首都に勤務する。すると『旧唐書』本文
に「公主卒後（つまり650年頃）、歸長安」とあるのは疑問で、王方翼は太宗期
（649年崩御）にすでに「千牛」として首都長安に勤務していたことになる。つ
まり王方翼は26歳以前に、母と祖母の家を往来しつつ、早くも武芸によって
「千牛」になっていたわけである。

〔8〕「趙持滿」は、『旧唐書』巻183外戚長孫操列伝に、
　　詮官至尚衣奉御。詮即侍中韓瑗妻弟也。及瑗得罪、事連於詮、減死配流巂
　　州。詮至流所、縣令希旨杖殺之。詮之甥有趙持滿者、工書善射、力搏猛獸、
　　捷及奔馬、而親仁愛衆、多所交結、京師無貴賤皆愛慕之。初爲涼州長史、
　　嘗逐野馬、自後射之、無不洞于胸膁、邊人深伏之。許敬宗懼其作難、誣與
　　詮及無忌同反。及拷訊、終無異詞、且曰「身可殺、辭不可奪」。吏竟代爲
　　款以殺之（詮の官は尚衣奉御に至る。詮は即ち侍中韓瑗の妻の弟なり。瑗
　　の罪を得るに及び、事、詮に連なり、死を減ぜられて巂州に配流せらる。
　　詮、流所に至るや、縣令は希旨（迎合の意）して杖もて之を殺す。詮の甥
　　に趙持滿なる者有り、書に工にして射を善くし、力は猛獸を搏ち、捷きこ
　　と奔馬に及び、而して仁に親しみ衆を愛し、交結する所多く、京師は貴賤
　　無く皆な之を愛慕す。初め涼州長史と爲り、嘗て野馬を逐い、後より之を
　　射るや、胸膁を洞かざる無く、邊人は深く之に伏す。許敬宗、其の難を作
　　すを懼れ、詮及び無忌と同に反するを誣す。拷訊せらるるに及び、終に詞
　　を異にする無く、且つ曰く「身は殺すべくも、辭は奪うべからず」と。吏

とあり、『新唐書』巻105長孫无忌列伝に、
>従父弟操、字元節。……子詮、尚新城公主。詮女兄爲韓瑗妻。无忌得罪、詮流巂州、有司希旨殺之。詮有甥趙持滿者、工書善騎射、力搏虎、走逐馬、而仁厚下士、京師無貴賤愛慕之。爲涼州長史、嘗逐野馬、射之、矢洞于前、邊人畏伏。詮之貶、許敬宗懼持滿才能仇己、追至京、屬吏訊搒、色不變曰「身可殺、辭不可枉」。吏代爲占、死獄中（従父弟の操、字は元節。……子の詮、新城公主に尚す。詮の女の兄は韓瑗の妻たり。无忌、罪を得るや、詮は巂州に流され、有司、希旨して之を殺す。詮に甥の趙持滿なる者有り、書に工にして騎射を善くし、力は虎を搏ち、走りて馬を逐い、而して仁は厚く士に下り、京師は貴賤無く之を愛慕す。涼州長史と爲り、嘗て野馬を逐い、之を射るや、矢は前を洞き、邊人畏れ伏す。詮の貶せらるるや、許敬宗、持滿の才の能く己れに仇するを懼れ、追いて京に至らしめ、屬吏訊いて搒つも、色變せずして曰く「身は殺すべくも、辭は枉ぐるべからず」と。吏代わりて占を爲し、獄中に死す）。

とあり、『資治通鑑』巻200唐紀16高宗顯慶4年条に、
>涼州刺史趙持滿、多力善射、喜任俠、其従母爲韓瑗妻。其舅駙馬都尉長孫銓、無忌之族弟也。銓坐無忌、流巂州。許敬宗恐持滿作難、誣云無忌同反、驛召至京師。下獄、訊掠備至、終無異辭、曰「身可殺也、辭不可更」。吏無如之何、乃代爲獄辭結奏。戊戌誅之、尸於城西、親戚莫敢視。友人王方翼歎曰「欒布哭彭越、義也。文王葬枯骨、仁也。下不失義、上不失仁、不亦可乎」。乃收而葬之。上聞之、不罪也。方翼、廢后之従祖兄也。長孫銓至流所、縣令希旨杖殺之（涼州刺史趙持滿、力多く射を善くし、任俠を喜び、其の従母は韓瑗の妻たり。其の舅は駙馬都尉の長孫銓にして、無忌の族弟なり。銓、無忌に坐し、巂州に流さる。許敬宗、持滿の難を作すを恐れ、誣して無忌と同に反せんとするを云い、驛もて召して京師に至らしむ。獄に下され、訊い掠つこと備至なるも、終に辭を異にすること無く、曰く「身は殺すべきなるも、辭は更うべからず」と。吏は之を如何ともする無く、乃ち代りて獄辭を爲して奏を結ぶ。戊戌、之を誅し、城西に尸ね、親

戚、敢えて視るもの莫し。友人の王方翼、歎じて曰く「欒布、彭越に哭す
は、義なり。文王、枯骨を葬るは、仁なり。下は義を失わず、上は仁を失
わず、亦た可ならずや」と。乃ち收めて之を葬る。上、之を聞き、罪せざ
るなり。方翼は、廢后の從祖兄なり。長孫銓、流所に至り、縣令、希旨し
て杖もて之を殺す）。

とあるのによれば、長孫無忌の従父弟長孫操の子長孫詮の甥。多才な人物で、
涼州長史となったが、長孫詮の失脚に伴い、則天武后の側近許敬宗に召喚され、
殺された。長孫詮は韓瑗の妻の弟であり、韓瑗は『旧唐書』巻80韓瑗列伝に、

顯慶二年、許敬宗・李義府希皇后之旨、誣奏「瑗與褚遂良潛謀不軌、以桂
州用武之地、故授遂良桂州刺史、實以爲外援」。於是更貶遂良爲愛州刺史、
左授瑗振州刺史。四年、卒官、年五十四。明年、長孫無忌死、敬宗等又奏
瑗與無忌通謀、遣使殺之。及使至、瑗已死、更發棺驗屍而還、籍沒其家、
子孫配徙嶺表（顯慶二年、許敬宗・李義府、皇后の旨を希い、誣奏すらく
「瑗は褚遂良と潛かに不軌を謀り、桂州の用武の地なるを以て、故に遂良
に桂州刺史を授け、實は以て外援と爲さんとす」と。是に於いて更めて遂
良を貶して愛州刺史と爲し、瑗に振州刺史を左授す。四年、官に卒し、年
は五十四。明年、長孫無忌、死し、敬宗等、又た瑗の無忌と通謀するを奏
し、遣使して之を殺さんとす。使の至るに及び、瑗、已に死すれば、更め
て棺を發きて屍を驗して還り、其の家を籍沒し、子孫は嶺表に配し徙せら
る）。

とあるのによれば、顯慶2年（657年）に振州刺史に左遷され、顯慶4年（659
年）に亡くなっており、顯慶5年（660年）に長孫無忌に連座し、墓を暴かれ
た。すでに顯慶2年（657年）以来、皇后一派による長孫無忌一派の弾圧が進
んでおり、『新唐書』巻3高宗李治本紀顯慶4年（659年）5月条に、

戊戌、殺涼州都督長史趙持滿（戊戌、涼州都督長史の趙持滿を殺す）。

とあるのによれば、趙持滿の処刑は顯慶4年（659年）5月のことであった。
『太平広記』巻第225王方翼条（出『大唐新語』）にも趙持滿の事件がみえ、「與
長孫無忌親（長孫無忌と親し）」とあり、趙持滿は長孫無忌と親しく、これが
処刑された原因であると示唆されている。

「欒布」は、百衲本では「欒布」に作る。「欒布之哭彭越」は、前漢時代に功臣彭越が処刑されたとき、欒布が彭越のために泣いた故事をさす。その詳細は『史記』巻100欒布列伝に、

> 欒布者、梁人也。始梁王彭越爲家人時、嘗與布游。窮困、賃傭於齊、爲酒人保。數歳、彭越去之、巨野中爲盗、而布爲人所略賣、爲奴於燕。……梁王彭越……酒言上、請贖布以爲梁大夫。……漢召彭越、責以謀反、夷三族。已而梟彭越頭於雒陽下、詔曰「有敢收視者、輒捕之」。布從齊還、奏事彭越頭下、祠而哭之。吏捕布以聞。上召布罵曰「若與彭越反邪。吾禁人勿收、若獨祠而哭之、與越反明矣。趣亨之」。方提趣湯、布顧曰「願一言而死」。上曰「何言」。布曰「……」。於是上迺釋布罪、拜爲都尉（欒布は、梁の人なり。始め梁王彭越、家人爲るの時、嘗て布と游ぶ。窮困し、齊に賃傭し、酒人の保と爲る。數歳にして、彭越、之を去り、巨野中に盗と爲り、而して布は人の略賣する所と爲り、奴を燕に爲す。……梁王彭越……酒ち言上し、請いて布を贖いて以て梁の大夫と爲す。……漢、彭越を召し、責むるに謀反を以てし、三族を夷（たいら）ぐ。已而にして彭越の頭を雒陽の下に梟し、詔して曰く「敢えて收視する者有らば、輒ち之を捕えよ」と。布、齊より還り、事を彭越の頭の下に奏し、祠りて之に哭す。吏、布を捕えて以て聞す。上、布を召して罵りて曰く「若（なんじ）、彭越と反せんとするか。吾、人に禁じて收する勿らしむるも、若、獨り祠りて之に哭するは、越と反せんとするは明らかなり。趣やかに之を亨（烹）せよ」と。方に提げて湯に趣かしめんとするや、布、顧みて曰く「願わくは一言して死せん」と。上曰く「何をか言う」と。布曰く「……」と。是に於いて上、迺ち布の罪を釋し、拜して都尉と爲す）。

とある。「周文之掩朽骼」は、西周の文王が池を浚わせたとき、何者かの遺体がみつかり、その遺体を丁重に葬った故事に基づく。その詳細は『呂氏春秋』孟冬紀異用に、

> 周文王使人抇池、得死人之骸、吏以聞於文王。文王曰「更葬之」。吏曰「此無主矣」。文王曰「有天下者、天下之主也。有一國者、一國之主也。今我非其主也」。遂令吏以衣棺更葬之。天下聞之曰「文王賢矣。澤及髊骨、

又況於人乎」。或得寶以危其國、文王得朽骨以喻其意、故聖人於物也無不材（周の文王、人をして池を抇(さら)わしむるに、死人の骸を得、吏は以て文王に聞す。文王曰く「更めて之を葬せよ」と。吏曰く「此れ主無し」と。文王曰く「天下を有つ者は、天下の主なり。一國を有つ者は、一國の主なり。今、我、其の主に非ざるや」と。遂に吏をして衣棺を以て更めて之を葬せしむ。天下、之を聞きて曰く「文王、賢なるかな。澤、髊骨に及ぶ。又た況んや人に於いてをや」と。或いは寶を得て以て其の國を危うくし、文王、朽骨を得て以て其の意を喻し、故に聖人、物に於いて材とせざる無し）。

とある。王方翼はこの２つの故事を引用し、趙持滿の遺体を葬るのは仁・義として当然だと主張した。

以上の故事については、王方翼碑にも、

及持滿伏法暴骸、公哀而收葬、爲金吾奏劾、高宗義之、釋而不罪。履道坦坦、多如此類（持滿、法に伏して骸を暴さるるに及び、公、哀みて收め葬り、爲に金吾は奏劾し、高宗は之を義とし、釋して罪せず。道を履むこと坦坦として、多くは此の類の如し）。

とあり、『新唐書』巻111王方翼列伝にも、

其友趙持滿誅死、尸諸道、親戚莫敢視。方翼曰「欒布哭彭越、義也。周文王掩骼、仁也。絶友義、蔽主仁、何以事君」。遂往哭其尸、具禮收葬。金吾劾繫、帝嘉之、不罪（其の友の趙持滿、誅死し、諸道に尸(つら)ね、親戚、敢えて視るもの莫し。方翼曰く「欒布の彭越を哭するは、義なり。周の文王の骼を掩うは、仁なり。友の義を絶ち、主の仁を蔽い、何をか以て君に事えん」と。遂に往きて其の尸に哭し、具禮して收め葬る。金吾、劾繫するも、帝、之を嘉し、罪せず）。

とある。これらによると、王方翼は「金吾」（金吾衛関係者か）に訴えられたが、無罪になった。既述のとおり、裏で糸を引いていたのは則天武后と許敬宗で、「金吾」（金吾衛の兵士）はその下命を受けて王方翼を起訴したとみられる。

〔9〕本文によれば、王方翼は「安定令」となり、永徽年間（650〜656年）に安定県の大姓皇甫氏を粛清した。『新唐書』巻111王方翼列伝には、

高宗立、而從祖女弟爲皇后、調安定令、誅滅大姓、姦豪脅息（高宗、立ち、而して從祖女弟、皇后と爲り、安定令に調せられ、大姓を誅滅し、姦豪、脅息す）。

とある。王方翼碑にも、

永徽初、始宰安定、誅豪恭以育人、察奸宄以申寃、異政三擧、清風一變（永徽の初め、始めて安定を宰り、豪恭を誅して以て人を育て、奸宄を察して以て寃を申べしめ、異政もて三たび擧げられ、清風一變す）。

とあり、永徽初（650年頃）に安定県を掌り、「大姓」「豪恭」を誅したとある。「大姓」「豪恭」こそ皇甫氏であろう。一般に「安定皇甫氏」といえば、春秋宋以来の歴史をもち、後漢時代に安定郡朝那県に移住した郡望とされる（『元和姓纂』巻5皇甫氏）。唐代永徽年間の「安定皇甫氏」の例としては、『全唐文補遺』第4輯（第321頁）所収「唐故歸州興山縣丞皇甫君墓誌」に、

君、諱德相、字千祿、安定朝那人也。曾祖寶、周冀州長史。祖珍、隋揚州江都縣令。考道、隋晉州司戶參軍事。……尋轉歸州興山縣丞。……永徽元年、罷歸廬里……以大唐永徽三年五月六日寢疾、卒於景行之里第、春秋七十有四。……（君、諱は德相、字は千祿、安定の朝那の人なり。曾祖の寶は、周の冀州長史なり。祖の珍は、隋の揚州江都縣令なり。考の道は、隋の晉州司戶參軍事なり。……（皇甫德相は）尋いで歸州の興山縣の丞に轉ず。……永徽元年、罷めて廬里に歸る……大唐永徽三年五月六日を以て寢疾し、景行の里第に卒し、春秋七十有四。……）。

とある。もっとも、本文の皇甫氏は、厳密には安定郡朝那県の出身ではない。というのも、『旧唐書』巻38地理志1関内道涇州上条に、

隋安定郡。武德元年、討平薛仁杲、改名涇州。天寶元年、復爲安定郡。乾元元年、復爲涇州。舊領縣五……安定。隋縣。……（隋の安定郡。武德元年、討ちて薛仁杲を平らげ、名を涇州に改む。天寶元年、復た安定郡と爲す。乾元元年、復た涇州と爲す。舊との領縣は五……安定。隋の縣なり。……）。

とあり、永徽年間に「安定」という「郡」は存在しないからである。王方翼は「安定令」、つまり涇州安定県の令であり、本文の「大姓皇甫氏」はあくまでも

涇州安定県内の勢族である。ただし『旧唐書』巻62皇甫無逸列伝に、

> 皇甫無逸、字仁儉、安定烏氏人。父誕、隋并州總管府司馬。其先安定著姓、徙居京兆萬年（皇甫無逸、字は仁儉、安定の烏氏の人なり。父の誕は、隋の并州總管府の司馬なり。其の先は安定の著姓にして、徙りて京兆の萬年に居る）。

とあるように、「安定皇甫氏」はじつは安定郡朝那県に限らず、安定郡（涇州）全体に分布している。よって彼らも安定皇甫氏の一支であろう。つまり王方翼が粛清したのはあくまでも「安定皇甫氏」の一部にすぎない。しかも「太原王君墓誌」（聖暦2年（699年）8月9日）に「夫人安定皇甫氏」とあるように、安定皇甫氏自体はその後も隠然たる勢力を有しており、王方翼の安定皇甫氏に対する粛清の範囲は限定的であったとわかる。

王方翼は650年頃に安定県令となったのち、後述するように、儀鳳年間（676年～679年）に粛州刺史となった。そのあいだの出来事について『旧唐書』本文は何もしるさない。一方、『新唐書』巻111王方翼列伝には、

> 徙瀚海都護司馬、坐事下遷朔州尚德府果毅、歲餘代還。居母喪、哀瘠甚、帝遣侍醫療視（（王方翼は）瀚海の都護司馬に徙り、事に坐して下りて朔州尚德府の果毅に遷り、歲餘にして代わりて還る。母の喪に居り、哀瘠すること甚だしく、帝、侍醫を遣わして療視せしむ）。

とあり、王方翼碑には、

> 除潮海都督（集作護）府司馬、以母疾辭職、爲姜恪乘便、逐徙朔州尚德府果毅。歲餘、王本立上書理公、「國之惇孝、不宜攟抑」。有詔徵還、而親不待、心與哀絶、氣屬禮存。詔御醫孟默朝夕診視、免喪逾年、僅堪履立。樂成公東討新羅、薦爲將師、詔公持節雞林道總管。軍停不行、授沙州刺史。

未至（潮（瀚）海都督（護）府司馬に除せられ、母（母）の疾を以て職を辭し、姜恪の爲に乘便せられ、逐いて朔州尚德府の果毅に徙る。歲餘にして、王本立、上書して公を理め、「國の惇孝にして、宜しく攟（攟）抑すべからず」と。詔有りて徵され還り、而るに親は待たずんば、心に與に哀絶し、氣屬まり、禮存す。御醫孟默に詔して朝夕診視せしめ、免喪して年を逾え、僅かに履立するに堪うのみ。樂成公、東のかた新羅を討つや、薦

105

めて將師と爲し、公に詔して持節鷄林道總管とす。軍、停まりて行かず、
　　沙州刺史を授けらる。未だ至らず）。
とある。これによれば、王方翼は安定県令ののち、瀚海都護府司馬となり、母
の喪に服して辞職している。また姜恪ともめ事があり、「朔州尚德府果毅」と
なった。そのさらに1年余後まで、王方翼は喪に服してやつれ、その状況につ
いて王本立が上書し、高宗は「御醫孟默」を王方翼のもとに派遣した。その後、
王方翼は「樂成公」の新羅討伐軍の一翼を担う形で「持節鷄林道總管」となる
が、結局討伐軍は派遣されなかった。「樂成公」は、『陳子昂集』巻之6「申州
司馬王府君墓誌」に「樂成公劉仁軌」とあるように、劉仁軌をさす。『旧唐
書』巻5高宗本紀下咸亨5年（674年）2月条に、
　　遣太子左庶子・同中書門下三品劉仁軌爲鷄林道大總管、以討新羅、仍令衛
　　尉卿李弼・右領大將軍李謹行副之（太子左庶子・同中書門下の三品の劉仁
　　軌を遣わして鷄林道大總管と爲し、以て新羅を討たしめ、仍りて衛尉卿李
　　弼・右領大將軍李謹行をして之に副たらしむ）。
とあるのによれば、劉仁軌は自ら「鷄林道大總管」となり、咸亨5年（674
年）に新羅討伐に向かっているが、あるいはこの直前のことか。その後、王方
翼は改めて「沙州刺史」を拝命するが、現地に任官することはなかった。

〔10〕「肅州」は、現在の甘粛省酒泉市付近（古今2005、1995頁）。郁賢皓氏に
よると、肅州刺史には、咸亨4年（673年）頃に韋待価が、儀鳳～調露年間に
王方翼が、垂拱3年（687年）に王本立が任官した（郁2000、488～490頁）。後
掲注でのべるように、王方翼は679年6月には別官に異動しているので、肅州
刺史の任官は儀鳳年間（676～679年）が主であったとすべきである（かろうじ
て調露元年（679年）の数日間も任官時期であった可能性もある）。本文によれ
ば王方翼は「五遷」、つまり5たびの遷任をへて肅州刺史を拝命しており、『新
唐書』巻111王方翼列伝は「再遷肅州刺史」に作る。いずれも意味が判然とし
ない。

〔11〕「壕塹」は、百衲本では「壕壍」に作る。「多樂水」は、清・陶保廉『辛

卯侍行記』巻5・29日卯条に、

> 討來河、即唐之多樂水也。訛稱今名（討來河は、即ち唐の多樂水なり。訛して今の名を稱す）。

によれば、清代の討来河にあたる。討来河は肅州（現在の酒泉市）南側を流れ、北上して肅州西側を通過し、さらに北側に向かい、ほかの河川と合流して額済納河を形成する（譚1987、28～29頁）。

本文には「時州城荒毀、又無壕塹、數爲寇賊所乘。方翼發卒濬築、引多樂水環城爲壕」とあるが、『新唐書』巻111王方翼列伝は、

> 州無隍塹、寇易以攻、方翼乃發卒建樓堞、廝多樂水自環、烽邏精明（州に隍塹無く、寇は以て攻め易く、方翼は乃ち卒を發して樓堞を建て、多樂水を廝きて自ら環らしめ、烽邏精明たり）。

に作り、とくに王方翼の業績として「烽邏精明」を付記する。また王方翼碑は、

> 改拜肅州。以爲「慢防、啓寇、非重閑也」。乃大築雉堞、嚴備櫓械。人知有恃、戎亦來威（改めて肅州に拜せらる。以爲えらく「防を慢とし、寇に啓き、重閑（閉）するに非ざるなり」と。乃ち大いに雉堞を築き、嚴しく櫓械を備う。人、恃む有るを知り、戎も亦た來たりて威る）。

に作る。三者の記録は三様で、『旧唐書』『新唐書』は王方翼碑のみを出典としていたわけではないとわかる。

〔12〕「水碾磑」は水力による石臼。唐代にはコムギの粉食が盛んで、コムギを製粉するために「碾磑」が多用された。「碾磑」を起動させるべく、少なからぬ農業用水が転用され、各地で小農民が水不足に悩まされた（西嶋1966、235～278頁）。『旧唐書』本文に加え、王方翼碑に、

> 儀鳳歲河西盡、蝗獨不入州境、鄰郡湊稔、提挈如雲、公傾私泉以資乏、引激水以立磑、舉火百至、日喃〈集作鋪〉千人、遂有芝草叢生、豐年屢降（儀鳳の歲、河西、盡くも、蝗は獨り州境に入らず、鄰郡、稔りに湊まり、提挈（引き連れてくること）すること雲の如く、公、私泉（錢）を傾けて以て乏に資し、激水を引きて以て磑を立て、火を舉ぐること百至、日に千人を鋪き、遂に芝草有りて叢生し、豐年屢々降る）。

とあり、『新唐書』巻111王方翼列伝に、
　　儀鳳間、河西蝗、獨不至方翼境、而它郡民或餓死、皆重繭走方翼治下。乃出私錢作水磑、簿其贏、以濟飢療、構舍數十百楹居之、全活甚衆、芝產其地（儀鳳の間、河西に蝗あり、獨り方翼の境に至らず、而して它の郡の民、或いは餓死し、皆な重繭（長旅で苦労すること）して方翼の治下に走る。乃ち私錢を出だして水磑を作り、其の贏を簿し、以て飢療を濟い、舍數十百楹を構えて之に居らしめ、全活するもの甚衆く、芝、其の地に産す）。
とあり、いずれも粛州刺史王方翼の活躍時期を儀鳳年間（676〜679年）とする。後掲注でのべるように、王方翼は679年6月（6月以前は儀鳳4年、6月以後は調露元年となる）に阿史那都支・李遮匐の討伐に向かっているので、粛州刺史王方翼の活躍は679年6月より前となる。

［13］「立碑」は、王方翼を顕彰する碑を立てる意。王方翼碑に、
　　人之詠德、刊石存焉（人の德を詠むものあり、刊石して、焉に存す）。
に作る。つまり粛州には王方翼の德を称える者がおり、そこに立碑をしたのである。ただし現物は残されていない（『文苑英華』所収の神道碑とは別物である）。

［14］吏部侍郎は、吏部の次官。吏部は隋唐五代において尚書省六部のトップであり、全国の文職官の人事考課を掌った。隋の煬帝の大業3年（607年）にはじめて設置され、定員は1名で、唐代に2名にされ、六部の侍郎のトップとされ、正四品上であった。高宗の龍朔2年（662年）に吏部は司列に改名され、咸亨元年（670年）に復旧されている。その後も吏部はたびたび更名され、そのつど吏部侍郎の名称も変更されている。

『旧唐書』本文をみると「會吏部侍郎裴行儉西討遮匐、奏方翼爲副、兼檢校安西都護」とあり、このとき裴行儉は吏部侍郎として西方の「遮匐」を討伐しようとし、王方翼を「副」とし、「檢校安西都護」を兼任させるよう上奏している。本文の前段は儀鳳1〜2年（676〜677年）、後段は永淳年間（682〜683年）の記事ゆえ、そのあいだにはさまれている本文は、儀鳳2年（677年）〜

開耀2年（682年2月以前）の記事と解される。実際に、裴行儉碑に、

> 儀鳳二年、十姓可汗匐延都支及李遮匐潛過襲戎、倣擾西域、朝廷憑怒、將行天討、公進議曰「……今波斯王亡、侍子在此。若命使册立、即路由二蕃、便宜取之、是成禽也」。高宗善其計、詔公以名册送波斯、兼安撫大使。……執都支於帳前。破竹一呼、鉗遮匐於麾下。……調露中、單于可汗伏念外叛（儀鳳二年、十姓可汗の匐延都支及び李遮匐、潛かに過ぎて戎を襲い、假めて西域を擾し、朝廷、怒りに憑りて、將に天を行りて討たんとし、公、進みて議して曰く「……今、波斯の王、亡び、侍子、此に在り。若し使に命じて册立し、路に即きて二蕃由り、便宜もて之を取らば、是れ禽を成すなり」と。高宗、其の計を善とし、公に詔して以て册して波斯に送るを名とし、安撫大使を兼ねしむ。……都支を帳前に執う。破竹一呼、遮匐を麾下に鉗す。……調露中、單于可汗、伏して外叛を念う）。

とあり、阿史那都支と李遮匐の反乱は儀鳳2年（677年）に激しくなり、まもなく裴行儉が西域討伐計画を立案し、調露年間（679〜680年）以前（調露年間を含む）に阿史那都支・遮匐を破り、その目的を達成している。

　裴行儉が西域討伐計画を立案した時期に関しては、前掲裴行儉碑等をみると、一見、儀鳳2年（677年）とも解せなくはない。『旧唐書』巻84裴行儉列伝（百衲本）にも、

> 儀鳳二年、十姓可汗阿史那匐延都支及李遮匐扇動蕃落、侵逼安西、連和吐番、議者欲發兵討之。行儉建議曰「吐蕃叛換、干戈未息、敬玄・審禮、失律喪元、安可更爲西方生事。今波斯王身沒、其子泥涅師師充質在京、望差使往波斯册立、即路由二蕃部落、便宜從事、必可有功」。高宗從之。因命行儉册送波斯王、仍爲安撫大食使（儀鳳二年、十姓可汗の阿史那匐延都支及び李遮匐、蕃落を扇動し、安西を侵逼し、和を吐番に連ね、議者、兵を發して之を討たんと欲す。行儉、建議して曰く「吐蕃、叛換し、干戈未だ息まず、（李）敬玄・（劉）審禮、律を失い元を喪い、安んぞ更めて西方の爲に事を生むべきや。今、波斯の王、身沒し、其の子泥涅師師、質に充たりて京に在り、使に差ばれ波斯に往きて册立せらるるを望めば、路に即きて二蕃の部落由りし、便宜もて事に從わば、必ずや功有るべし」と。高宗、

之に従う。因りて行儉に命じて冊もて波斯王を送り、仍りて安撫大食使と爲る）。

とあり、そもそも阿史那都支と李遮匐の反乱から裴行儉による立案まではひとくくりに「儀鳳二年」(677年) とされている。だが中華書局本校勘記に「「四」字各本原作「二」、據本書卷五高宗紀・通鑑卷二〇二改」とあるように、「儀鳳四年」に校勘すべきとの説もある。そこで最近注目されているのは、じつは反乱激化から立案まではタイムラグがあったとの見解である。すなわち前掲『旧唐書』裴行儉列伝によれば、裴行儉の西域討伐計画の背景はやや複雑で、王方翼碑にも、

裴吏部名立波斯、實取遮匐、偉公威厲、飛書薦請。詔公爲波斯軍副使兼安西都護・上柱國、以安西都護懷寶爲庭州刺史（裴吏部、名は波斯を立てんとするも、實は遮匐を取らんとし、偉公、威厲なれば、飛書もて薦め請う。公に詔して波斯軍副使兼安西都護・上柱國と爲し、安西都護懷寶を以て庭州刺史と爲す）。

とある。これらによれば、裴行儉はペルシア帝国再興を名目とし、実際には「遮匐」への攻撃をもくろみ、遠地から「飛書」によって王方翼を求め、王方翼は「波斯軍副使兼安西都護・上柱國」として討伐軍に参加した。立案時に裴行儉は、すでに李敬玄・劉審礼の派兵が失敗したことに言及し、ペルシア帝国再興の名目として、長安滞在中のペルシア皇子「泥涅師師」（ペーローズの子のナルセ。ペルシア語アラビア文字表記では Narsi）を西方に連れてゆくべきことを主張し、裁可されている。ここで注目すべきは、劉子凡氏の説である。劉氏は以下３点を挙げる。

① 『唐会要』卷100波斯国条に「儀鳳三年、令吏部侍郎裴行儉將兵、冊送卑路斯還波斯國（儀鳳三年、吏部侍郎裴行儉をして兵を將い、冊もて卑路斯を送りて波斯國に還さしめんとす）」とあり、裴行儉はもともと卑路斯（ペーローズ）とともに西方にゆく予定で、その派遣計画は儀鳳３年 (678年) に繋年されていること。

② 北宋・宋敏求（畢沅校正）『長安志』卷第10唐京城４・次南醴泉坊条に「街南之東、舊波斯胡寺（街南の東、舊と波斯胡寺あり）」、本注に

「儀鳳二年、波斯三（王の誤）卑路斯奏請於此置波斯寺（儀鳳二年、波斯王の卑路斯、此に波斯寺を置かんことを奏請す）」とあり、卑路斯（ペーローズ）は儀鳳2年（677年）時点でなお長安にいること。
③ 李敬玄・劉審礼の敗北は儀鳳3年（678年）9月であること（『旧唐書』巻5高宗本紀下）。

これより劉氏は、裴行倹の西域討伐計画の立案と派兵を儀鳳3年（678年）9月以後とする（劉2016、180〜181頁）。つまり、阿史那都支と李遮匐の反乱自体は儀鳳2年（677年）に起こっているのであるが、儀鳳3年（678年）9月に李敬玄・劉審礼の遠征が失敗に終わったので、改めて裴行倹が上記計画を立案したのである。しかも前掲『旧唐書』裴行倹列伝によれば、裴行倹はペルシア再興のためにナルセを連れて行くべきとし、それを実行しているのであり、本来の計画（ペーローズを連れてゆく）とはズレている。おそらくペーローズは678年9月前に亡くなっていた、もしくは西域に戻れる健康状態にはなかったと思われる。こう考えれば、現存史料のほとんどを整合的に理解できる。

これに関連して『資治通鑑』巻202唐紀18高宗調露元年（679年）6月条に、
行倹奏粛州刺史王方翼以為己副、仍令検校安西都護（（裴）行倹、粛州刺史王方翼を奏して以て己が副と為し、仍りて安西都護を検校せしむ）。
とあり、同7月条に、
行倹釋遮匐使者、使先往諭遮匐以都支已就擒、遮匐亦降（行倹、遮匐の使者を釋(ゆる)し、使は先ず往きて遮匐を諭すに都支の已に擒に就くを以てし、遮匐も亦た降る）。
とあり、王方翼の出陣は調露元年（679年）6月、阿史那都支・李遮匐の撃破は同年7月に繋年されている。これらを整合させると、どうやら儀鳳3年（678年）9月以降にまず裴行倹が出陣し、それからしばらくして裴行倹は「飛書」を長安へ送り、王方翼を「副」として求め、翌調露元年（679年）6月に王方翼が西域へ派遣されたと考えられる。また『新唐書』巻111王方翼列伝にも、
裴行倹討遮匐、奏爲副、兼檢校安西都護、徙故都護杜懷寶爲庭州刺史（裴行倹、遮匐を討ち、奏して副と為し、検校安西都護を兼ねしめ、故の都護の杜懷寶を徙して庭州刺史と為す）。

とあり、『旧唐書』とほぼ同文がみえ、このとき「都護杜懷寶」が庭州刺史に転任したことが付記されている。これは王方翼が檢校安西都護の仕事を引き継いだためであろう。以上の諸史料をふまえると、『旧唐書』・『新唐書』のいう「副」とは「波斯軍副使」のことで、また王方翼碑の「安西都護」は「檢校安西都護」の省略であろう。なお、『資治通鑑』巻202唐紀18調露元年（679年）条に、

> 初西突厥十姓可汗阿史那都支及其別帥李遮匐與吐蕃連和、侵逼安西、朝議欲發兵討之（初め西突厥の十姓可汗の阿史那都支及び其の別帥の李遮匐は、吐蕃と和を連ね、安西を侵逼し、朝議、兵を發して之を討たんと欲す）。

とあり、阿史那都支と李遮匐は吐蕃とも連合していたようである。西突厥と吐蕃の関係は佐藤長氏の研究にくわしい（佐藤1958、328～331頁）。

　裴行儉は高宗期の名将。『旧唐書』巻84裴行儉列伝や『新唐書』巻108裴行儉列伝があるほか、諸書に事績が残る（訳注を別途作成予定）。

　「遮匐」は李遮匐。『資治通鑑』巻201唐紀17高宗龍朔2年（662年）条に、

> 十姓無主、有阿史那都支及李遮匐、收其餘衆附於吐蕃（十姓に主無く、阿史那都支及び李遮匐有り、其の餘衆を收めて吐蕃に附す）。

とあり、662年以来、阿史那都支とともに西突厥の遺民を支配した。そして前述したように、679年に裴行儉・王方翼に降伏した。ちなみに、「大唐故右武衛大将軍贈兵部尚書謐曰李君墓誌銘幷序」（昭陵1993、112～113頁）に、

> 公、諱思摩、本姓阿史那氏、陰山人也。……祖達拔可汗……父咄陸設……。貞觀三年、匈奴盡滅。公因而入朝、主上嘉其洒（至）誠、賜姓李氏。……廿年、蒙授右武衛大將軍檢校屯營事。……以貞觀廿一年歳次丁未三月丁亥朔十六日壬寅、遘疾卒於居德里第、春秋六十有五。……其子左屯衛中郎將李遮匐……（公、諱は思摩、本との姓は阿史那氏、陰山の人なり。……祖は達拔可汗……父は咄陸設……。貞觀三年、匈奴盡く滅ぶ。公因りて入朝し、主上は其の洒（至）誠なるを嘉し、姓李氏を賜わる。……廿年、右武衛大將軍檢校屯營事を蒙り授けらる。……貞觀廿一年歳次丁未三月丁亥朔十六日壬寅を以て、疾に遘いて居德里第に卒し、春秋は六十有五。……其の子の左屯衛中郎將の李遮匐は……）。

とあり、これは李思摩という人物の墓誌で、その子として「李遮匐」の名前がみえる。鈴木宏節氏によれば、本石碑所見の李遮匐は阿史那氏で、その曾祖父は達抜可汗（他鉢可汗）、祖父は咄陸設、父は李思摩である。李思摩は603年頃に俱陸可汗となっている。李思摩は貞観3年（629年）に唐に入朝して李氏を賜わり、貞観20年（646年）に右武衛大将軍に昇り、貞観21年（647年）に「居徳里」（長安か）において65歳で亡くなっている。また「統毗伽可賀敦延陁墓誌」（昭陵1993、113～114頁）は李思摩の妻の墓誌で、

    夫人姓延陁、陰山人也。……故李思摩即其夫也。……春秋五十有六。貞觀廿一年八月十一日遘疾薨于夏州濡鹿輝之所、奉詔合葬于思摩之塋（夫人の姓は延陁、陰山の人なり。……故李思摩は即ち其の夫なり。……春秋五十有六。貞觀廿一年八月十一日、疾に遘いて夏州の濡鹿輝の所に薨じ、詔を奉りて思摩の塋に合葬せらる）。

とあり、妻も貞観21年（647年）、つまり夫の李思摩と同年に、夏州で亡くなっている。これより、李思摩は突厥遺民の統率に失敗したのちも、依然として夏州とつながりを有していたと推測される（鈴木2005、37～68頁）。李思摩碑文によれば、子の李遮匐は貞観21年（647年）時点で左屯衛中郎であり、長安に居住していた。ただし鈴木氏は李思摩墓誌所見の「李遮匐」を伝世文献所見の「李遮匐」と同一視することに慎重である（鈴木2005：37-68頁）。

[15]『旧唐書』本文に「又築碎葉鎭城、立四面十二門、皆屈曲作隱伏出沒之狀、五旬而畢。西域諸胡競來觀之。因獻方物」とあり、砕葉鎮城は4面12門を備え、門構えが屈曲しており、「五旬」（50日間）で完成した。そしてその威儀に惹かれ、「西域諸胡」が到来し、「方物」（各地特産品）を献上してきた。王方翼碑にはさらに、

    大城碎葉、街郭廻互、夷夏縱觀、莫究端倪。三十六蕃承風謁賀、泊于〈二字集作自泊汗〉海東、肅如也。無何、詔公爲庭州刺史、以波斯使領金山都護、前使杜懷寶更統安西、鎭守碎葉（大いに碎葉に城き、街郭は廻互し、夷夏は縱觀するも、端倪を究むる莫し。三十六蕃、風を承けて謁賀し、自ら汗を海東に泊し、肅如なり。何くも無く、公に詔して庭州刺史と爲し、

波斯使を以て金山都護を領せしめ、前使の杜懷寶は、更めて安西を統べ、
砕葉を鎮守す)。

とあり、砕葉鎮に「街郭」(民の居住する町並みを囲む郭)を備え、城壁の端
からもうひとつの端をみようとしても視界に入らぬほどの巨城であったこと、
その威儀に惹かれて「三十六蕃」が「謁賀」にやってきたこと、築城後(つま
り679年9月前後。後述)に王方翼は庭州刺史・波斯使・領金山都護に転任し、
代わりに前波斯使の杜懷宝が「統安西」の仕事を担い、砕葉鎮城に駐屯したこ
とがのべられている。『新唐書』巻111王方翼列伝にも、

方翼築砕葉城、面三門、紆還多、趣以詭出入、五旬畢。西域胡縱觀、莫測
其方略。悉獻珍貨。未幾、徙方翼庭州刺史、而懷寶自金山都護更鎮安西、
遂失蕃戎之和。永淳初……(方翼、砕葉城を築き、面ごとに三門あり、紆
がり還ること多く、趣くに以て出入を詭し、五旬もて畢る。西域の胡、縱
觀するも、其の方略を測る莫し。悉く珍貨を獻ず。未だ幾ばくならずして、
方翼を庭州刺史に徙し、而して懷寶は、金山都護より更めて安西に鎮し、
遂に蕃戎の和を失う。永淳の初め……)。

とある。アク・ベシム遺跡出土杜懷宝碑によれば、杜懷宝は「安西副都護……
砕葉鎮壓十姓使上柱國」であり、このとき杜懷宝は「統安西」のため、安西副
都護になっていたようである。後掲王方翼碑によれば、王方翼は築城後に城主
の位を杜懷宝にゆずったが、杜懷宝はうまく統治できなかったので、王方翼が
ふたたび城主となり、さらにそのあとに杜懷宝が城主となっているようである。
いずれにせよ築城後に杜懷宝のみが砕葉城にとどまり、王方翼は庭州に移動し
たかといえば、これには疑問が残る。なぜなら後述するように、こののち永淳
元年(682年)には車簿らが反乱を起こし、弓月城を包囲しているが、砕葉は
その西、庭州はその東に位置し、弓月城と砕葉城のあいだにイリ河と熱海があ
り、王方翼はこのとき弓月城を救うべくイリ河と熱海において戦っており、西
から出陣しているからである。よって彼は砕葉に駐屯しつづけたとみられる。
なお、『唐会要』巻73安西都護府条には、

調露元年九月、安西都護王方翼築砕葉城、四面十二門、作屈曲隱伏出沒之
狀。五旬而畢(調露元年九月、安西都護王方翼、砕葉城を築き、四面に十

二門あり、屈曲隱伏出沒の狀を作す。五旬にして畢る）。

とあり、「築碎葉城」は調露元年（679年）9月頃とされているが、それが築城開始の時期をさすのか、築城完成の時期をさすのかは判然としない。築城には「五旬」（50日間）を要したので、「調露元年九月」の理解次第で、碎葉鎭城の築城開始は679年7月〜9月、築城終了は同年9〜11月となる。碎葉鎭城の構造・築城背景、ならびにその遺跡の発掘状況に関しては柿沼（2019、43〜59頁）を参照されたい。

〔16〕本文には「永隆中、車簿反叛、圍弓月城」とあり、永隆年間（680〜681年）に車簿（もしくは「車薄」に作る）が反乱をおこし、弓月城を包囲したとある。しかし以下の諸史料によれば、車簿の反乱は「永隆中」でなく「永淳中」（正確には永淳元年、682年）の誤り（松田1970、351頁）。車簿とのイリ河畔での戦いは永淳元年（682年）4月ゆえ（後掲注参照）、車簿の反乱の起点は682年4月以前であり、『新唐書』巻3高宗本紀永淳元年（682年）2月条に、

是月、突厥車薄・咽麪寇邊（是の月、突厥の車薄・咽麪、邊に寇す）。

とあるのによれば、永淳元年（682年）2月である。車簿の乱の詳細については、『旧唐書』巻5高宗本紀下永淳元年（682年）4月条に、

辛未、以裴行儉爲金牙道行軍大總管、與將軍閻懷旦等三總管兵分道討十姓突厥阿史那車薄。行儉未行而卒。安西副都護王方翼破車薄・咽麪、西域平（辛未、裴行儉を以て金牙道行軍大總管と爲し、將軍の閻懷旦等三總管の兵と與に道を分かちて十姓突厥の阿史那車薄を討たんとす。行儉、未だ行かずして卒す。安西副都護の王方翼、車薄・咽麪を破り、西域、平らぐ）。

とあり、『新唐書』巻3高宗本紀永淳元年（682年）4月条に、

辛未、裴行儉爲金牙道行軍大總管、率三總管兵以伐突厥。安西副都護王方翼及車薄・咽麪戰于熱海、敗之（辛未、裴行儉は金牙道行軍大總管と爲り、三總管の兵を率いて以て突厥を伐たんとす。安西副都護の王方翼、車薄・咽麪と熱海に戰い、之を敗る）。

とあり、『新唐書』巻111王方翼列伝に、

永淳初、十姓阿史那車簿啜叛、圍弓月城（永淳の初め、十姓阿史那車簿啜、

叛し、弓月城を囲む)。

とあり、『資治通鑑』巻203唐紀19高宗永淳元年（682年）4月条に、

阿史那車薄圍弓月城。安西都護王方翼引軍救之（阿史那車薄、弓月城を囲む。安西都護の王方翼、軍を引きて之を救う）。

とあり、『冊府元亀』巻366将帥部機略第6に、

王方翼爲安西都護。時突厥車薄反叛、圍弓月城（王方翼、安西都護と爲る。時に突厥の車薄、反叛し、弓月城を囲む）。

とあり、『唐会要』巻94西突厥条に、

永淳元年四月、阿史那車簿圍弓月。安西都護王方翼救之（永淳元年四月、阿史那車簿、弓月を囲む。安西都護の王方翼、之を救う）。

とあり、『冊府元亀』巻986外臣部征討第5に、

永淳元年四月、以裴行儉爲金牙道行軍大總管、與將軍閻懷旦等三總管兵分道討十姓突厥阿史那車薄〈行儉未行而卒〉、安西副都護王方翼破車薄・咽麪、西域平（永淳元年四月、裴行儉を以て金牙道行軍大總管と爲し、將軍閻懷旦等三總管の兵と與に道を分かちて十姓突厥阿史那車薄を討たんとし〈行儉、未だ行かずして卒し〉、安西副都護の王方翼、車薄・咽麪を破り、西域、平らぐ）。

とある。これらによれば、唐側では永淳元年（682年）4月に裴行儉の上言に従い、裴行儉を「金牙道行軍大總管」とし、「將軍閻懷旦等」とともに「十姓突厥阿史那車薄」の討伐を図った。しかし裴行儉が亡くなったため、代わりに王方翼が軍を率いて車薄らと戦うことになった。裴行儉の死については、裴行儉碑に、

永淳元年、詔公爲金牙道大總管、未行遘疾、四月二十八日、薨於京師延壽里、春秋六十有四（永淳元年、公に詔して金牙道大總管と爲すも、未だ行かずして疾に遘い、四月二十八日、京師の延壽里に薨じ、春秋は六十有四）。

とあり、裴行儉は「金牙道大總管」として出陣する直前、永淳元年（682年）4月末に京師において64歳で亡くなっている。おそらく裴行儉は4月初頭に上言して遠征準備にとりかかったが、急遽病に倒れ、すぐに王方翼が代わりに出陣して、またたくまに車簿を破ったのであろう。

このときの王方翼について、前掲『旧唐書』高宗本紀・『新唐書』高宗本紀・『冊府元亀』巻986外臣部征討第5は「安西副都護」、前掲『資治通鑑』・『冊府元亀』巻366将帥部機略第6・『唐会要』は「安西都護」に作る。だが前掲注でのべたように、永淳元年（682年）に王方翼はすでに庭州刺史・波斯使・領金山都護であったとの史料もある。王方翼碑にも、

> 詔公爲庭州刺史、以波斯使領金山都護、前使杜懷寶更統安西、鎮守碎葉。朝廷始以鎮不寧蕃、故授公代寶、又以未〈集作求〉不失鎮、復命寶代公。夫然有以見諸蕃之心揺矣。於是車薄啜首唱寇兵（公に詔して庭州刺史と爲し、波斯使を以て金山都護を領し、前使の杜懷寶は更めて安西を統べ、碎葉に鎮守す。朝廷は始め、鎮の蕃を寧んぜざるを以て、故に公に授けて寶に代え、又た未だ鎮を失わざるを以て、復た寶に命じて公に代わらしむ。夫れ然るに以て諸蕃の心の揺るるを見ること有るなり。是に於いて車薄啜、首唱して寇兵す）。

とあり、王方翼の庭州刺史任官は車薄らの反乱より前とされている。このように王方翼の任官史料に相異がある背景には、王方翼碑にみられるとおり、わずか二年程度のあいだに王方翼の任官がコロコロと変わったことがあり、これによって混乱が生じているのであろう。

　車薄は突厥阿史那氏の者で、ちょうどこのときは「十姓僞可汗車薄」（『旧唐書』巻84裴行儉列伝）、「十姓突厥阿史那車薄」（『旧唐書』巻5高宗本紀永淳元年4月条）、「十姓突厥阿史那車薄」（『冊府元亀』巻986外臣部征討第5）等のごとく、「十姓可汗」であった。一方、前掲王方翼碑に「於是車薄啜首唱寇兵」、前掲『新唐書』巻111王方翼列伝に「永淳初、十姓阿史那車簿啜叛、圍弓月城」とあり、車薄は「啜」であったとする史料もある。では、「十姓可汗」「啜」「車薄」三者の関係はどうなっていたのか。内藤みどり氏によれば、西突厥における「啜 čur」は「五咄陸部の首長」をさす。一方、西突厥では沙鉢羅咥利失可汗が「十姓部落」制を実施し、それは「十箭 on oq」（咄陸部・弩失畢部の合計10部の総称）をさす。西突厥が滅亡すると、その名称は一時消える。やがて阿史那都支が咄陸部と西突厥遺民をまとめなおし、「十姓可汗 on oq qaγan」を自称した。唐側も阿史那車薄の反乱頃から「十姓突厥」の名称を使用

しはじめ、しばらくしてから西突厥遺民を「十姓」と略称するに至る。車簿は「十姓僞可汗」ともよばれるが、それは阿史那都支が同時期に「十姓突厥」を率い、唐・都支双方からみて車簿が「僞可汗」とされたことをしめす。以上のように車簿は、建前上は「十姓突厥」を率いる阿史那都支の配下として「啜 čur」に任官され、一方で「十姓可汗」を自称したとみられる（内藤1988、51～77頁）。

「弓月城」に関して松田壽男氏はこうのべる。当時、都支の牙庭が砕葉付近にあったのに対して、車簿の牙庭は「金牙」にあり、それは「金牙山」・「今牙」・「車嶺」ともよばれた。その場は「Kangli」とよばれ、車を意味する。ゆえに「金牙」・「今牙」は音訳、車嶺は意訳である。それはボルタラ（双河）からイリ河流域の中心地グルジャへと向かう道沿いにあり、Borokhoro 山脈の一部である（松田1970、324～356頁）。内藤みどり氏は松田説をふまえ、「弓月城」を現在の伊寧市付近（Kuldja）に比定している（内藤1988、70～71頁、付録西突厥史参考略地図）。ただし、そもそも「金」・「今」の中古音は「Kang-li」とは相似しない。

〔17〕『新唐書』巻111王方翼列伝に、
　　方翼引軍、戰伊麗河、敗之、斬首千級（方翼、軍を引き、伊麗河に戰い、之を敗り、斬首すること千級）。
とあり、『唐会要』巻94西突厥条永淳元年（682年）4月条に、
　　安西都護王方翼救之（安西都護の王方翼、之を救う）。
とあり、『資治通鑑』巻203唐紀19高宗永淳元年（682年）4月条に、
　　安西都護王方翼引軍救之、破虜衆於伊麗水、斬首千餘級（安西都護の王方翼、軍を引きて之を救い、虜衆を伊麗水に破り、斬首すること千餘級）。
とあり、『冊府元亀』巻366将帥部機略第6に、
　　王方翼爲安西都護。時突厥車薄反叛、圍弓月城。方翼引軍救之、至伊麗河、而賊衆來拒、縱擊大破之、斬首千餘級（王方翼、安西都護と爲る。時に突厥の車薄、反叛し、弓月城を圍む。方翼、軍を引きて之を救わんとし、伊麗河に至り、而して賊衆、來たり拒むも、縱擊して大いに之を破り、斬首

すること千餘級）。

とある。「引兵」は、中華書局本に「引兵」、百衲本に「引軍」に作るが、前掲『新唐書』巻111王方翼列伝、『資治通鑑』巻203高宗永淳元年（682年）4月条、『冊府元亀』巻366将帥部機略第6はみな「引軍」に作るので、「引軍」に校訂すべきであろう（本訳注では中華書局本を底本とし、「引兵」と「引軍」では意味に大差も生じないので、とりあえず「引兵」のままとしておく）。伊麗河は現在のイリ河。以上を要するに、王方翼は永淳元年（682年）4月に車簿（車薄）をイリ河付近で破り、「斬首千餘級」の戦功を挙げたことになる。

〔18〕本文に関連して、『新唐書』巻111王方翼列伝に、
　　俄而三姓咽麪兵十萬踵至（俄にして三姓咽麪の兵十萬、踵ぎて至る）。
とあり、『資治通鑑』巻203唐紀19高宗永淳元年（682年）4月条に、
　　俄而三姓咽麪與車薄合兵拒方翼（俄而にして三姓咽麪、車薄と兵を合して方翼を拒む）。
とあり、『唐会要』巻94西突厥条永淳元年（682年）4月条に、
　　三姓咽麪與車簿合兵拒方翼（三姓咽麪、車簿と兵を合して方翼を拒む）。
とあり、『冊府元亀』巻366将帥部機略第6に、
　　俄而三姓咽麪悉發衆、與車薄合勢以拒方翼（俄而にして三姓咽麪、悉く衆を發し、車薄と勢を合して以て方翼を拒む）。
とあり、『冊府元亀』巻986外臣部征討第5に、
　　安西副都護王方翼破車薄・咽麪、西域平（安西副都護の王方翼、車薄・咽麪を破り、西域、平らぐ）。
とある。これらによれば、三姓咽麪が車簿（車薄）の反乱軍に合流し、王方翼軍と対峙した。内藤みどり氏によれば、車簿は弓月付近の牙庭から出陣して弓月城を囲み、さらに砕葉方面へ進撃しようとし、「伊麗河」（イリ河）を挟んで王方翼軍と対峙した。つまり車簿はたんに王方翼軍を防ごうとしただけではない。だからこそ『旧唐書』本文には「至伊麗河、賊前來拒」とあり、賊（車簿）が「前來拒」したとある（内藤1988、71頁）。むしろ私見によれば、このとき王方翼は砕葉城から出陣して東進し、イリ河で戦い、結局は弓月城を救う

ことなく後退し、つぎに熱海で迎撃をしていることから、王方翼は苦戦を強いられていたのではないか。

　咽麺について松田壽男氏は、『隋書』巻84北狄鉄勒列伝の

　　得嶷海東西、有蘇路羯三索咽蔑促隆忽等諸姓八千餘（得嶷海の東西に、蘇路羯三索咽蔑促隆忽等諸姓八千餘有り）。

の「咽蔑」をさすとし、「得嶷海」（バルハシ湖）付近にいた鉄勒の１種とする。さらに『冊府元亀』巻964外臣部封冊篇に、

　　咸亨元年四月、以西突厥首領阿史那都之爲左驍衛大將軍兼匐延都督、以安輯五咄六及咽麺之衆（咸亨元年四月、西突厥の首領の阿史那都之を以て左驍衛大將軍兼匐延都督と爲し、以て五咄六及び咽麺の衆を安輯せしむ）。

とあることから、「咽麺」は唐代にもおり、「匐延都督」の管轄下におかれ、『新唐書』巻43地理志下羈縻州隴右部突厥北庭都護府条に、

　　匐延都督府。以處木昆部置（匐延都督府。處木昆部を以て置す）。

とあり、「匐延都督」は「處木昆部」（バルハシ湖東方のチョチェク地方）にあるとされていることから、「咽麺」はバルハシ湖東岸にいたとする（松田1970、326頁）。なお、高宗乾陵前の蕃臣石像のひとつに「右金吾衞大將軍兼泃本都督五姓吶麺葉護昆職」とあり（『長安志図』中巻）、内藤みどり氏はそれを「右金吾衞大將軍兼泃本（もしくは本泃）都督三姓咽麺葉護昆職」と校訂している（内藤1988、282～284頁）。「咽麺」関係者の石像として注目される。

〔19〕本文は、王方翼が熱海の戦いで矢傷を負いながらも勇敢に戦った様子を描く。類似の文が『新唐書』巻111王方翼列伝に、

　　方翼次熱海、進戰、矢著臂、引佩刀斷去、左右莫知（方翼、熱海に次り、進みて戰い、矢、臂に著けば、佩刀を引きて斷ち去り、左右、知るもの莫し）。

とあり、『資治通鑑』巻203唐紀19高宗永淳元年（682年）４月条に、

　　方翼與戰於熱海、流矢貫方翼臂、方翼以佩刀截之、左右不知（方翼、與に熱海に戰い、流矢、方翼の臂を貫き、方翼、佩刀を以て之を截ち、左右、知らず）。

とあり、『唐会要』巻94西突厥条永淳元年4月条に、

> 三姓咽麵與車簿合兵拒方翼、戰于熱海（三姓咽麵、車簿と兵を合して方翼を拒み、熱海に戰う）。

とあり、『冊府元亀』巻366将帥部機略第6に、

> 方翼屯兵熱海、與賊連戰、流矢貫臂、徐以佩刀截之、左右莫有覺者（方翼、兵を熱海に屯し、賊と連戰し、流矢、臂を貫くも、徐ろに佩刀を以て之を截てば、左右、覺する者有る莫し）。

などとみえる。王方翼碑にはさらに詳細に戦況が描かれており、

> 陷咽麵〈唐書同一作麴、非〉於熱海、剿叛徒三千於麾下、走烏鵲十萬於城（集作域）外。……熱海之役、流矢貫臂、陳血染袖、事等殷輪、帝顧而問之、視瘡歔欷曰「爲國致身、乃吾親也」（咽麵を熱海に陷れ、叛徒三千を麾下に剿ぼし、烏鵲十萬を城外に走らす。……熱海の役のとき、流矢、臂を貫き、血を陳ねて袖を染め、事等殷輪（柿沼補—意味不明）、帝、顧みて之を問い、瘡を視て歔欷（すすり泣くこと）して曰く「國の爲に身を致すは、乃ち吾が親なり」と）。

とある。熱海はイシク・クル湖。

[20] 本文は、王方翼軍の「蕃兵」が寝返り、王方翼を捕らえようとしたこと、それを知った王方翼が逆に彼らを招聘し、厚く恩賞を施したことをしめす。
『新唐書』巻111王方翼列伝に、

> 所部雜虜謀執方翼爲内應、方翼悉召會軍中厚賜（部する所の雜虜、方翼を執えて内應を爲さんと謀るも、方翼、悉く會に召して軍中に厚く賜う）。

とあり、『資治通鑑』巻203唐紀19高宗永淳元年（682年）4月条に、

> 所將胡兵謀執方翼以應車薄、方翼知之、悉召會議、陽出軍資賜之（將いる所の胡兵、方翼を執えて以て車薄に應ぜんと謀り、方翼、之を知り、悉く會議に召し、陽りて軍資を出だして之に賜う）。

とあり、『冊府元亀』巻366将帥部機略第6に、

> 既而所將蕃兵謀執方翼以應賊、方翼密知之、悉召會議、併出軍資以賜之（既にして將いる所の蕃兵、方翼を執えて以て賊に應ぜんと謀り、方翼、

密かに之を知り、悉く會議に召し、併せて軍資を出だして以て之に賜う）。
とあり、「蕃兵」は「雜虜」「胡兵」とも換言されており、ソグド人等の兵士を
さす。なお王方翼碑に本故事はしるされておらず、何らかの別の典拠があった
とみられる。

〔21〕本文は、王方翼が裏切り者を誘い込み、大風の助けを借り、7000余人を
誅殺したことをしめす。類似の文は『新唐書』巻111王方翼列伝に、
　　以次出壁外、縛之。會大風、雜金鼓、而號譟無聞者、殺七千人（次（順
　　番）を以て壁外に出ださしめ、之を縛る。會々大いに風あり、金鼓を雜え、
　　而して號譟するも、聞ゆる者無く、七千人を殺す）。
とあり、『資治通鑑』巻203唐紀19高宗永淳元年（682年）4月条に、
　　以次引出斬之、會大風、方翼振金鼓以亂其聲、誅七十餘人、其徒莫之覺
　　（次を以て引きて出だして之を斬り、會々大いに風あり、方翼は金鼓を振
　　るいて以て其の聲を亂し、七十餘人を誅し、其の徒、之を覺ゆるもの莫し）。
とあり、『冊府元龜』巻366将帥部機略第6に、
　　續引出斬之。會大風、又振金鼓以亂其聲、遂誅七千餘人（續けて引きて出
　　だして之を斬る。會々大いに風ふき、又た金鼓を振るいて以て其の聲を亂
　　し、遂に七千餘人を誅す）。
とある。『資治通鑑』のみ「誅七千餘人」を「誅七十餘人」に作るが、誤文で
あろう。これらによれば、王方翼は裏切り者をだまして会議にあつめ、会議後
に少しずつ会場から退出することを認め、会場の外で奇襲をかけて殺していっ
た。そのさいに大いに風が吹き、さらには鐘を鳴らしたため、奇襲された側が
どれほど声を上げようとも、会場内に残る人びとの耳にその断末魔の叫び声が
届くことはなかった。

〔22〕本文は、王方翼が複数の道から咽麪らを奇襲し、「首領突騎施等三百人」
を殺害し、西域を平定したことをしめす。他にも『新唐書』巻111王方翼列伝
に、
　　即遣騎分道襲咽麪等、皆驚潰、烏鶻引兵遁去、禽首領突騎施等三百人、西

戎震服。初、方翼次葛水、暴漲、師不可度、沈祭以禱、師渉而濟。又七月次葉河、無舟、而冰一昔合。時以爲祥。西域平（即ち騎を遣わして道を分かちて咽麪等を襲い、皆な驚き潰え、烏鶻、兵を引きて遁れ去り、首領の突騎施等三百人を禽え、西戎は震服す。初め、方翼、葛水に次り、暴漲して、師、度るべからず、沈め祭りて以て禱れば、師、渉濟る。又た七月、葉河に次り、舟無く、而して冰、一ら昔わり合す。時に以て祥と爲す。西域、平らぐ）。

とあり、『資治通鑑』巻203唐紀19高宗永淳元年（682年）条に、

既而分遣裨將襲車薄・咽麪、大破之、擒其酋長三百人、西突厥遂平。閭懐旦竟不行（既にして裨將を分遣して車薄・咽麪を襲い、大いに之を破り、其の酋長三百人を擒え、西突厥、遂に平らぐ。閭懐旦、竟に行かず）。

とあり、『唐会要』巻94西突厥条永淳元年4月条に、

三姓咽麪與車簿合兵拒方翼、戰于熱海。分遣裨將襲破之。擒其酋長三百人。西突厥遂平（三姓咽麪は車簿と兵を合して方翼を拒み、熱海に戦う。裨將を分遣して之を襲破す。其の酋長三百人を擒う。西突厥、遂に平らぐ）。

とあり、『冊府元亀』巻366将帥部機略第6に、

分遣裨將襲車薄・咽麪等、賊既無備、因是大潰、擒首領三百人。西域遂定（裨將を分遣して車薄・咽麪等を襲い、賊、既にして備え無く、是れに因りて大いに潰え、首領三百人を擒う。西域、遂に定まる）。

とあり、王方翼碑に、

於是車薄啜首唱寇兵、群蕃響應、蝟毛而豎。公在磧西、獻捷無虚歳、蹙車薄於弓月、陷咽麪（唐書同一作麫、非）於熱海、剿叛徒三千於麾下、走烏鶻十萬於城（集作域）外。皆以少覆衆、以誠動天。葛水暴長、祭撤而三軍渉渡。葉河無舟、兵叩而七月氷合。由是士卒益勇、戎狄益懼（是に於いて車薄啜、寇兵を首唱し、群蕃、響應し、蝟毛（数が多い意）にして豎つ。公、磧西に在り、捷（戦利品の意）を獻ずること虚歳無く、車薄を弓月に蹙り、咽麪を熱海に陷れ、叛徒三千を麾下に剿し、烏鶻十萬を城外に走らす。皆な少を以て衆を覆し、誠を以て天を動かす。葛水暴長し、祭撤して三軍渉渡す。葉河に舟無く、兵叩きて七月に氷合す。是に由りて士卒益々

勇にして、戎狄益々懼る)。

とある。これらをふまえると、王方翼はもともと「葛水」のほとりに駐屯しており、当時は増水中で渡河しえなかった。そこで王方翼は祭祀を行ない、渡河を敢行した。さらに永淳元年(682年)7月に「葉河」に到達し、船がなかったが、氷が張っており、氷上を歩いて渡河できた。かくて車簿・咽麪らを奇襲し、「首領突騎施等三百人」を捕らえ、「叛徒三千」を「剿」し、「烏鶻引兵遁去」もしくは「走烏鶻十萬於城(集作域)外」となった。「葛水」や「葉水」の位置は判然としないが、前後の流れを考えるならば、砕葉―イリ河間のどこかであろう。

「烏鶻」は、『新唐書』巻37地理志1関内道華州華陰郡条「土貢、鶻・烏鶻・伏苓……」では鳥類の1種、『新唐書』巻221西域列伝下護密条には、

　　十六年、與米首領米忽汗同獻方物。明年、大酋烏鶻達干復朝((貞觀)十
　　六年、米首領米忽汗と同に方物を獻ず。明年、大酋の烏鶻達干、復た朝す)。

とあり、人名もしくは族名としてみえるが、少なくとも前掲『新唐書』巻111王方翼列伝「烏鶻引兵遁去」の「烏鶻」は、鳥類ではありえない。むしろ王方翼碑に「烏鶻十萬」とあるので、「烏鶻」は人名もしくは族名である。「烏鶻」について内藤みどり氏はこうのべる。『新唐書』巻217回鶻列伝上に、

　　袁紇者、亦曰烏護、曰烏紇、至隋曰韋紇(袁紇は、亦た烏護と曰い、烏紇
　　と曰い、隋に至りて韋紇と曰う)。

とあり、そのなかの「烏紇」は「烏鶻」と同音であり、よって「烏鶻」は袁紇(鉄勒の1種)である。また敦煌出土漢文文書「西州図経残巻」(P.2009)に、

　　烏骨道。右道出高昌縣北烏骨山、向庭州四百里。足水草、峻嶮石龕、唯通
　　人徑、馬行多損(烏骨道。右道は高昌縣の北の烏骨山より出で、庭州に向
　　うこと四百里。足に水草あり、峻嶮にして石は龕(そ)たりて、唯だ人を
　　通す徑あるのみにして、馬行くも多く損す)。

とあり、高昌県―庭州間に烏骨山の道があり、それは高昌県北川のボクド・オラ連山(Bogd ola)を貫く小道をさす。つまり「烏鶻」はもともと高昌県北側にいたはずである。だが王方翼と戦ったときには、彼らは「十萬」とも称されるほど巨大化しており、それほどの大勢力が唐の高昌県(西州)付近にとどま

ることを唐が黙認していたとは考えにくい。よって「烏鵯」は当時すでにべつの場所に拠点を移していたと考えられる（内藤1988、284〜286頁）。

〔23〕本文は王方翼が戦功によって夏州都督になったことをしめす。『新唐書』巻111王方翼列伝に同文がみえ、『資治通鑑』巻203唐紀19高宗永淳元年（682年）条にも、

　　方翼尋遷夏州都督（方翼、尋いで夏州都督に遷る）。

とある。王方翼碑にも、

　　璽書下問、皇靈遠爍、遷夏州都督（璽書もて下問し、皇靈、遠く爍（ひか）り、夏州都督に遷る）。

とある。夏州は現在の陝西省大理河以北の紅柳河流域と内モンゴル自治区杭錦旗・烏審旗付近（古今2005、2409頁）。

〔24〕本文は、王方翼が夏州統治時に牛の病気が流行したこと、王方翼がそのために耕牛を必要としない耕作法を編み出し、「百姓」がそれを頼りにしたことをしめす。『新唐書』巻111王方翼列伝に、

　　屬牛疫、民廢田作、方翼爲耦耕法、張機鍵、力省而見功多、百姓順頼（屬々（たまたま）牛疫あり、民、田作を廢し、方翼、耦耕法を爲り、機鍵を張り、力省きて功の多きを見、百姓、順い頼る）。

に作り、ほぼ同内容がみえる。王方翼碑に本故事はみえない。

〔25〕王方翼碑に、

　　徵詣奉天宮（徵せられて奉天宮に詣る）。

とあり、『新唐書』巻111王方翼列伝に、

　　明年、召方翼議西域事、引見奉天宮、賜食帝前（明年、方翼を召して西域の事を議せんとし、奉天宮に引見し、食を帝の前に賜わる）。

とあり、『資治通鑑』巻203唐紀19高宗永淳元年（682年）条に、

　　徵入、議邊事（徵せられ入りて、邊事を議す）。

に作る。前掲注でのべたように、王方翼は同年7月に「葉河」まで遠征してい

るので、奉天宮に赴いたのは同年後半であろう。奉天宮は、『旧唐書』巻5高宗本紀永淳元年（682年）条に、
> 秋七月己亥、造奉天宮於嵩山之陽、仍置嵩陽縣（秋七月己亥、奉天宮を嵩山の陽に造り、仍りて嵩陽縣を置く）。

とあるのによれば、永淳元年（682年）7月に洛陽の嵩山の南側に建てられた宮殿。高宗は新築の本宮殿に王方翼を招いたことになる。

〔26〕本文は、王方翼が血糊の付いた衣服を着たまま、高宗の面前で熱海の戦いについて語り、高宗がその傷跡をみて王方翼を「吾親也」と称賛し、厚く賞賜したこと、その後すぐに「綏州白鐵余」が反乱し、王方翼が程務挺と討伐に向かったことをしめす。王方翼碑に、
> 熱海之役、流矢貫臂、陳血染袖、事等殷輪、帝顧而問之、視瘡欷歔曰「爲國致身、乃吾親也」。妖賊白鐵余據城平以反、奉詔與程務挺討擒之（熱海の役のとき、流矢、臂を貫き、血を陳ねて袖を染め、事等殷いに輪り、帝、顧みて之を問い、瘡を視て欷歔して曰く「國の爲に身を致すは、乃ち吾が親なり」と。妖賊の白鐵余、城平に據りて以て反し、詔を奉りて程務挺と討ちて之を擒う）。

とあり、『新唐書』巻111王方翼列伝に、
> 帝見衣有汗濯處、問其故、具對熱海苦戰狀。視其創、帝咨嗟久之、賜賚良厚。俄而妖賊白鐵余以綏州反、詔方翼與程務挺討之。飛膽擊賊、火其柵（帝、衣の汗濯の處有るを見、其の故を問えば、具さに熱海の苦戰の狀を對う。其の創を視、帝、咨嗟すること之を久しうし、賚を賜うこと良厚なり。俄而にして妖賊の白鐵余、綏州を以て反し、方翼に詔して程務挺と之を討たしむ。飛膽もて賊を擊ち、其の柵を火く）。

とあり、『資治通鑑』巻203唐紀19高宗永淳元年（682年）4月条に、
> 上見方翼衣有血漬、問之、方翼具對熱海苦戰之狀、上視瘡歎息。竟以廢后近屬、不得用而歸（上、方翼の衣に血漬有るを見て、之を問えば、方翼、具さに熱海の苦戰の狀を對え、上、瘡を視て歎息す。竟に廢后の近屬なるを以て、用うるを得ずして歸る）。

とあり、どの史料も若干の相異がある。とくに前掲『資治通鑑』によれば、高宗は王方翼を激賞して高位に起用しようとしたが、王方翼が王庶人の親戚ゆえ（つまり則天武后の政敵ゆえ）、結局中央政府において起用することはしなかったとある。

綏州は、現在の陝西省綏徳県・呉堡県・清澗県・子洲県・子長県付近（古今2005、2585頁）。『旧唐書』巻38地理志1関内道綏州下条に、

> 貞觀二年、平梁師都、罷都督府、移州治上縣。天寶元年、改爲上郡。乾元元年、復爲綏州（貞觀二年、梁師都を平らげ、都督府を罷め、州治を上縣に移す。天寶元年、改めて上郡と爲す。乾元元年、復た綏州と爲す）。

とあり、貞観2年（628年）に上県に治す。高宗期の綏州刺史としては王大礼・韋玄福・李明がおり、王大礼は乾封年間（668～669年）の任官とおぼしいが、韋玄福や李明の任官時期は不明である（郁2000、325～326頁）。ともかく永淳2年（683年）頃の綏州刺史は未詳。

白鉄余については本文以外に、『旧唐書』巻5高宗李治本紀下永淳2年（683年）条に、

> 夏四月己巳、還東都。甲申、綏州部落稽白鐵余據城平縣反、命將軍程務挺將兵討之（夏四月己巳、東都に還る。甲申、綏州の部落の稽の白鐵余、城平縣に據りて反し、將軍程務挺をして兵を將いて之を討たしむ）。

とあり、『旧唐書』巻83程務挺列伝に、

> 永淳二年、綏州城平縣人白鐵余率部落稽之黨據縣城反、僞稱尊號、署百官、又進寇綏德、殺掠人吏、焚燒村落、詔務挺與夏州都督王方翼討之。務挺進攻其城、拔之、生擒白鐵余、盡平其餘黨。又以功拜左驍衛大將軍・檢校左羽林軍（永淳二年、綏州の城平縣の人、白鐵余、部落の稽の黨を率いて縣城に據りて反し、僞りて尊號を稱し、百官を署し、又た進みて綏德に寇し、人吏を殺掠し、村落を焚燒すれば、務挺と夏州都督王方翼に詔して之を討たしむ。務挺、進みて其の城を攻め、之を拔き、生かせしままに白鐵余を擒え、盡く其の餘黨を平らぐ。又た功を以て左驍衛大將軍・檢校左羽林軍を拜す）。

とあり、『新唐書』巻3高宗本紀弘道元年（683年）条に、

四月己未……甲申、綏州部落稽白鐵余寇邊、右武衞將軍程務挺敗之（四月己未……甲申、綏州部落の稽の白鐵余、邊に寇し、右武衞將軍務挺、之を敗る）。

とあり、『新唐書』巻111程務挺列伝に、

　綏州部落稽白鐵余據城平叛、建僞號、署置百官、進攻綏德・大斌、殺官吏、火區舍。詔務挺與夏州都督王方翼討之、務挺生禽白鐵余。進左驍衞大將軍・檢校左羽林軍（綏州部落の稽の白鐵余、城平に據りて叛き、僞號を建て、署して百官を置き、進みて綏德・大斌を攻め、官吏を殺し、區舍を火く。務挺と夏州都督王方翼に詔して之を討たしめ、務挺は生かせしままに白鐵余を禽う。左驍衞大將軍・檢校左羽林軍に進む）。

とあり、『資治通鑑』巻203唐紀19弘道元年（683年）条に、

　綏州步落稽白鐵余、埋銅佛於地中、久之、草生其上、紿其郷人曰「吾於此數見佛光」。擇日集衆掘地、果得之、因曰「得見聖佛者、百疾皆愈」。遠近赴之。鐵余以雜色囊盛之數十重、得厚施、乃去一囊。數年間、歸信者衆、遂謀作亂。據城平縣、自稱光明聖皇帝、置百官、進攻綏德・大斌二縣。殺官吏、焚民居。遣右武衞將軍程務挺與夏州都督王方翼討之。甲申、攻拔其城、擒鐵余、餘黨悉平（綏州の步落の稽の白鐵余、銅佛を地中に埋め、之を久うして、草、其の上に生じ、其の郷人を紿きて曰く「吾れ此に數々佛光を見る」と。日を擇びて衆を集めて地を掘らしめ、果たして之を得、因りて曰く「聖佛を見るを得る者は、百疾皆な愈えん」と。遠近、之に赴く。鐵余、雜色の囊を以て之を盛ること數十重、厚施を得ば、乃ち一囊を去る。數年間、歸信する者衆く、遂に亂を作すを謀る。城平縣に據り、自ら光明聖皇帝を稱し、百官を置き、進みて綏德・大斌二縣を攻む。官吏を殺し、民居を焚く。右武衞將軍程務挺と夏州都督王方翼を遣わして之を討つ。甲申、攻めて其の城を抜き、鐵余を擒え、餘黨は悉く平らぐ）。

とある。これらによれば、白鉄余は綏州城平県の部落の者で、永淳2年4月（＝弘道元年4月甲申。683年）に反乱を起こし、城平県を占領し、周囲の村落を焼き払い、帝号を自称して百官を設置し、綏德県・大斌県をも攻撃した。前掲『新唐書』に「稽白鐵余」に作り、前掲『資治通鑑』に「步落稽白鐵余」に

作り、『通鑑』胡三省注は「歩落稽、稽胡也」とし、彼らを異種族とする。『通鑑』をみると、これは宗教色の強い反乱でもあり、王方翼碑で白鉄余が「妖賊」とされるのも納得がゆく。程務挺は右武衛将軍としてこの反乱を鎮圧し、左驍衛大将軍・検校左羽林軍に昇進している。なお『朝野僉載』巻3（唐宋史料筆記本）に、

　　白鐵余者、延州稽胡也。左道惑衆。先於深山中埋一金銅像於栢樹之下、經數年、草生其上。給郷人曰「吾昨夜山下過、毎見佛光」。大設齋、卜吉日以出聖佛。及期、集數百人、命於非所藏處歔、不得。乃勸曰「諸公不至誠布施、佛不可見」。由是男女爭布施者百餘萬。更於埋處歔之、得金銅像。郷人以爲聖、遠近傳之、莫不欲見。乃宣言曰「見聖佛者、百病即愈」。左側數百里、老小士女皆就之。乃以緋紫紅黄綾爲袋數十重盛像、人聚觀者、去一重一廻布施、收千端乃見像。如此矯僞一二年、郷人歸伏、遂作亂。自號光王、署置官職、殺長吏、數年爲患。命將軍程務挺斬之（白鐵余は、延州の稽胡なり。左道もて衆を惑わす。先ず深山中に於いて一金銅像を栢樹の下に埋め、數年を經て、草、其の上に生ず。郷人を給きて曰く「吾れ昨夜、山より下りて過ぐるや、毎に佛光を見る」と。大いに齋を設け、吉日を卜して以て聖佛を出だす。期に及び、數百人を集め、藏する所の處に非ざるをして歔らしめ、得ず。乃ち勸めて曰く「諸公、誠もて布施するに至らずんば、佛、見るべからず」と。是に由りて男女、爭いて布施する者、百餘萬なり。更めて埋處するところに於いて之を歔らしめ、金銅像を得。郷人、以て聖と爲し、遠近、之を傳え、見るを欲せざる莫し。乃ち宣言して曰く「聖佛を見る者は、百病即ち愈えん」と。側の數百里を左して、老小士女は皆な之に就く。乃ち緋紫紅黄の綾を以て袋數十重を爲りて像を盛り、人聚の觀る者は、一重を去るごとに一廻布施し、千端を收めて乃ち像を見る。此の如くして矯僞すること一、二年、郷人歸伏し、遂に亂を作す。自ら光王と號し、署して官職を置き、長吏を殺し、數年、患を爲す。將軍程務挺をして之を斬らしむ）。

とあるが、『資治通鑑』巻203唐紀19弘道元年条に関する『資治通鑑考異』巻第10唐紀1は、

『僉載』云「延州稽胡」、又云「自號月光王」、又云「儀鳳中務挺斬平之」、蓋誤也。今從『實錄』(『僉載』に「延州稽胡」と云い、又た「自號月光王」と云い、又た「儀鳳中務挺斬平之」と云うは、蓋し誤りなり。今、『實錄』に從う)。

とする。その是非はともかく、白鉄余の故事は『実録』にも記録されていたとわかる。

〔27〕本文は、王方翼が白鉄余の乱を鎮圧し、太原郡公に封ぜられたことをしめす。王方翼碑に、

善公有發石壞城之計・反風焚柵之感、封太原郡公(公に發石壞城の計・反風焚柵の感有るを善みし、太原郡公に封ず)。

とあり、『新唐書』巻111王方翼列伝に、

平之、封太原郡公(之を平らげ、太原郡公に封ぜらる)。

に作る。『旧唐書』本文は「封太原郡公」の直後に「則天臨朝……」と続くが、『新唐書』ではそのあいだにさらに、

阿史那元珍入寇、被詔進撃。時庫無完鎧、方翼斲六板、畫虎文、鈎聯解合。賊馬忽見、奔駭、遂敗、獲大將二、因降桑乾・舍利二部(阿史那元珍、入寇し、詔を被りて進撃す。時に庫に完鎧無く、方翼、六板を斲ち、虎文を畫き、鈎聯して解き合わす。賊馬、忽ち見るや、奔り駭き、遂に敗れ、大將二を獲え、因りて桑乾・舍利二部を降す)。

の文が入る。王方翼碑も「封太原郡公」の後に、

元珍寇邉、受命討撃。公以無甲、乃發思造六片木排、袴關劍解、合畫爲虎文。北至關先(集作開光)、與虜合戰、若驅猛獸・蒙皋比、莫之敵也。胡馬奔駭、獲其二嗖、桑乾・舍利兩部來降(元珍、邉に寇すれば、命を受けて討撃す。公は甲無きを以て、乃ち思いを發して六片の木排を造り、袴もて關し、劍もて解き、畫を合して虎文と爲す。北のかた開光に至り、虜と合戰し、猛獸を驅け、皋比(虎の皮)を蒙るが若く、之が敵莫きなり。胡馬、奔り駭き、其の二嗖を獲え、桑乾・舍利の兩部、來りて降る)。

と続く。『旧唐書』巻6則天武后紀嗣聖元年(684年)秋7月条に、

突厥骨咄祿・元珍寇朔州、命左威衛大將軍程務挺拒之（突厥の骨咄祿・元珍、朔州に寇し、左威衛大將軍の程務挺をして之を拒ましむ）。

とあること、後掲注にみえるとおり、王方翼は程務挺の同僚だったとされていることから推せば、王方翼の活躍は嗣聖元年（684年）ではないか。

〔28〕「陰欲」は、百衲本では「陰駁欲」に作る。『新唐書』巻111王方翼列伝に、

武后時、王后屬無在者、方翼自視功多、冀不坐。而后内欲因罪除之、未得也。及務挺被殺、即幷坐方翼、追入朝、捕送獄、流崖州、卒于道、年六十三。神龍初、復官爵。方翼善書、與魏叔琬齊名（武后の時、王后の屬に在る者無く、方翼は自ら功の多きを視て、坐せざるを冀う。而るに后、内に罪に因りて之を除かんと欲し、未だ得ざるなり。務挺の殺さるるに及び、即ち幷せて方翼を坐せしめ、追いて入朝せしめ、捕えて獄に送り、崖州に流され、道に卒し、年は六十三。神龍の初め、官爵を復せらる。方翼、書を善くし、魏叔琬と名を齊うす）。

に作る。王方翼碑に、

嗣聖之際、天后臨朝、有凶人誣奏「公廢后從兄、常懷怏怏」。司刑御史侮文矯制、不名等法、遷於崖州。路至衡山、寢疾捐館、春秋六十三。垂拱三年閏正月二十九日、葬於咸陽原（嗣聖の際、天后、臨朝し、凶人有りて誣奏す、「公は廢后の從兄にして、常に怏怏（恨みの意）たるを懷く」と。司刑御史は侮文して制を矯め、名もて法を等うせず、崖州に遷せらる。路、衡山に至るや、寢疾して館を捐て、春秋は六十三。垂拱三年閏正月二十九日、咸陽の原に葬らる）。

に作る。「庶人近屬」は、『資治通鑑』巻第203唐紀19光宅元年（684年）12月条に、

太后以夏州都督王方翼與務挺連職、素相親善、且廢后近屬、徵下獄、流崖州而死（太后は夏州都督の王方翼と務挺の職を連ね、素より相い親善たり、且つ廢后の近屬なるを以て、徵して獄に下し、崖州に流されて死す）。

と換言されているように、王庶人（王廢后）の親族である意。崖州は南朝梁が設置し、隋が廃止し、唐が復活させた州で、現在の海南省付近（古今2005、

2683頁)。『旧唐書』巻6則天武后紀嗣聖元年 (684年) 12月条に、
　　殺左威衛大將軍程務挺 (左威衛大將軍の程務挺を殺す)。
とあり、程務挺が誅殺されたのは684年12月ゆえ、王方翼の左遷はそのあとと
なる。

〔29〕「祕書」は、百衲本では「秘書」に作る。『新唐書』巻111王方翼列伝には
王方翼の子に関する記載はない。王珣の詳細な事績は不明。王珣は、宋・陳思
『宝刻叢編』巻8陝西永興軍路二京兆府中咸陽県条に、
　　唐祕書監王珣墓誌。唐韓休撰。馬極書。開元十六年。『京兆金石祿』(唐の
　　祕書監の王珣の墓誌。唐の韓休、撰す。馬極、書す。開元十六年。『京兆
　　金石祿』にあり)。
とあり、佚名『宝刻類編』巻3馬極条に、
　　祕書監王珣墓誌。韓休撰。開元十六年。『京兆』(秘書監の王珣の墓誌。韓
　　休、撰す。開元十六年。『京兆 (金石録)』にあり)。
とあり、どうやら開元16年 (728年) に長安で亡くなったようである。王瑨は、
『大正新脩大蔵経』第55巻目録部所収の唐・釈圓照『貞元新定釈教目録』巻14
や『大正新脩大蔵経』第55巻目録部所収の唐・釈智昇『開元釈教録』巻9に
「祁縣男王瑨」とあり、出身地・人物名ともに同じゆえ同一人物とおぼしく、
そうすると彼は仏教に帰依していたことになる。また『大正新脩大蔵経』第49
巻史伝部1所収の『釈氏稽古略』巻第3宝積経条に、
　　睿宗景雲元年、帝復於北苑白蓮花亭別開寶積會首。帝亦親躬筆受。王瑨・
　　賀知章等潤色 (睿宗の景雲元年に、帝は復た北苑白蓮花亭に於いて別に寶
　　積會を開き、首めに帝も亦た親ら躬ら筆受し、王瑨・賀知章等、潤色す)。
とあり、景雲元年 (710年) に仏教行事に関わっていたことがうかがえる。王
珣・王瑨はすぐれた人物であったらしく、明・陳士元『名疑』巻3に、
　　稱三王者、唐王璵・王珣・王瑨 (三王と稱する者は、唐の王璵・王珣・王
　　瑨なり)。
とあり、王璵 (『新唐書』巻109王璵列伝参照) とともに後世、「三王」と称せ
られた。

5 日本語訳

　王方翼は、并州の祁県の出身である。高宗李治（在位649～683年）の王庶人（かつての王皇后）のまたいとこである。祖父の王裕は、武徳年間（618～626年）のはじめに、隋州刺史となった。王裕の妻は、高祖李淵の妹の同安大長公主である。太宗李世民（在位626～649年）のとき、公主が親族であって、年長者であるとの理由から、李世民は同安大長公主をとくに敬い、しばしばその邸宅に行幸し、同安大長公主への賞賜額は万単位におよんだ。王方翼の父の王仁表は、貞観年間（627～649年）に岐州刺史となった。

　王仁表が亡くなると、妻の李氏は同安大長公主によって排斥され、そこで李氏は鳳泉県に移住した。そのとき王方翼はまだ幼く、そこで雇われ者と力をあわせて仕事にはげみ、投げだすようなことはせず、数年のうちに数十頃の田畑を開墾し、屋敷をととのえて飾りたて、竹や木を列にして植え、とうとう裕福となった。

　公主が亡くなると、王方翼は長安へともどった。友人の趙持満が、罪を犯して誅殺され、その遺体が長安城の西にさらされたが、かれの親戚のなかには、あえて遺体をかたづけようとする者はなかった。王方翼はこう嘆いた。「欒布（らんぷ）が彭越（ほうえつ）のために哭泣したのは、大義である。周の文王が朽ち果てた骨をおおったのは、仁の極みである。友の義を絶ち、主の仁をおおいかくして、いったいどうやって君主にお仕えすればよいのか」と。そこで趙持満の遺体をおさめ、礼儀をもって葬送した。高宗李治はこれを聞いてほめたたえ、かくして王方翼はその名を知られるようになった。

　永徽年間（650～656年）に、さらに安定県令に任命され、大姓の皇甫氏を誅殺した。盗賊はしずまり、善政を行なっているといわれた。5度にわたる遷任をへて粛州刺史に異動させられた。そのとき州城は荒れ果て、また塹壕はなく、しばしば盗賊に侵入されていた。王方翼は兵卒を動員して塹壕を浚渫（しゅんせつ）し、多楽水（たらくすい）の水を引いてきて、州城の周囲をめぐらせて堀とした。また私財をなげうって水力による碾磑（てんがい）（石臼）をつくり、それによる利益にたいして課税をし、それによって飢民を養い、屋敷のそばに仮宿舎を十余列ほど設置して、そこに飢

民を住まわせた。ちょうどそのとき飛蝗が生じて凶作となり、諸々の州の貧民は路上で死んだが、粛州では生活をまっとうした者がたいへん多く、粛州の民はそのために碑を立てて王方翼を顕彰した。

たまたま吏部侍郎の裴行倹が、西のかた李遮匐を討伐しようとし、上奏をして王方翼を副将とし、検校安西都護を兼任させた。また砕葉鎮に城を築いた。その四方面には12門を設置し、それらはみな折れ曲がっており、兵士が城門を出入するさまを隠せるようなかたちになっており、50日間で完成した。西域の諸々の胡人は競って、砕葉鎮城に到来して城のようすをみて、そこで献上品を奉った。

永淳年間（正確には永淳元年、682年）には、車簿が反乱を起こし、弓月城を包囲した。王方翼は兵卒を率いて弓月城を救おうとし、伊麗河（イリ河）にまで到達した。反乱軍が前進して王方翼軍を拒んだので、王方翼は反乱軍をはげしく攻撃し、大いに打ち破り、千余級を斬首した。

にわかに三姓咽麪がことごとく10万人を発して、車簿の勢力と合流して王方翼をはばんだ。王方翼は兵を熱海（イシク・クル）に駐屯させ、賊（三姓咽麪・車簿ら）と連戦し、流れ矢が王方翼の腕をつらぬいたが、王方翼はおもむろに佩刀でそれを断ち切ったので、まわりに気づいた者はいなかった。まもなく王方翼が率いていた蕃兵が二心をいだき、王方翼を捕らえて賊（三姓咽麪・車簿ら）に呼応しようと計画したが、王方翼はひそかにそのことを知り、蕃兵らをみな会議に召集し、いつわって軍資金を出して賜与しようとした。かれらがゾロゾロと退こうとしたところで、王方翼はただちに彼らを斬らせた。たまたま大いに風が吹き、またドラと太鼓を鳴らして彼らのかけ声を乱し、とうとう7000余人を誅殺した。そこで裨将を派遣して、べつべつの道から咽麪らを討たせた。賊はまったく備えをしておらず、そのために大いに壊滅し、王方翼は首領の突騎施ら300人を捕らえ、西域はとうとう平定された。

その功績によって、王方翼は夏州都督となった。ちょうどそのときに牛の病気が流行し、そのために牛耕による農業ができず、そこで王方翼は人力によって田畑を耕作するやり方を編み出し、カギ（テコの原理か）を用いて人に農具を押させ、人びとはこのやり方を頼りとした。

永淳2年（683年）に、高宗李治は詔を下して王方翼を召喚し、西域の事情について議論しようとし、奉天宮において王方翼と謁見し、彼に食事を与え、ともに語った。王方翼の衣服にはかつての血のりの痕跡があり、高宗李治がその事情をたずねたところ、王方翼はつぶさに熱海（イシク・クル）で苦戦した状況について答えた。高宗李治は王方翼に左肩を出させ、その傷跡をみて、嘆じて「わが親族である」といった。賞賜はたいへんに厚かった。まもなく綏州の白鉄余が、続けざまに挙兵して反乱を起こしたので、王方翼に詔を下し、程務挺を副将として、白鉄余を討伐させた。賊が平定されると、王方翼は太原郡公に封ぜられた。

　則天武后が臨朝するようになると、王方翼が王庶人の親戚であることから、則天武后は王方翼を排除しようとした。程務挺が誅殺されると、王方翼は程務挺の同僚であって、平素親しかったことから、都に出頭させられ、獄に下され、とうとう崖州に流刑となり、亡くなった。

　王方翼の子の王珣・王珣・王瑨はみな有名であり、王珣と王瑨は開元年間（713～741年）にいずれも中書舎人となり、王珣は秘書監にのぼった。

6　結　論

　以上、本稿では『旧唐書』巻185良吏王方翼列伝に訳注をつけ、その過程でできるだけ細部にわたって史料批判をおこない、王方翼の全事績の解明を試みた。伝世文献だけでなく、碑文なども参照し、結果的に『旧唐書』王方翼列伝には少なからぬ修正点や、補足すべき点があること、ほかの諸史料にも数々の問題点があることを指摘した。以上をふまえ、私見にもとづく王方翼の全生涯を復元すると、【付表】のようになる。これを以て、本稿の結論に代えたい。

参考文献

柿沼2019	柿沼陽平「唐代砕葉鎮史新探」（『帝京大学文化財研究所研究報告』第19集、2019年、43～59頁）
胡2016	胡戟『珍稀墓誌百品』（陝西師範大学出版社、2016年）
古今2005	中華人民共和国民政部・復旦大学主編『中国古今地名大詞典』（世紀出版集団、2005年）
佐藤1958	佐藤長『古代チベット史研究』上巻（京都大学学術出版会、1958年）

昭陵1993　　陝西省古籍整理辨公室編『昭陵碑石』（三秦出版社、1993年）
鈴木2005　　鈴木宏節「突厥阿史那思摩系譜考──突厥第一可汗国の可汗系譜と唐代オルドスの突厥集団──」（『東洋学報』第87巻第1号、2005年、37～68頁）
譚1987　　　譚其驤『中国歴史地図集』第8冊（中国地図出版社、1987年）
内藤1988　　内藤みどり『西突厥史の研究』（早稲田大学出版部、1988年）
西嶋1966　　西嶋定生『中国経済史研究』（東京大学出版会、1966年）
松田1970　　松田壽男『古代天山の歴史地理学的研究（増補版）』（早稲田大学出版部、1970年）
郁2000　　　郁賢晧『唐刺史考全編』（安徽大学出版社、2000年）
劉2016　　　劉子凡『瀚海天山──唐代伊、西、庭三州軍政体制研究──』（中西書局、2016年）
徐・王1992　 労格・趙鉞（徐敏霞・王桂珍点校）『唐尚書省郎官石柱題名考』（中華書局、1992年）

［付記］旧稿を収録するにあたり、猪俣貴幸（立命館大学経済学部授業担当講師）より多岐にわたって御教示を賜わった。細部にわたる的確な教示に深甚に謝する。

付表　王方翼関連年表

元号	年	月	関連事項
保定4年	564		同安公主生まれる。
天和1年	566		王裕生まれる。
大象2年	580	5	北周宣帝崩御。楊堅が顧命の臣として台頭。このころ楊堅は自勢力拡大のために太原王氏に接近。王裕を新衛に抜擢。
開皇1年	581	2	楊堅が北周静帝の禪讓を受けて隋建国。
開皇7年	587	9	隋が後梁を平定。
開皇9年	589	1	隋が陳を滅ぼして南北統一。
仁壽4年	604	4	煬帝即位。
大業9年	613		王裕は始平県令となる。このころ王裕の父王秉は隋の侍中・使持節襄州総管・襄州刺史・上柱国・太原公となる。
義寧1年	617	7	李淵が太原留守となり、挙兵。このころ李淵は妹（同安公主）を王裕にめあわせる。
武徳1年	618	5	李淵が即位。このころ王裕が隨州刺史になる。また王裕の子の王仁表が李氏をめとる。
武徳7年	624		王方翼（字は仲翔）が并州祁県で生まれる（父は王仁表、母は李氏）。
武徳8年	625	5	王裕（開府儀同三司）死去（享年59）。
武徳9年	626	6	玄武門の変。
武徳9年	626	8	李世民即位。李承乾が立太子される。
貞観1年	627		同安公主は大長公主の称号を受ける。李世民は同安公主邸に行幸。
貞観1年～8年	627～634		王仁表は李承乾の諫議役、のち岐州刺史になる。王仁表（慎公・特進）死去。王方翼は嘆き悲しみ、京師で「孝童」と称される。このころ王仁祐は羅山県令となる。貞観5年（631年）に李治が晋王となり、やがて同安公主の推薦で王氏（并州祁県出身。父は王仁祐）が晋王妃となる。王仁祐は、王裕の父の兄弟（王思政）の子。つまり王仁祐と王妃はいとこ。
貞観8年～23年	634～649		母李氏は祖母同安公主と反目し、鳳泉県（634年廃止）に移住。王方翼は母李氏と苦労を重ね、田畑を開墾する。やがて王方翼は長安に戻り（母は旧鳳泉県に残る）、太宗に武芸を買われ、右千牛になる。
貞観23年	649	2	李世民崩御。高宗李治が即位。
永徽1年	650	1	王氏が皇后に冊立される（～655年10月）。このころ同安公主死去（享年86）。
永徽1年～7年	650-656		王方翼は安定県令となり、安定皇甫氏を粛清する。
永徽6	655	10	王皇后が廃位され、王庶人に貶される。武氏が皇后となる。
顕慶2年	657		許敬宗（武后派）が長孫無忌派を攻撃。韓援が左遷される。
顕慶4年	659	4～5	長孫無忌左遷、韓援処刑。5月、趙持満（長孫無忌の従兄弟長孫操の子長孫詮の甥）処刑。遺体は長安城外西にさらされる。王方翼は遺体を回収。金吾衛関係者が起訴するが、高宗は無罪とする。
顕慶1～咸亨4年	656～673		瀚海都護府司馬となる。母李氏が死去すると、喪に服して職を辞す。朔州尚徳府果毅となる。1年余後、王方翼は服喪で憔悴。王本立が高宗李治に言上。高宗は王方翼を長安に召喚し、御典医孟恵に診察させる。のち王方翼は沙州刺史を拝命するが、現地に赴任せず。
咸亨4年	673		王方翼が肅州刺史となる（～679年6月）。肅州城の塹壕を浚渫し、多楽水を引いて堀とし、周囲の烽燧を整備。水碾磑を準備し農民に使用させ、利益分に課税し、貧民救済費に当てた。肅州民は王方翼のために立碑。
咸亨5年	674		楽成公劉仁軌が新羅討伐計画。王方翼を持節鶏林道総管に推すが、派兵中止。
儀鳳2年	677		阿史那都支と李遮匐（阿史那氏）が反乱。吐蕃と結託。ペーローズが長安醴泉坊に波斯寺建設を奏請（ペーローズはまもなく死去）。
儀鳳3年	678	9	李敬玄・劉仁礼が西域遠征失敗。このころ裴行倹がペルシア帝国再興を名目とし、ペルシア皇子ナルセと西進し、じつは阿史那都支と李遮匐を奇襲する計画を立案。裴行倹ら出陣。
調露1年	679	6	裴行倹は遠征先から長安に飛書を送り、王方翼を波斯軍副使・検校安西都護とするよう奏請。
調露1年	679	7	裴行倹・王方翼は、阿史那都支を捕らえ、李遮匐は降伏。
調露1年	679	9	王方翼は砕葉に築城（第2シャフリスタン）。約50日後完成。
調露1年	679	10～12	王方翼は庭州刺史・波斯使・領金山都護になる。このころ杜懐宝が安西副都護となる。王方翼と杜懐宝が交替々々に砕葉城主の任を担う。裴行倹は長安に戻る。
永淳1年	682	2	阿史那車簿（阿史那都支の甥。自称十姓可汗）反乱。弓月城を囲む。
永淳1年	682	4～6	裴行倹は、自ら金牙道行軍大総管となり、将軍閻懐旦とともに車簿を討伐する計画を立案。だが4月末に裴行倹は長安で死去。代わりに王方翼が出陣。王方翼はイリ河左岸に布陣。弓月城攻撃中の車簿らは西進しイリ河に到達。王方翼は車簿を破り、1000余人を斬首。

137

永淳1年	682	7	三姓咽麪（バルハシ湖東岸が拠点）10万人が車簿に合流し、砕葉方面へ進軍。王方翼は熱海（イシク・クル）付近に駐屯。激戦となり、王方翼は臂を負傷。王方翼は葛水流域に駐屯。王方翼軍内で蕃兵（胡兵）が寝返るが、王方翼は事前に察知して彼らを奇襲し7000余人誅殺。増水中の葛水や氷結中の葉河を渡って三姓咽麪らを急襲し、突騎施首領300人を殺し、反乱軍3000人を屠り、烏鶻（鉄勒の一種）10万人を撃退。
永淳1年	682	8〜12	王方翼は夏州都督となる。牛の病気が流行したため、人力で耕作する技術を考案。王方翼は長安の奉天宮に召喚され、高宗李治に拝謁。熱海の苦戦について説明。高宗は「吾親也」と称賛するが、王方翼は王庶人の親戚（則天武后の政敵）ゆえ中央政府で起用されず。
永淳2年	683	4	綏州で白鉄余が反乱。白鉄余（綏州城平県部落出身の稽胡）は城平県を占領し、周囲の村落を焼き払い、帝号を自称し、百官を設置し、綏徳県・大斌県を攻撃。王方翼が撃破し、右武衛将軍程務挺が白鉄余捕縛。程務挺は左驍衛大将軍・検校左羽林軍、王方翼は太原郡公となる。
弘道1年	683	12	高宗李治崩御。太子李顕即位（中宗）。則天武后が皇太后として臨朝。
文明1年	684	2	中宗退位。李旦即位（睿宗）。
文明1年	684	7	阿史那元珍が侵攻。程務挺・王方翼が迎撃。当時官庫に鎧が不足していたので、王方翼は木板を身につけ、虎の紋様を描き、相手を威嚇。元珍らは退却。
光宅1年	684	12	程務挺が誅殺される。
垂拱3年	687	閏1	王方翼は誣告され、崖州に左遷される。衡山付近で死去。
載初1年	690	7	則天武后が大周建国。
開元16年	728	10	王方翼碑完成。子の王珣碑も完成。

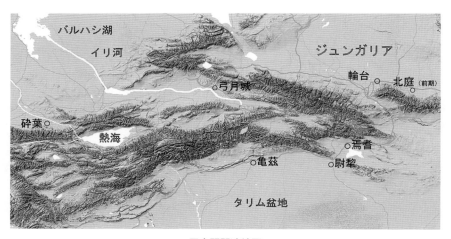

王方翼関連地図

タラス河畔の戦いと砕葉
―― 唐の出兵目的をめぐって ――

帝京大学文学部史学科　齊藤茂雄

はじめに

　751年に発生したタラス河畔の戦いは、西方から中央アジアへと進出していたイスラーム勢力のアッバース朝と、東方から中央アジアへと進出していた中国の唐朝とが衝突した戦闘として良く知られている。Barthold [1928, pp. 195-196] は、中国とイスラーム勢力とどちらの勢力がマーワラーアンナフルを影響下に置くかを決定した戦いであり、唐は敗北により中央アジアから後退したと指摘して、その重要性を強調する。同様に、東西勢力の中央アジアにおける趨勢を決定付け、唐が撤退する原因となったとする研究として、Gibb [1923, p. 96] や護 [1976, pp. 154-159] などがある。近年でも Karev [2015, pp. 62-78] がこの観点から両者の戦いを再考しており（特に pp. 77-78）、根強く継承されている。畢波 [2007, p. 24] もタラス河畔の戦いで唐とイスラーム勢力の対立が表面化した、と評している。

　一方で、前嶋 [1982a, p. 104] は、唐とイスラーム勢力との勢力圏がたまたま接触していたために戦闘が起こったにすぎないとその偶発性を指摘している。森安 [2015 (1984), pp. 182-183] もまた、唐軍はタラス河畔の戦いの2年後にバルチスタン（大勃律）まで遠征を行うなど士気は高く、西域の権益を失ってもいないことから、両者の戦いが中央アジアの天王山と呼べるような重要なものではなかったと指摘する。近年では、李方 [2006, p. 59] がタラス河畔の戦いの偶発性を認めつつ、東西両勢力の拡大の中、衝突は必然であったと指摘しており、前嶋の視点を継承しつつも、東西両勢力の衝突に注目している。

図1　タラス河畔の戦い前後の中央アジア略図

　このように、タラス河畔の戦いは、著名であるにもかかわらずその評価は定まっていない。この戦いが中央アジア史の命運を分けた重要な戦いであったのか、それとも単なる偶発的な衝突であったのか、その答えを出すためには当事者である両軍の出兵の経緯を分析して、その出兵の目的を解明していくしかないだろう。とはいえ、戦闘そのものに関する伝世史料は中国史料でもイスラーム史料でも驚くほど少ないため、従来知られている史料だけで新たな歴史事実を解明することは難しい[1]。そこで本稿では、タラス河畔の戦いに関する漢語新出史料を用いて、唐側の出兵目的を再検討してみたい。その作業を通じて、タラス河畔の戦いが持つ歴史的背景を明らかにすることが、最終的な目標となる。

1　タラス河畔の戦いと中央アジア史の展開

1-1　東西両勢力の展開

　タラス河畔の戦いにおける東方の主役である唐は、630年代から大規模な西方拡大を開始した。630（貞観四）年に伊吾オアシスに侵攻したのを皮切りに

639（貞観十三）年にはトゥルファンオアシス、648（貞観二十二）年に亀茲オアシスを制圧して安西都護府を置くことに成功する。そして、同時に亀茲・疏勒・于闐・砕葉／焉耆に安西四鎮を設置して支配の拠点とした[2]。砕葉鎮城は、キルギス共和国のアク・ベシム遺跡がこれにあたり、現在でも唐が建設した城郭跡が現存している。トルコ系遊牧勢力の突騎施 Türgiš が台頭したことによって、砕葉は717（開元五）年に完全に唐の支配を離れ、安西四鎮には代わりに焉耆が入ることとなった[3]。

一方、西方の主役であるイスラーム勢力（大食）[4]の本格的な中央アジア進出は、クタイバ・イブン・ムスリムが704年にホラーサーンの総督となったことから始まる。クタイバは706年以降ソグディアナにも遠征を行い、712年にサマルカンドを征服するなど支配地域を広げていった。イスラーム勢力は、729・734年にはソグディアナやその周辺で大規模な反乱が起きて一時的に退却を余儀なくされつつも、739年には再び石国（チャーチ、現タシュケント）まで進攻している。そして、タラス河畔の戦い前夜であるウマイヤ朝末期の時点では、サマルカンドからシル河以南のウストルシャナとの間で支配地域が揺れ動いていたようである[5]。

1－2　突騎施の展開

もうひとつ、直接タラス河畔の戦いに参加したわけではないが、重要な存在だったのが上述した突騎施で、突騎施は、突厥の西半部である西突厥の一部族であった。西突厥は6世紀後半から、周辺のオアシス都市との共生関係を足がかりに勢力を拡大したが、7世紀半ば以降、唐や、チベット高原の吐蕃がタリム盆地方面に進出してくると衰退していき、西突厥を構成する10部族（十姓・十箭・オン＝オク On Oq）が阿史那氏の正統王家から自立していく［内藤1988, 第2章］。

突騎施はこの10部族のひとつであったが、東突厥（突厥第二可汗国）の侵攻に対抗できなかった西突厥可汗の阿史那斛瑟羅に代わって、690年代から烏質勒のもとで強勢化し、708年には娑葛が可汗として即位することで突騎施王国が成立した［内藤1988, p. 351］。しかし、娑葛がさらなる東突厥の侵攻を防ぎ

きれなかったため、傍系である黒姓突騎施の首長であった蘇禄が台頭する。蘇禄は、娑葛が東突厥に殺害された後に突騎施を糾合し、715（開元三）年頃には可汗を自称したとされる［内藤1988, p. 18, n. 28］。これ以降、正統の黄姓突騎施と、傍系の黒姓突騎施が対立し合うこととなった。

　蘇禄は、砕葉北方の山中を中心地としつつ中央アジアに進出することを企図して、同じく中央アジア支配の確立を目指すイスラーム勢力と対立し、720年代には複数回中央アジア遠征を行っている［前嶋1982a, pp. 76-79］。この突騎施によるイスラーム勢力進出の阻止には、派兵の手間が省ける唐も支持に回り、727（開元十五）年には正式に唐が対イスラーム勢力戦を委任している［『冊府元亀』巻九九九「外臣部 請求」（明版, p. 11723；宋版, pp. 4040-4041）; cf. 前嶋1982a, p. 76］。また、唐は719（開元七）年に蘇禄を忠順可汗に冊立したほか［『冊府元亀』巻九六四「外臣部 封冊二」（明版, p.11343）］、722（開元十）年には西突厥王族である阿史那懐道の娘を交河公主として出嫁しており［石川2013, pp. 32-33］、蘇禄との関係構築に努めている。さらに、蘇禄は東突厥・吐蕃とも婚姻を結んでおり［『旧唐書』巻一九四下「西突厥伝」（p. 5192）］、中央アジアで地位を確立したのである。

　ところが、晩年の蘇禄は配下からの信頼を失っていたという［『旧唐書』巻194下「西突厥伝」（p. 5192）］、738年に黄姓突騎施の莫賀達干(バガ=タルカン)によって殺害された［前嶋1982a, pp. 82-83］。すると、突騎施は黄姓・黒姓両者ともに可汗を立て、対立が深まることとなった。これ以降、突騎施は衰退にいたるとされている。そのような折に、唐によるタラス遠征が行われたのであった。

1-3　タラス河畔の戦い

　タラス河畔の戦いにつながる751年の高仙芝の遠征は、前年の石国遠征と一連のものだった。

　【史料1】『旧唐書』巻一〇九「李嗣業伝」[p. 3298]
　　（天宝）十載（751）、さらに石国を平定するのに従い、九姓ソグド人と（唐に）背いた突騎施を破るに及んで、（李嗣業に）跳盪功によって特進を加え、本官と兼ねさせた。当初、高仙芝が石国王をだまして友好関係を結

ぼうと約束したが、その後、兵を派遣して攻撃し石国を破り、その老人弱者を殺害し、その強壮な者を捕虜として、金宝・緑色の珠玉・駱駝や馬などを鹵獲したので、石国の人々は号泣した。そして（高仙芝は）石国王を捕らえ、東方に連れ去って彼を宮中に献上した[6]。

この事件は751年のものとされているが、実際に石国王を献上したのが、『資治通鑑』[巻二一六「玄宗天宝十載（751）正月条」（p. 6904）]に、「安西節度使の高仙芝が入朝して、捕らえた突騎施可汗・吐蕃酋長・石国王・掲師（チトラル[7]）王を献上した（安西節度使高仙芝入朝、獻所擒突騎施可汗・吐蕃酋長・石國王・掲師王）」とあるように751年正月のことなので、遠征を行ったのは当然750（天宝九）年中である。

さらに、この事件については天宝十載二月十二日の日付を持つ「張無價告身」[73TAM506：05/1 ;『吐文』4, pp. 392-394] 5行目に、「安西四鎮が石国を平定し、ソグド人と（唐に）背いた突騎施といった賊を破るに及んで（四鎮平石国、及破九國胡并背叛突騎施等賊）」とあるのが、「李嗣業伝」の冒頭とほとんど同文で同じ遠征のことを指していると考えられる。「張無價告身」が長安で作成されるまでにかかる時間を考慮して、この遠征は天宝九載（750）晩夏から初秋に決行されたとされる［銭伯泉1991, pp. 53-54］。

この高仙芝の遠征の結果、石国王は捕縛され、長安で処刑される［『新唐書』巻二二一下「西域伝下」（p. 6246）］。しかし、王族の中で逃れた者がいた。ここから先は直接タラス河畔の戦いに直接つながるので、『資治通鑑』の記述を見てみたい。

【史料2】『資治通鑑』巻二一六「天寶十載夏条」[pp. 6907-6908] ※胡注省略
高仙芝が石国王を捕縛すると、石国の王子がソグド諸国に逃れ、高仙芝がだまして欲望のままに暴れまわった様子をことごとく報告した。ソグド人たちはみな怒り、内密にイスラーム勢力を引き入れて共同で安西四鎮を攻めようとした。高仙芝はこれを聞いて、非漢人兵・漢人兵3万人を率いてイスラーム勢力を攻撃したところ、〔『資治通鑑考異』は次のように言う。馬宇の『段秀実別伝』には「非漢人・漢人6万人」というが、今は『唐

暦』の記述に従う。〕700里以上深入りしてタラス城にいたり、イスラーム勢力と遭遇した。5日間交戦したが、葛邏禄(カルルク)の人々が反乱して、イスラーム勢力とともに唐軍を挟撃したので、高仙芝は大敗し、兵士はほとんど死亡して、わずか数千人となってしまった[8]。

『資治通鑑』の成立自体は周知のように11世紀とかなり時代が降る。しかし、『考異』で引用されている『段秀実別伝』は、『新唐書』［巻五八「藝文二」(p. 1484)］には、「馬宇『段公別伝』二巻。(段公とは段)秀実。馬宇は元和年間の秘書少監・史館修撰だった。(馬宇『段公別傳』二巻。秀實。宇、元和秘書少監・史館脩撰。)」とあって、元和年間(806-820)に成立した史書である。また、『唐暦』も代宗期(762-779)に成立した史書であることが知られており[郝潤華2001]、同時代性が高い。これらの現在見ることができない同時代史料を参照できているため、『資治通鑑』の当該記事は信憑性が高いと判断したい。

この記述によれば、前年の高仙芝の攻撃によって石国王が捕らえられたが、詳細不明の「石国王子」が逃れてイスラーム勢力に助けを求め、タリム盆地の唐の拠点を攻撃しようとしたため、高仙芝が出兵したのだとされる[9]。タラスは、751年の高仙芝出兵前にイスラーム勢力によって占領されたようである[Karev 2015, pp. 69-70]。最終的に高仙芝とイスラーム勢力がタラス付近[10]で交戦したが、トルコ系遊牧民のカルルクが寝返ったため、唐軍が敗れたという。

このように、タラス河畔の戦いは750年の高仙芝による石国遠征が直接の原因であった。では、なぜこの遠征は行われたのか。Dunlop [1964, pp. 326-327]は、13世紀に著された Ibn al-Athīr の『完全な歴史』*al-Kāmil fit-Tārīkh* の一節を引用し、フェルガナと石国が当時対立していたことを指摘した。それを受けて畢波［2007, p. 20］は、フェルガナが唐に派兵を求めた結果、石国攻撃が実現したという見通しを立てた。一方、前嶋［1982a, pp. 95, 98-99］は、フェルガナと石国との対立について触れた上で、それが唐の遠征の直接原因と見なすのは困難とする。前嶋は、石国が当時唐と敵対していた黄姓突騎施と友好関係にあったことを指摘して、石国が唐の西突厥統治を妨害したことが派兵の原因であると推測する。

前嶋が石国と黄姓突騎施との友好関係を指摘したことは極めて重要だが、派

兵の原因となったとされる西突厥統治の妨害とは具体的に何を指すのかはっきりしない。唐が黄姓突騎施と友好関係にある石国を煙たく感じていたということは大いにあり得るが、派兵には大義名分が必要であろう。そこにフェルガナから唐へ、対立する石国に対する派兵要請が出され、これ幸いと利用して出兵した、というのが実態に近いのではなかろうか。

さて、タラス河畔の戦いと大いに関わる記述に、この戦いに従軍して捕虜となった杜環の体験記がある。杜環は『通典』編者の杜佑の族人で、捕虜となった後にクーファ、バスラを経由して宝応初年（762年頃）に帰国した人物である［前嶋1982b, pp. 62-63］。長文だが、行論の都合上、関係箇所を全文引用する。なお、下線は筆者が付したものである。

【史料3】『通典』巻一九三「辺防九 石国条」［pp. 5275-5276］
杜環の『経行記』には次のようにある。「その（石国の）国都は赭支（チャーチ）といい、大宛ともいう。天宝中に、鎮西節度使の高仙芝がその王と妻子を捕縛して長安に帰還した。国の中には二本の河川があり、一本は真珠河（＝インチュ河、シル河のこと）であり、一本は質河（＝シル河の支流Čirčik河［桑山（編）1998, pp. 172-173, 吉田豊担当「縛叉大河」］）であり、ともに西北に流れている。土地は平坦で果実が多く、良質な犬・馬を産出する。」さらに次のようにある。「砕葉国。(a) 安西（＝クチャ）より西北方に千里あまりに勃達嶺（＝ベデル峠）があり、峠の南側が唐（領域）の北限であり、峠の北側が突騎施（領域）の南限である。西南方に葱嶺[11]まで二千里あまりである。その水でベデル峠から南流するものはすべて中国を通り、東海に達する。ベデル峠より北流するものはすべてソグドの境域を経て北海に注ぐ。（ベデル峠より）北に数日行くと、雪海をわたる。その海（＝湖）は山中にあって、春も夏もいつも雪が降るので、雪海というのである。なかに細道があり、道のそばには水の穴が空いている場所がよくあって、穴の深さは一万仞で、転落した者がどこへ行ったか分からない。ベデル峠の北に千里あまり行くと砕葉川（＝チュー平原）につく。その平原の東端に熱海（イシククル）があり、この地は寒いのに凍らないので、熱海というのである。さらに砕葉城（アク・ベシム遺跡）があり、天宝七

(748) 年に北庭節度使の王正見が侵攻したので、城壁は破壊し尽くされ、集落は衰退した。かつて交河公主が留めおかれていた所には、大雲寺が建てられており、現存している。その平原の西側は石国（＝チャーチ）に接しており、（平原の）おおよその長さは千里あまりである。(b) 平原のなかには異姓部落があり、異姓突厥（黄姓・黒姓突騎施のこと［前嶋1982a, p. 93］）がいて、それぞれ兵馬数万を保有している。城塞は錯綜しており、日常的に戦闘が行われているので、農民はみな甲冑を着て、ひたすらにお互い略奪し合い、奴婢としている。(c) その平原の西端に城郭都市があって、名はタラスといい、石国人の駐屯地であり、天宝十 (751) 年に高仙芝が敗れた地である。ここから西海まで、三月から九月には空に雲も雨もなく、みな雪解け水を使って耕作している。大麦・小麦・稲・エンドウ・畢豆（不明）に適している。葡萄酒・にごり酒・酸乳を飲む。」[12]

　この記述は非常に豊富な情報を含んでおり、高仙芝がタラスで敗れたことも当然記されているが、目を引くのは、砕葉に至る道のりならびに砕葉城を含むチュー平原周辺の情報の詳しさである。というより、タラス河畔の戦いについては、ほんのおまけ程度にしか記述が無い。これは、タラス河畔の戦いで捕虜になった人物の記録としては、よくよく考えれば奇妙であるが、このことの意味をきちんと考察した研究はない。

　そこで、章を改めて、なぜ杜環が砕葉にそれほど注目しているのか、という問題を2点の新出史料から考察し、高仙芝は当初、どこを目指して出兵したのかを検討したい。

2　2件の新出史料

①【史料4】唐天寶十載（751）七月交河郡長行坊牒爲補充闕人事（2006TZJI：026）

　本史料は、2000年代に発見ないし公表された、いわゆる「新獲トゥルファン文書」の一部である［『新獲』, p. 344］。本文書は、その中でもいわゆる「徴集文書」であり、詳しい発見地は不明で、2006年に個人の寄贈によってその存在が明らかとなった。まずは、録文と和訳を提示する（［は以下欠を示す）。

146

写真は元となった『新獲』［p. 344］の図版を参照のこと。

【録文】
(前欠)
1. 　　　礩□□［　　　　(石)(館)
2. 　牒。獻芝共張秀瓌同捉［
3. 　天威健兒赴砕葉、准　［
4. 　徭役一切令放免、獻□［　(芝)
5. 　館即闕人、伏望准格　　［
6. 　　　　　　天寶十載七月［
7. 「付司。［
(中欠)
8. 「檢責仙［
(後欠)

【和訳】
〔……より、……へ〕
1. 　礩石館[13]の……の事について
2. 　申し上げます。(許)獻芝[14]は張秀瓌とともに、……
3. 　天威健兒[15]が砕葉に行きましたので、〔ご命令に〕従って、……
4. 　搖役の一切はみな免除させ、獻芝は、……
5. 　(礩石)館については人員を欠いており、付してお願いいたしますには、格に従い、……
6. 　　　　天宝十載(751)七月□日〔……が申し上げます。〕
7. 　「担当部局に回付せよ。〔……が指示する。〕」
(中欠)
8. 　「検査した。仙。」

　本文書の内容は、断片的であるため全体を把握することは困難であるが、少なくとも、事書にある礩石館というトゥルファンにあった客館において、天威

147

健児出兵に関わる労役の減免について指示を仰いだものと考えられる。

　問題となるのは、「天威健児赴砕葉（天威健児が砕葉に行きましたので）」という文言と、天寶十載（751）七月という発出時期である。この文書を最初に検討した畢波［2007, p. 28-30］は、高仙芝は、751（天宝十）年正月に入朝した後、四月に兵を率いて長安を出発し、六月頃には西州交河郡の赤亭鎮に兵を集結させていて、本文書の日付である七月と整合することから、この文書は高仙芝の遠征軍と関わるものであると指摘する。すなわち、本文書は、タラス河畔の戦いに向かった高仙芝遠征軍がトゥルファンを出発した後に出されたものと考えて矛盾無く、「天威健児赴砕葉」という文言は、高仙芝遠征軍と連動する出兵について述べていると考えている。筆者もここまでは同意できる。しかし畢波は、天威健児は、イスラーム勢力と突騎施が連携して唐軍を背後から攻撃することを恐れた高仙芝によって、タラス遠征軍とは別に砕葉に派遣された別動隊であると考えている。果たしてそのように考えるべきなのだろうか。次に、畢波氏が引用していない別の史料を紹介して考察したい。

②【史料５】郭曜墓誌

　本墓誌は、鄭旭東［2019］によって録文・拓本写真ともに初めて紹介された。その９行目には「公汾陽之長子也（郭曜は「汾陽」の長男である）」という記載があり、「汾陽」とは汾陽郡王・郭子儀のことであることから、８世紀後半に絶大な権力を握った郭子儀の長男の墓誌であることが分かる[16]。また、墓誌の26行目には、建中四（783）年五月二十六日に墓誌とともに郭曜が埋葬されたことが記されていて、本墓誌は、タラス河畔の戦いから約30年後に作られた同時代性の高い史料であることがわかる。そして、この墓誌で注目すべきは、10－11行目にある以下の文章である。

　　天宝の初め（742年）頃に、将軍である張大賓や高仙芝がみな官職を授けて（郭曜を）先鋒としたところ、従軍して斬啜や突騎施を破り、勃律や砕葉を切り開いた[17]。

この記述から、郭曜は張大賓[18]や高仙芝といった将軍のもとで軍務に携わっていたことが分かる。高仙芝は、本人の列伝［『旧唐書』巻一〇四］によれば、

開元末に安西副都護・四鎮都知兵馬使であり、747（天宝六）年に四鎮（安西）節度使[19]になっている。

　遠征先としては、墓誌には斬啜[20]・勃律・突騎施・砕葉が挙げられている。勃律は、747（天宝六）年に高仙芝が行った小勃律討伐がこれに該当する。森安［2015, pp. 178-180］によれば、小勃律とは、南パミールのギルギットのことであり、737年に吐蕃の支配下に入った後、唐は３度ギルギット討伐を企図したが失敗したため、高仙芝にその経略を託したとされる。その結果、高仙芝は小勃律国内の親吐蕃派を斬り、国王夫妻を捕らえる大勝利を収めたのである。

　続いて、突騎施について見ると、やはり高仙芝による討伐がこれに当たる。既に挙げた史料である『資治通鑑』［巻二一六「玄宗天宝十載（751）正月条」（p. 6904）］に、「安西節度使高仙芝入朝、献所擒突騎施可汗・吐蕃酋長・石國王・掲師王。加仙芝開府儀同三司」とあるなかに、突騎施可汗を捕縛したことが記される。

　この事件は、これも既に提示した「張無價告身」５行目の「四鎮平石国、及破九國胡并背叛突騎施等賊」とある天宝九載（750）夏末から初秋に行われた遠征に当たる［銭伯泉1991, pp. 53-54］。この時に捕縛された突騎施可汗については、前嶋［1982a, p. 95］が、当時、唐と敵対していた黄姓突騎施の可汗であると推測しているが、至当であろう。

　【史料５】の最後には砕葉遠征について記されているが、これがいつのことなのか、従来知られていた典籍史料からは明らかにならない。この墓誌を初めて紹介した鄭旭東［2019, p. 60］は750年と751年、両方の可能性があると述べる。確かに、墓誌原文で「勃律・砕葉」と並んでいるのであるから、747年の勃律討伐の後に行われたと考えるべきだろう。それならば、先に挙げた750年の石国討伐であろうか。この遠征では上述したように突騎施可汗を捕らえており、蘇禄の頃に突騎施可汗の中心地は砕葉周辺にあったと考えられている［内藤1988, pp. 10-21］ことから、750年の突騎施可汗は砕葉で捕縛された可能性はある。しかし、石国遠征にせよ、砕葉遠征にせよ、他の史料には残らない王正見による遠征を含めてこまめに情報を残してくれている『経行記』が、750年の砕葉遠征を記録していないのは奇妙である。このことは750年の遠征が砕

葉に行かなかったこと、突騎施可汗がほかの場所で捕まった可能性を示唆する。すると、この「郭曜墓誌」が記録する砕葉遠征とは、751年の遠征のこととしか考えられないのである。

以上のように、【史料4】・【史料5】の新出同時代史料の記述から、タラス河畔の戦いを引き起こす高仙芝の遠征軍は、砕葉遠征軍であったと当時認識されていたことが明らかとなった。とすると、次に湧いてくる大きな疑問は、石国王子の背反に対して行われたはずの遠征の目的地が、なぜ石国ではなく砕葉とされているのか、ということである。

上述したように、【史料4】を検討した畢波［2007, p. 29］は、対イスラーム勢力戦のために送った部隊とは別に、別動隊が砕葉を抑えるために出兵したと推測し、この疑問に答えようとした。しかし、タラス河畔の戦いに参加した杜環も砕葉のことを報告している以上、別動隊ではなく本隊が砕葉を通過したはずである。道程としても、砕葉とタラスは同一経路上にあるため、わざわざ別動隊を派遣する必要はない。畢波は、唐の軍隊はあくまでイスラーム勢力と戦うために出兵したという前提から出発したために、別動隊という見解になったものと思われるが、そう解釈する必要はない。そうではなく、【史料4】は高仙芝の遠征軍そのものについて述べていると見なすべきなのである。さらには、【史料5】でも高仙芝が砕葉に遠征したと記されていることから、素直に高仙芝の軍隊の目的地は砕葉だったと考えるべきである。それゆえ、本稿では、これ以後、751年の高仙芝の遠征を「砕葉遠征」と呼称する。ここまでの情報を総合して、750〜751年の中央アジア情勢を図化したものが、【図2】である。

では、高仙芝遠征軍はなぜ砕葉を目指し、なぜその目的地と反してタラスで敗戦することとなったのだろうか。この疑問に答えるために、蘇禄死後の突騎施の展開と砕葉遠征について考察してみたい。

3 両姓突騎施の対立と砕葉遠征

3-1 黒姓・黄姓突騎施の対立と唐の介入

第1章で見たように、黒姓突騎施の蘇禄が738年に黄姓の莫賀達干（バガ=タルカン）によって

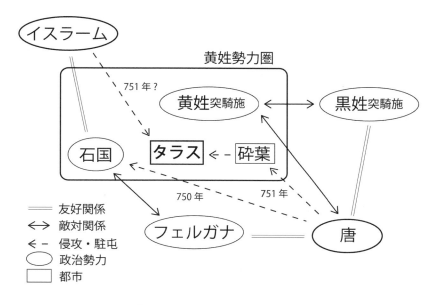

図2　「タラス河畔の戦い」関連中央アジア勢力図

殺害されると、突騎施では黄姓・黒姓両者の対立が顕在化することとなった。すると、黒姓・蘇禄と友好関係を築いていたはずの唐は黄姓支持にまわり、翌739年にはついに大規模な遠征軍をチュー平原へと送ったのである。その記述を見てみよう。

【史料6】『新唐書』巻二一五下「突厥伝下」[p. 6068]

都摩支はさらに（莫賀）達干に背き、蘇禄の息子の吐火仙骨啜を可汗として即位させて、砕葉城に住まわせ、黒姓可汗の爾微特勒（テギン）を招いてタラス城を保持し、共同で達干を攻撃した。皇帝（玄宗）は磧西節度使の蓋嘉運に突騎施やフェルガナ西方の諸国を慰撫させた。莫賀達干は蓋嘉運とともに石国王の莫賀咄吐屯（バガトゥル゠トドン）や史国王の斯謹提を引き連れて共同で蘇禄の息子を攻撃し、彼を砕葉城で撃破した。吐火仙は軍旗を捨てて逃走したが、彼とその弟の葉護頓阿波（ヤブグ゠トン゠アパ）を捕虜とした。疏勒鎮守使の夫蒙靈詧は精鋭兵を率いて、フェルガナ王とともにタラス城を襲撃し、黒姓可汗とその弟である撥斯と

151

を斬殺し、曳建城に入って、交河公主ならびに蘇禄の可敦・爾微の可敦を捕らえて帰還した。さらに、西方諸国の散り散りになった数万人を管理して、全員をフェルガナ王に与えた。諸国はみな帰順してきた[21]。

現在のアク・ベシム遺跡である砕葉城には、黒姓の蘇禄の子、吐火仙がおり、タラス城には黒姓可汗の爾微特勒(テギン)がいた。上述した【史料3】では、タラス城までがチュー平原の一部と見なされていた。この739年の遠征時点では、チュー平原の中心地である砕葉城と西端のタラス城が黒姓の勢力下にあったのである。しかし、この遠征で唐は吐火仙を捕らえ黒姓可汗を殺害することで、黒姓突騎施に壊滅的な打撃を与えたのであった。

唐の支持を得た黄姓が莫賀達干のもと再び勢力を拡大すると、すぐに唐との間に軋轢を生じることとなった。唐が742（天宝元）年に旧西突厥諸部を統治させるために長安から送り込んだ傀儡の十姓可汗阿史那昕を、莫賀達干が砕葉の西、タラスの東にあった倶蘭城で殺害するにいたったのである［『資治通鑑』巻二一五「天宝元年四月条」(p. 6854)］。

阿史那昕と莫賀達干との対立に関しては、阿史那昕が唐によって十姓可汗に冊立されたことが背景にあるとする説［内藤1988, pp. 89-90］がある。『資治通鑑』［巻二一四「開元二十八 (740) 年三月甲寅条」(p. 6841)］の記事に従い、740年三月に阿史那昕が十姓可汗に冊立されたことに不満を持った莫賀達干が同年十一月に反乱を起こし、それが最終的に阿史那昕殺害へとつながるという説である。

ところが、733（開元二十一）年に作成された阿史那昕の母親である「大唐故瀚海國夫人安氏墓誌」［石川2011］を見ると、14行目に「息子がいて昕という。幼い頃から人情に篤くて鋭敏で、成長してからは群を抜いていたので、左領軍衛将軍として可汗を襲名した[22]」という記述がある。阿史那懐道が十姓可汗であったことは墓誌からも伝世史料からも明らかなので［cf. 内藤1988, pp. 77-81］、阿史那昕が襲名した「可汗」とは十姓可汗のことと考えられよう。阿史那懐道が死去したのは727（開元十五）年［「阿史那懐道墓誌」25-26行目〔石川2013, p. 27〕］であり、それから間もなく、少なくとも墓誌が作成された733年までには、阿史那昕は十姓可汗を継承したと考えられる。その後、長安

に住まう傀儡可汗の阿史那昕から理由も無く可汗位を奪う必要もないので、彼はチュー河流域に送り込まれる742年まで、継続して十姓可汗であり続けた可能性が高いだろう。もし阿史那昕がそのまま殺害されるまで十姓可汗を帯び続けていたとすれば、莫賀達干が740年に起こした反乱は阿史那昕の十姓可汗冊立とは無関係であり、単に唐軍が引き上げた直後から、莫賀達干が唐の統制に従わなくなったことを示すに過ぎないこととなる。その場合、黄姓突騎施には最初から唐に従うつもりなどなく、黒姓突騎施を唐が撃破した途端に手のひらを返し、反抗する名目として阿史那昕の可汗冊立を持ち出したものと思われる。もはや唐の勢力が絶対のものとは言えない当時にあっては、そのようなことが起こる可能性は十分にあったはずである。

　そのような状況下で、唐は742年に阿史那昕を現地に送り込み、旧西突厥諸部を統率下に置こうとしたが失敗した。そこで唐は、同年に来貢してきた都摩支を三姓葉護(ヤブグ)に冊立した一方で、744（天宝三）年には黒姓の伊里底密施骨咄禄毗伽可汗（黒姓可汗）を十姓可汗に冊立している(イル=イトミシュ=クトゥルグ=ビルゲ)[23]。

　ところで、三姓葉護の「三姓」とは、ウイグル可汗国で9世紀初頭に作られたカラバルガスン碑文漢文版21行目に、「十箭三姓突騎施」［森安／吉田2019, p. 23］とあり、同ソグド語版20行目にも、「10の矢の3つのトゥルギシュ」［森安／吉田2019, p. 50；cf. Yoshida 2020, p. 67］とあるように、突騎施を構成する3部族[24]を指す表現と思われる。それゆえ、唐が都摩支に与えた「三姓葉護」とは、突騎施勢力の首長であることを認めるにすぎないものだったことが分かる。一方、黒姓可汗に与えた「十姓可汗」とは、突騎施を含む旧西突厥の10部族、すなわち西突厥全体の君主であることを認めるものであり、都摩支を上回る立場を与えることで黒姓支持をはっきり示すものだったと考えられる。唐が黒姓に痛手を与えたばかりに、今度は黄姓と対立せざるを得なくなったのである。

　その結果、748（天宝七）年には北庭節度使の王正見により、突騎施の中心都市であった砕葉城への攻撃があり、750（天宝九）年には、安西節度使の高仙芝が突騎施可汗を捕縛している。前嶋［1982a, pp. 93, 96］は、この両遠征ともに黄姓に対する攻撃であろうと推測しているが、当然従うべき見解であろ

う。

　以上のように、突騎施は蘇禄死後、黒姓が739年の唐の攻撃で衰える一方、黄姓が唐の軍事行動を利用して勢力を拡大し唐と対立するようになった。こうした情勢下で、750年に黄姓と友好関係にある石国への遠征が行われ、翌年に高仙芝の砕葉遠征が始まったのであった。

3-2　砕葉遠征と突騎施

　砕葉遠征に関わる記事としては、やはり【史料3】杜環『経行記』が一級史料である。そこで再びこれに注目してみると、傍線（a）「従安西西北千餘里有勃達嶺、嶺南是大唐北界、嶺北是突騎施南界」という記述が目に留まる。ベデル峠は天山越えの経路として著名であるが、その南方、つまりタリム盆地側は唐の勢力圏である一方、その北方、つまり天山北麓からイシククル方面は、突騎施の勢力圏であると記録しているのである。突騎施の勢力が極めて強かったらそもそも危険な天山越えの遠征自体行えないはずなので、突騎施の勢力が盤石だったとは考えにくいが、それでも、唐の遠征軍は突騎施の勢力圏内を通る心積もりで進軍していたことをこの史料は示している。突騎施のうち唐と対立していたのは黄姓であり、黄姓は前年に高仙芝によって可汗が捕縛されたはずなのだが、高仙芝と彼の遠征軍は、彼らの勢力が衰えたとは見なしていなかったようである。

　突騎施の存在感は、『経行記』のほかの記事からも見て取ることができ、砕葉川、すなわちチュー平原の記述では、傍線（b）「其川西接石國、約長千餘里。川中有異姓部落、有異姓突厥、各有兵馬數萬。城堡閒雜、日尋干戈、凡是農人皆擐甲冑、專相虜掠以為奴婢」という記述がある。この記述から、もともと突騎施の中核地域だった砕葉を含むチュー平原では、黄姓と黒姓という対立する両勢力が入り乱れて争い合っていた状況が見える。抗争が続いていたことから、突騎施勢力も決して安定はしていなかったようだが、前年の高仙芝による黄姓可汗捕縛によって、唐が当時支持していた黒姓突騎施がチュー平原を制圧したわけではなく、黄姓も黒姓と均衡する勢力を保持していたのである。

　さらに、高仙芝が敗れたタラスについては、傍線（c）「其川西頭有城、名曰

怛邏斯、石國人鎮、即天寶十年髙仙芝軍敗之地」という記述があり、石国人の駐屯地であるとする。前述したように、当時の石国は黄姓突騎施と友好関係を結んでいた。そのため、タラスは黄姓突騎施の影響下にあったと考えられ、そこから東方に砕葉周辺までが黄姓と黒姓の係争地域となっていたのである。

　以上のように、杜環が砕葉遠征によって見たのは、前年の可汗捕縛によってもなお衰えず、チュー平原を黒姓突騎施と争っていた黄姓突騎施の姿である。『経行記』には、「又有砕葉城、天寶七年、北庭節度使王正見薄伐、城壁摧毀、邑居零落」という、王正見による砕葉城遠征の記述があるが、その遠征の目的も黒姓突騎施の支援のために黄姓突騎施を討伐することにあったとされる［前嶋1982a, p. 93］。とすれば、その時点で砕葉城は黄姓突騎施の勢力下にあったということだろう。739年の唐による黒姓突騎施討伐の際には、砕葉には蘇禄の子吐火仙がいて、黒姓突騎施の拠点のひとつとなっていたことからすれば、黒姓が唐の攻撃で痛手を受けた後、砕葉城を黄姓が奪取したが、黄姓が唐に背反したため、再び唐は砕葉遠征を強いられたと考えられるのである。

　少なくとも748年段階で砕葉城が黄姓の拠点であり、751年段階で黄姓はなおもチュー平原をめぐる抗争を黒姓と繰り広げているという状況に鑑みれば、唐は750年の可汗捕縛を経てもなお、黄姓突騎施に対する対応を念頭におかなければならなかったことだろう。そのように考えてはじめて、751年の高仙芝遠征軍の当初の目的地が砕葉であったことが腑に落ちる。それならば、その想定される対戦相手は、イスラーム勢力ではなく黄姓突騎施でなければならない。前年の石国討伐によって石国王子が背反したと見なした唐は、新興で唐との接触も少なかったイスラーム勢力ではなく、これまでも対応に悩まされてきており、さらに石国と友好関係にあった黄姓突騎施と戦闘になることを想定し、その重要拠点である砕葉への遠征を敢行したのである。

　ところが、砕葉で戦闘は起こらなかった。王正見の遠征によって唐が建設した城壁が破壊されてしまった［柿沼2019, pp. 52-53＝本書 pp. 71-72］ことに加え、そもそも、8世紀後半以降、西部天山地方の主導権は、突騎施からカルルクへと急速に移っていくため、この時点で突騎施は砕葉城に駐屯軍を置く余力を失っていたのかもしれない。いずれにせよ、戦闘は記録されていない。前

掲の【史料2】『資治通鑑』[巻二一六「天寶十載夏条」(pp. 6907-6908)] によれば、「諸胡皆怒、潛引大食欲共攻四鎮。仙芝聞之、將蕃・漢三萬衆擊大食、深入七百餘里、至恆羅斯城、與大食遇。」という記述があって、高仙芝は「深入」してタラスに到達した旨が書かれていた。この記述は『旧唐書』巻一〇九「李嗣業伝」[p. 3298]になると、「深入胡地」となっていて、唐の勢力圏を遠く離れた進軍だったことが分かる。高仙芝は、砕葉で想定された戦闘に遭遇しなかったために、功を焦ってかさらに進軍を続け、黄姓突騎施と友好関係にあった石国の駐屯地であるタラスまで進軍した結果、予想外にイスラーム勢力との戦闘に突入して敗北したと考えられるのである。

　また、【史料2】によれば、高仙芝はイスラーム勢力が安西四鎮を攻撃しようとしていると聞き、タラス遠征を行ったとされるがそのまま信用するわけにはいかない。事実として、彼の出兵目的地は砕葉だったからである。深入りした上に敗戦したという過失を覆い隠すために、高仙芝が、ありもしない安西四鎮攻撃計画を察知したと偽りの証言をしたとしてもおかしくない。この点、Karev [2015, pp. 69-70] はイスラーム側には高仙芝の報告通り安西四鎮侵攻の意図があり、四鎮のうち砕葉鎮へ侵攻するためにタラスを確保しなければならなかったと推測する。イスラーム側に安西四鎮侵攻の意図があったとする説は大変興味深いものだが、事実だとしてもそれはあくまでイスラーム側の計画であり、唐側にその計画が察知されていたとは考えにくい。なぜなら、本稿で述べてきたとおり、唐はタラス河畔の戦いの30年以上前に当たる719（開元七）年に砕葉鎮を四鎮から除いており [松田1970, pp. 384-391]、既に砕葉は唐の勢力圏内になかったからである。もし高仙芝が四鎮を守ろうとするならば、砕葉を目指すのは突出しすぎだろう。反面、石国にいるイスラーム勢力自体を叩くのであれば砕葉は手前過ぎる。結果、砕葉遠征は意図が不明の遠征になってしまう。やはり、イスラーム勢力の意図と高仙芝の報告は切り離して考えるべきなのである。仮にカレフの推測通りだったとしても、高仙芝が敗戦を虚偽の侵攻計画で覆い隠そうとして、偶然、イスラーム側の意図と重なったと考えるしかない。唐側の意図は、あくまで突騎施討伐であり、イスラーム勢力の意図とは別であった。両者の意図が錯綜した結果、歴史上の大きな偶然として、

タラス河畔の戦いが発生したのである。

おわりに

　以上の検討により、タラス河畔の戦いを引き起こすこととなった751年の高仙芝による遠征は、当初からタラスや、その先の石国を進軍目的地としていたわけではなく、対突騎施戦を想定して、砕葉を目的地とする「砕葉遠征」だったことが明らかとなった。しかし、砕葉まで至っても想定された黄姓突騎施との戦闘は起こらず、さらに深入りしてタラスまで進軍したために、イスラーム勢力と遭遇し、歴史に残るタラス河畔の戦いが引き起こされた。既に前嶋［1982a, p. 104］がその偶発性を指摘していたが、イスラーム勢力は高仙芝が戦闘を想定した相手ですらなく、全くの偶然だったことが明らかとなった。この遠征は、一般に考えられているような東西勢力の天王山というわけではなく、この敗戦によって唐王朝が中央アジアから撤退せざるをえなくなった、とも考えにくい。唐が中央アジアから手を引かざるを得なかったのは、この戦いの4年後に発生し、唐の屋台骨を揺るがした「安史の乱」（755-763）の影響であることはもはや贅言を要しない［森安2007, pp. 346-347］[25]。

　とはいえ、タラス河畔の戦いがその後の歴史展開に何の影響も与えなかったわけでもない。李方［2006, p. 65］は、イスラーム勢力が中央アジアに確立され、反面、唐の勢力が中央アジアで劣勢になっていくに従って、唐と中央アジア諸国との関係が徐々に破綻し、高仙芝の石国遠征のような苛烈な対応にならざるを得なかったと指摘した。表面的には唐とイスラーム勢力との関係はほとんど見てとれないが、大きな流れの中で見れば唐が中央アジアをイスラーム勢力によってうばわれていく流れを決定的にしたのがタラス河畔の戦いであった。さらに、稲葉［2001, p. 26；Inaba 2010, pp. 49-50］が指摘しているように、まさにその安史の乱の際に中国に到来し、唐を援助したアラブ兵とは、援軍を求める唐の粛宗からフェルガナに対して出された徴発命令に基づき、当地に結集した反アッバース朝勢力を吸収した傭兵集団であった。稲葉は、フェルガナが直接徴発を受けたのは、タラス河畔の戦いを引き起こすこととなった、唐によるフェルガナ擁護と石国遠征への見返りであると推測する。すなわち、唐が

中央アジア情勢に干渉したことで、中央アジアのイスラーム勢力を一部中国に引き込むこととなったのである。

　このように、タラス河畔の戦いが後世に意味を持たないわけではない。しかしながら、本稿では、これまでの先行研究とは異なり、現代人の視点から離れ、同時代人の視点からタラス河畔の戦いを捉え直していることはこの際強調したい。結果的にタラス河畔の戦いを引き起こした遠征の目的地が砕葉であったという事実から浮かび上がるのは、突騎施に対する変わらぬ警戒感であり、唐側から見た場合の、イスラーム勢力に対する関心の薄さである。砕葉城を含むチュー平原は、安西四鎮を脅かした突騎施の全盛期とされる蘇禄が死去した後も、相変わらず突騎施の勢力圏であり、唐の頭を悩ます存在であった（ように見えた）。その存在感は、安西四鎮の勢力圏に直接影響を及ぼしてこなかったイスラーム勢力とは、比べものにならないほど大きかった（ように見えた）はずである。

　実際には突騎施は、754年にウイグルとの勢力争いに敗れアルタイ山脈から西部天山に移住してきたカルルクの興隆［川崎1993］により、その力を失っていくさなかであった。この後、8世紀後半以降にはイスラム史料においても、カルルクが東方の隣人として扱われることとなり［Pritsak 1951, p. 279］、やがてはカラハン朝の建国へといたる[26]。このように、砕葉遠征時点での唐の警戒感とは裏腹に、突騎施とカルルクとの交代は急速に進んでいったのである。高仙芝にとって、本当に警戒すべきは斜陽の突騎施ではなくカルルクだったのかもしれないが、当時を生きる人々にとって、強者としての突騎施のイメージは簡単に拭えるものではなかったのだろう。まして、新興のイスラーム勢力がその後、大発展を遂げるなどとは、彼らには思いもよらなかったはずである。

　突騎施の没落とイスラーム勢力の大いなる発展を知る後世の我々は、歴史の流れにミスリードされてきたと言えるだろう。長期的な流れに鑑みれば、確かに東西両勢力が一瞬だけ鞘を当てたタラス河畔の戦いに重要な意味を見いだすことは可能であるが、当時の人々にとっては大きな意味を持つ戦闘ではなかった。伝世史料に記述が少ないということが、何よりそれを雄弁に物語っている。この点、タラス河畔の戦いは、同時代人の持っていた感覚と、現代人の持つ歴

史感覚とを、切り分けて考えるべき好例となるだろう。

参考文献

●漢籍版本

『吐文』＝唐長孺（主編）　1992-1996：『吐魯番出土文書』1 -4,文物出版社.

『資治通鑑』（旧版）／『旧唐書』／『新唐書』／『通典』＝中華書局標点本.

『新獲』＝栄新江、他（編）2008：『新獲吐魯番出土文献』中華書局.

『冊府元亀』（宋版・明版）＝中華書局影印本.

Barthold, W. / Gibb, H.A.R（tr.）1928：*Turkestan Down to the Mongol Invasion*. 2nd ed., London.

Beckwith, C. 1987：*The Tibetan Empire in Central Asia: A History of the Struggle for Great Power among Tibetans, Turks, Arabs, and Chinese during the Early Middle Ages.* Princeton.

Dunlop, D. M. 1964：A New Source of Informaition on the Battle of Talas or Aṭlakh. *Ural-Altaische Jahrbücher* 36, pp. 326-330.

Gibb, H. A. R. 1923：*The Arab Conquests in Central Asia*. London.（Repr. New York, 1970）

Inaba, M. 2010：Arab Soldiers in China at the Time of the An-Shi Rebellion. *Memoirs of the Research Department of the Toyo Bunko* 68, pp. 35-61.

Karev, Y. 2015：La révolution ʿabbāsside et la politique d'Abū Muslim au Māwarā'annahr. *Samarqand et le Sughd à l'époque 'abbāsside: Histoire politique et sociale*, Paris, pp. 41-126.

Pritsak, O. 1951：Von den Karluk zu den Karachaniden. *Zeitschrift der Deutschen Morgenländischen Gesellschaft* 101, pp. 270-300.

Yoshida, Y. 2020：Studies of the Karabalgasun Inscription：Edition of the Sogdian Version. *Modern Asian Studies Review* 11, pp. 1 -139.

畢波　2007：「怛邏斯之戦和天威健児赴砕葉」『歴史研究』2007-2, pp. 15-31.

郝潤華　2001：「関于柳芳的《唐暦》」『史学史研究』2001- 2（102）, pp. 65-72.

李方　2006：「怛邏斯之戦与唐朝西域政策」『中国辺疆史地研究』16-1, pp. 56-65.

銭伯泉　1991：「従〈張無價告身〉論高仙芝討石国和突騎施」『民族研究』1991- 3

孫暁林　1991：「関于唐前期西州設"館"的考察」『魏晋南北朝隋唐史資料』11, pp. 251-262.

厳耕望　1985：『唐代交通図考（二）』中央研究院歴史語言研究所.

鄭旭東　2019：「唐郭曜及夫人王氏墓誌研究」『吐魯番学研究』2019-1, pp. 54-63, + 1 pl.

荒川正晴　2010：『ユーラシアの交通・交易と唐帝国』名古屋大学出版会.

石川澄恵　2011：「唐の則天武后期における六胡州とオルドス情勢――「阿史那懐道夫人安氏墓誌」を手掛かりに――」『史艸』52, pp. 28-56.

――　2013：「唐初期の西方経営と西突厥阿史那氏について――阿史那懐道夫妻墓誌を手掛かりに――」『日本女子大学大学院文学研究科紀要』19, pp. 25-40.

伊瀬仙太郎　1955：『中国西域経営史研究』巌南堂書店.

稲葉穣　2001：「安史の乱時に入唐したアラブ兵について」『国際文化研究』5, pp. 16-33.

――　2022：『イスラームの東・中華の西――七～八世紀の中央アジアを巡って――』（京大人文研東方学叢書13）臨川書店.

柿沼陽平　2019：「唐代砕葉鎮史新探」『帝京大学文化財研究所研究報告』18, pp. 43-59.

川崎浩孝　1993：「カルルク西遷年代考―シネウス・タリアト両碑文の再検討による―」『内陸アジア言語の研究』8, pp. 93-110.
桑山正進（編）1998：『慧超往五天竺國傳研究』臨川書店.
齊藤茂雄　2013：「突厥第二可汗国の内部対立――古チベット語文書（P.t.1283）にみえるブグチョル（'Bug-čhor）を手がかりに――」『史学雑誌』122-9, pp. 36-62.
────　2021：「砕葉とアクベシム――7世紀から8世紀前半における天山西部の歴史展開――（増訂版）」『帝京大学文化財研究所研究報告』20, pp. 69-83.
────　2023：「文献史料から見た砕葉城」『帝京大学文化財研究所研究報告』21, pp. 25-37.
代田貴文　2001：「カラ＝ハーン朝史研究の基本的諸問題」『中央大学附属高等学校　教育・研究』15, pp. 1 -32.
ドゥ・ラ・ヴェシエール，エチエンヌ／影山悦子（訳）　2019：『ソグド商人の歴史』岩波書店.
内藤みどり　1988：『西突厥史の研究』早稲田大学出版部.
前嶋信次　1982a：「タラス戦考」『民族・戦争――東西文化交流の諸相――』誠文堂新光社，pp. 41-112.
────　1982b：「杜環とアル・クーファ――中国古文献に現れた西アジア事情の研究――」『シルクロード史上の群像――東西文化交流の諸相――』誠文堂新光社，pp. 61-78.
松田壽男　1970：『古代天山の歴史地理学的研究（増補版）』早稲田大学出版部.
護雅夫　1976：『古代遊牧帝国』（中公新書437）中央公論社.
森安孝夫　2007：『シルクロードと唐帝国』（興亡の世界史 第05巻）講談社.
────　2015：「吐蕃の中央アジア進出」『東西ウイグルと中央ユーラシア』名古屋大学出版会，pp. 132-229.
森安孝夫／吉田豊　2019：「カラバルガスン碑文漢文版の新校訂と訳注」『内陸アジア言語の研究』34, pp. 1 -59, + 1 pl.

註

1 ）中国史料では、『資治通鑑』［巻二一六「天寶十載夏条」（pp. 6907-6908）］と、新旧『唐書』「李嗣業伝」の情報が最も詳しい。西方史料では、Dunlop［1964］が紹介した9世紀の Ya'qūb al-Fasawī の記述が時代も古く詳細であるが、こちらでは戦闘はヒジュラ暦134年 Shawwāl 月（752年4 - 5月）に発生したとされていて時期が合わず、戦闘が起こった場所もタラスではなく Ṭalkh*（Aṭlaḥ）であったとされている。
2 ）648年から679（調露元）年までの間に、砕葉と焉耆のどちらが安西四鎮に入っていたかは史料によって異動があり、多くの研究者は焉耆説を採っているが、内藤みどり氏のみ砕葉説を採っている。両者の説については齊藤［2021, p. 71］で紹介したので、そちらを参照のこと。
3 ）砕葉とその周辺の歴史については、柿沼［2019］、齊藤［2021, 2023］を参照のこと。
4 ）当該時期のイスラーム勢力とは具体的にはウマイヤ朝とアッバース朝であるが、本稿では両者の違いには立ち入らず、単にイスラーム勢力と呼称する。漢文で一貫して「大食」と呼称される勢力がこれに当たる。
5 ）ここまでの記述は、Gibb［1923］、Dunlop［1964］、前嶋［1982a］、Beckwith［1987］、ドゥ・ラ・ヴェシエール［2019］、などによる。

6) 十載、又從平石國、及破九國胡幷背叛突騎施、以跳盪加特進、兼本官。初、仙芝紿石國王約為和好、乃將兵襲破之、殺其老弱、虜其丁壯、取金寶瑟瑟駝馬等、國人號哭、因掠石國王東獻之于闕下。

7) 揭師がどこに当たるかは諸説あるが、チトラルに当てる説を採る。森安［2015, pp. 181, 217, n. 204］参照。

8) 高仙芝之虜石國王也、石國王子逃詣諸胡、具告仙芝欺誘貪暴之狀。諸胡皆怒、潛引大食欲共攻四鎮。仙芝聞之、將蕃・漢三萬衆擊大食、〔『考異』曰：馬宇『段秀實別傳』云「蕃・漢六萬眾」、今從『唐曆』。〕深入七百餘里、至恆羅斯城、與大食遇。相持五日、葛羅祿部衆叛、與大食夾攻唐軍、仙芝大敗、士卒死亡略盡、所餘纔數千人。

9) イスラーム勢力の状況として、カレフ［Karev 2015, pp. 69-70］は、この時アブー＝ムスリム Abū Muslim の命令を受けたサイード＝ブン＝フマイド Saʿīd b. Ḥumayd が援軍にやって来たが、それは石国王子を伴って石国を平定し、当地にイスラーム勢力を再確立するためだったと指摘している。

10) 現在、タラスの名を持つ都市は、タラス河をはさんでカザフスタン側とキルギス側にそれぞれ存在している。稲葉［2022, p. 150］は、両者の間、「タラス河の河谷がある程度開けていて野戦が可能な場所」で会戦が行われたと推測している。

11) 一般的には葱嶺とはパミール高原のことだが、ここでは、唐の最西端の軍事拠点があったタシュクルガンの葱嶺守捉［伊瀬1955, pp. 337-338］を指すと考えられる。この点は、大阪大学名誉教授の森安孝夫氏よりご指摘いただいた。

12) 杜環『經行記』云、「其國城一名赭支、一名大宛。天寶中、鎮西節度使高仙芝擒其王及妻子歸京師。國中有二水、一名眞珠河、一名質河、並西北流。土地平敞、多果實、出好犬・良馬」。又云、「碎葉國。(a) 從安西西北千餘里有勃達嶺、嶺南是大唐北界、嶺北是突騎施南界。西南至葱嶺二千餘里。其水嶺南流者盡過中國、而歸東海。嶺北流者盡經胡境、而入北海。又北行數日、度雪海。其海在山中、春夏常雨雪、故曰雪海。中有細道、道傍往往有水孔、嵌空萬仞、轉墮者莫知所在。勃達嶺北行千餘里至碎葉川。其川東頭有熱海、茲地寒而不凍、故曰熱海。又有碎葉城、天寶七年、北庭節度使王正見薄伐、城壁摧毀、邑居零落。昔交河公主所居止之處、建大雲寺、猶存。其川西接石國、約長千餘里。(b) 川中有異姓部落、有異姓突厥、各有兵數萬。城堡開雜、日尋干戈、凡是農人皆擐甲冑、專相虜掠以為奴婢。(c) 其川西頭有城、名曰怛羅斯、石國人鎮、即天寶十年高仙芝軍敗之地。從此至西海以來、自三月至九月、天無雲雨、皆以雪水種田。宜大麥・小麥・稻禾・豌豆・畢豆。飲蒲萄酒・蘖酒・醋乳」。

13) 西州管轄下にあった館で、西州から焉耆に向かう幹線路上にあった［厳耕望1985, p. 464］。8世紀以降、西州管内では軍事支配の強化とともに駅道制度が廃絶に向かったため、宿泊施設である館が幹線道路沿いに完備されていった［荒川2010, p. 330］。

14) 「唐天寶十三載（754）礌石館具七至閏十一月帖馬歷上郡長行坊状」［『吐文』4, pp. 447-458］の191行目に現れる「捉館官許獻芝」と同一人物とされる［畢波2007, p. 25］。捉館官は館の主催者［孫曉林1991, pp. 254-255］である。

15) 天威は『新唐書』［巻四〇「地理志四 隴右道鄯州鄯城県条」（p. 1041）］に現れる天威軍の略称である［畢波2007, pp. 25-26］。

16) 郭子儀の長男が曜であることは、『旧唐書』巻一二〇「郭子儀伝」［p. 3466］に、「子曜・旰・晞・昢・晤・曖・曙・映等八人、增七人、皆朝廷重官（息子の曜・旰・晞・昢・晤・曖・曙・映の8

人、娘婿の7人は、みな朝廷の要職に就く官僚であった)」とされていることからも確認できる。

17) 天寶初、戎帥張大賓・高仙芝咸辟爲軍鋒、從事破斬啜・突騎施、開勃律・碎葉。

18) 張大賓の名は漢籍に現れないものの、鄭旭東［2019, p. 60］は、735（開元二十三）年前後に天山軍使・西州刺史であった「張待賓」であると推測する。

19) 「高仙芝伝」［p. 3205］では「四鎮節度使」とされるが、『旧唐書』巻一〇四「封常清伝」［p. 3207］では「安西節度使」とされる。

20) 「斬啜」とは、齊藤［2013］で論じた「ブグチョル集団」と関わりがあるものと思われるが、本稿の主題を大きく外れるため、別稿で論じたい。

21) 都摩支又背達干、立蘇祿子吐火仙骨啜為可汗、居碎葉城、引黑姓可汗爾微特勒保怛邏斯城、共擊達干。帝使磧西節度使蓋嘉運和撫突騎施・拔汗那西方諸國。莫賀達干與嘉運率石王莫賀咄吐屯・史王斯謹提共擊蘇祿子、破之碎葉城。吐火仙棄旗走、禽之幷其弟葉護頓阿波。疏勒鎭守使夫蒙靈督挾銳兵與拔汗那王掩怛邏斯城、斬黑姓可汗與其弟撥斯、入曳建城、收交河公主及蘇祿可敦・爾微可敦而還。又料西國散亡數萬人、悉與拔汗那王。諸國皆降。

22) 有男日昕。幼而敦敏、長而獨立、以左領軍衛將軍襲號可汗。

23) 前嶋［1982a, pp. 91-92］は「三姓葉護」の都摩支が「骨啜禄毗伽都摩度闕俟斤」と呼ばれており、「十姓可汗」の伊里底密施骨咄禄毗伽可汗と「骨咄禄毗伽」という称号で共通していることから、両者は同一人物であると推測した。しかし、内藤［1988, pp. 93-94］は、都摩支が三姓葉護に冊立された後である743（天宝二）年に「黒姓可汗骨咄禄毗伽」が来貢しているが、都摩支だとすると唐に与えられた称号である「三姓葉護」を名乗らず、自称である「黒姓可汗」を名乗って入貢したことになり、到底あり得ないことを指摘して前嶋説を批判した。内藤氏の批判は当を得たものと思われるので、本稿では両者は別人と扱っている。

24) この3部族が何を指すか明確ではない。しかし、『新唐書』［巻四三下「地理志七」(p. 1130)］によると、嚥鹿州都督府が置かれた突騎施索葛莫賀部と、潔山都督府が置かれた突騎施阿利施部とがあり、突騎施の2部族が確認できる。そして、黄姓の烏質勒は嚥鹿州都督であった［『冊府元亀』巻九六七「外臣部繼襲篇二」(宋版, p. 3828；明版, p. 11372)］ことから索葛莫賀部出身とわかる［cf. 内藤1988, p. 316］。索葛莫賀部が黄姓・黒姓に分かれているともし仮定すれば、それに阿利施部を加えて三姓と考えることが可能である。この点は、帝京大学文化財研究所客員教授の吉田豊氏よりご指摘いただいた。

25) カレフ［Karev 2015, p. 68］は、タラス河畔の戦いのきっかけとなった、高仙芝による750年の石国遠征があまりに苛烈であったために、中央アジアの諸国に唐に対する不信感が植え付けられ、中国と中央アジアの関係における転換点となった、とするが、そもそもその後、両者は接触する機会がなかったのである。

26) カラハン朝の建国については840年説や940年説があり、決着を見ていない［cf. 代田2001］。その建国者の出自についても諸説があるが、主要4部族のうちにカルルクが含まれていることは確実なようである［代田2001, p. 18］。

［付記］本稿は、基盤研究（S）（JSPS科研費21H04984、代表：山内和也）の助成を受け2022年1月23日に開催された、「シルクロード学研究会2022年冬」（帝京大学文化財研究所主催・オンライン）で口頭報告した内容に基づいている。

隋唐随身符制新探
―― 玄宗即位以前を中心に ――

早稲田大学文学学術院 柿沼陽平

はじめに

　隋唐時代に関する史書をひもとくと、「符」字が散見する。そこには、中央の尚書省から州県へ下される公文書の「符」や、天の瑞祥を意味する「符瑞」の用例などのほか、割符としての「符」の例がある。隋唐時代には、この割符としての「符」（以下、符）が行政上たいへん重要な役割を担った。

　国家発行の割符は、『荀子』君道篇に「符節を合し、契券を別かつは、信と爲す所以なり」、後漢・許慎『説文解字』竹部に「符は、信なり」とあるように、国家の「信」をしめすものであり、その逆に、割符の破壊や紛失は国家に関わる約束事の破棄、ひいては国家の信用失墜に繋がる。その意味で、隋唐帝国の屋台骨のひとつは、それ以前の諸帝国と同様、強固な割符制度に支えられていた。よって、隋唐帝国がいついかなる場合にどのような割符を使用していたかを知ることは、隋唐帝国の特徴を理解する手がかりになる。

　割符の起源は古く、先秦時代に遡る。たとえば戦国時代の魏の信陵君は、王の寝所から割符の虎符（兵符）を奪い、前線の晋鄙将軍から兵権を奪おうとした（『史記』巻77魏公子列伝）。戦国時代の墓からは割符の実物も発見されており、楚の「鄂君啓節」は竹を縦に割ったかたちの割符形式の青銅製通行手形である。漢代にも割符文化は継承され、前漢の功臣達は「符を割きて世々爵す（『漢書』巻16高恵高后文功臣表）」とされ、つまり皇帝と割符を交わして爵位を世襲している。また、側面に刻目のある簡牘（刻歯簡牘）は「符」とよばれ、まさに割符として機能した。このように多様な割符文化の土壌のなかから隋唐

時代の割符制度も生み出された。

隋唐時代の割符には多様な用途・種類があるが、既述の通り、それはそれ以前の割符文化の土壌のなかから生み出されたものゆえ、その多くは隋代以前より継承され、必ずしも隋唐独自の制度ではなかった。すなわち、「符」と似た機能をもつものとして「木契」や「旌節」もあり、符とあわせて「符節」や「符契」ともよばれる。『唐六典』巻8門下省符宝部は「符節」を一括して扱い、それらを改めて「銅魚符」・「傳符」・「隨身魚符」・「木契」・「旌節」の5種類に分類している。

そのうち伝符は、駅馬使用者に支給される「銅龍傳符」（青銅製の龍形の伝符）や、その代替物としての「紙券」（紙製の券書）のことで、通行手形にあたる。木契は、天子巡幸中に監国を担う皇太子や、両京留守者が用い、諸州が兵馬を動員する場合や、金部や司農が物品を授受する場合にも用いられ、木製の割符とみられる。旌節は、将帥や遣使に専殺与奪の大権を与えるもので、装飾的要素も大きく、魚形・亀形の符とは別物である。これらの伝符・木契・旌節は、唐代において各々独自の使用方法が定められていたが、駅馬使用や軍隊動員のための割符は唐以前にも存在し[1]、いわば中国古代諸国家が共通に有する制度であった。

一方、「銅魚符」・「隨身魚符」は、魚形（武周期のみ亀形）を摸しためずらしい符である（以下、魚形・亀形の符全般を魚符、随身魚符・随身亀符を随身符、随身符以外の魚符を魚符（≠随身符）とよぶ）。それらについて先駆的研究を行なった布目潮渢氏によれば、魚符（≠随身符）には発兵符・門符・州符としての役割があった。発兵符は、折衝府その他の軍団名を銘文とする魚符で、軍旅を起こすのに用いられた。兵10人以上を動員する場合は勅書も必要で、魚符の勘合終了後に発兵でき、魚符による発兵制は749年に停止された。門符は、宮殿の門名を銘文とする魚符で、宮殿門符・皇城門符・京城門符などがあり、門の開閉に用いる。州符は、州名を銘文とする魚符で、州長官交替などに用い、後周の顕徳6年（959年）に廃止された。このほかに随身符があり、官人の身分証であった。ただし唐代には官人の官職をしめす正式な文書（告身）が別途存在するので、随身符はとくに日常携行用の身分証明書をさす[2]。

以上が布目氏の分類である。これに加え、魚符（≠随身符）はじつは西蕃諸国の朝貢時に用いられる場合もある（以下、朝貢魚符）。それは西蕃諸国の使者が持参すべきもので、各国が12種類ずつ保有し、ひとつひとつに族名と数字が刻まれている。朝貢に赴く時期（１月～12月及び閏月）にあわせ、それと同じ数字が刻まれた魚符を提出すると、魚符の照合がなされ、朝貢儀礼が執り行われる。最近では朝貢魚符の現物が出土し、初歩的な研究が行われた[3]。

　このように魚符には多様な機能があったが、そのなかの発兵許可、開門許可、州の重要業務遂行、朝貢使節の確認に関わる割符は、隋代以前に類例を見出せる[4]。つまり、先述した伝符・木契・旌節に加え、魚符（≠随身符）の機能の多くも、隋唐以前にその淵源を探しだせる。既述のとおり、隋唐割符制度が先秦以来の割符文化の土壌から胚胎したものである以上、隋唐割符制度がそれ以前の割符制度と連続性をもつことは当然である。

　だが魚符の役割のなかには、一見したかぎりでは、隋代以前に制度的淵源を求めるのが困難なものもある。それが随身符である。隋唐時代の史料において、「魚符」と「随身魚符」は書き分けられている。後述するように、随身符の起点は隋代にあり、唐代に受け継がれ、まさに隋唐時代の特徴的な制度であった。では、随身符はなぜ隋代に登場したのか。隋代以前にその制度的萌芽を見出すのはまことに不可能か。随身符は一般に「携帯用官人身分証」や「軍官証」などと解されているが、それに検討の余地はないか。随身符にはいかなる歴史学的意義があるのか。かりに随身符が本当に隋唐時代独自の制度であるならば、その機能や存在意義の解明は隋唐時代を理解する鍵になるのではないか。

　幸いに、随身符に関する文字史料は少なくなく、現在その出土例や発見例も増えている[5]。だが随身符制の通時的変遷を逐った研究は、ロベール・デ・ロトゥール氏や布目潮渢氏の古典的研究以降[6]、手薄のようである。近年の隋唐史に関する文献研究の進展や、随身符の伝世品や拓本に関する事例研究の蓄積をふまえ、新たに隋唐随身符の通時的研究をすることが求められる。また先行研究のなかには、魚符と随身符の史料を混同しているものもある。ひとくちに隋唐時代といっても、随身符の歴史はたいへん長く、漸次的に変化し、それに関して細部に学説の分岐もある。そこで本稿では、おもに玄宗即位以前の随身

符制に焦点を絞り、その沿革と意義を解明する。

1　隋代の随身符制

まず随身符の制度的起点を確認しておく。『隋書』巻1高祖帝紀上には、

> ①（開皇7年4月）癸亥、青龍符を東方の總管・刺史に頒かち、西方には騶虞[ママ]を以てし、南方には朱雀を以てし、北方には玄武を以てす。

とある。ほぼ同文が『北史』巻11隋高祖文帝本紀にもみえ、「騶虞」を「白武」に作る。『北史』は659年成立で、しばしば太祖李淵の祖父李虎の諱を避けているので、「白武」とは「白虎」のことであろう。すると清・李慈銘『越縵堂読史札記』巻9隋書札記も指摘するように、前掲①の「騶虞」も「白虎」の誤りであろう。また『隋書』巻2高祖帝紀下には、

> ②（開皇9年）閏月……丁丑、木魚符を總管・刺史に頒かち、雌一雄一[ママ]とす。……（開皇10年）冬十月甲子、木魚符を京師官五品已上に頒かつ。……（開皇15年）五月……丁亥、制すらく、京官五品已上は、銅魚符を佩びよ、と。……（開皇17年）冬十月丁未、銅獸符を驃騎・車騎の府に頒かつ。

とある（『北史』巻11隋高祖文帝本紀は「雄一」を「雄三」に作る）。

以上2史料によれば、隋の開皇7年（587）4月に青龍符・白虎符・朱雀符・玄武符が東・西・南・北の總管・刺史に、開皇9年（589）閏4月に「木魚符」が全国の總管・刺史に頒布された。青龍符・白虎符・朱雀符・玄武符は「伝符」、開皇9年の「木魚符」は「「木契」類の兵符」といわれるが[7]、その支給対象から推せば、両者は州符や発兵符であろう。

また前掲②によれば、開皇10年（590）10月には在京（中央勤務）の五品官以上にも「木魚符」が頒布された。それは前年（589年）に總管・刺史に支給された「木魚符」と同材質・同形であるが、じつは全くの別物で、その新たな給付対象者は唐代随身符と同じであり（後述）、これこそ随身符の起点である。すなわち、魚符の制度的起点に関しては従来、唐代初期（618）説[8]、開皇15年（595）説[9]、隋代説があるが[10]、前掲①②に基づくと、魚符（≠随身符）の起点は開皇9年、随身符の起点は開皇10年（590年）に求めるべきなのであ

る。

　前掲②にはさらに、開皇15年（595年）5月に五品以上の在京官に「銅魚符」が、開皇17年（597年）10月に驃騎府・車騎府に「銅獣符」が与えられたとある。ほぼ同文が『冊府元亀』巻60帝王部立制度条にもみえ、「銅獣符」を「銅虎符」に作る（『冊府元亀』は以下、中華書局刊『宋本冊府元亀』による）。既述の通り、唐代の史書では避諱のために「虎」を別字に改める傾向があるので、「銅虎符」が妥当であろう。ただし頒布対象者から推せば、開皇17年（597年）の「銅虎符」は発兵符である[11]。一方、開皇15年（595年）の「銅魚符」は五品以上の在京官に頒布されたもので、随身符と考えられ、このときに随身符は木製から青銅製に改められたことになる。

　では、なぜ随身符制は開皇10～15年（590～595）に整えられたのか。『隋書』巻2高祖本紀下の叙述（前掲②を含む）に基づき、当時の時代背景と随身符の歴史を照合すると、隋は開皇9年に天下を統一し、その直後に總管・刺史に「木魚符」を配付した。開皇10年には五品以上の在京官に「木魚符」を頒布した。開皇15年春正月には泰山を祭り、2月に天下の「兵器」を回収し、その私造を禁じた。同年5月には吐谷渾が朝貢し、直後に五品以上の在京官に随身符の携帯を義務づけた。同年6月には林邑が朝貢に訪れた。同年7月には九品以上の官のうち、正当な理由で辞職する者にもそのまま笏の所有を許した。こうした流れになる。すると随身符制は、天下統一後の隋が官僚制や礼制を整える過程で新たに施行したものであって、その形状や制度には隋朝のイデオロギーが強く反映されていると考えられよう。

　では、魚符（随身符を含む）はなぜ魚形をしているのか。従来は、魚符を唐の永徽2年（651）に創始されたものとし、唐の帝室は李氏ゆえ、「李」と同音の「鯉」（鯉魚）が選ばれたとする説が有力であった。たとえば南宋・王応麟『困学紀聞』巻14攷史に、

　　③魚を佩ぶるは唐の永徽二年に始まる。李を以て鯉と爲すなり。

とある。布目潮渢氏は、王応麟説に賛同するとともに、唐初代皇帝李淵の祖父李虎の名が当時避けられた結果、虎符が魚符に改められた可能性にも言及する[12]。たしかに魚形（鯉形）は李氏に都合がよい。だが上述の通り、魚符の起

167

源は開皇９年に溯るので、魚形の由来は本来隋代に求められる。

　そこで注目すべきが南宋・程大昌『演繁露』巻10亀符条である（許逸民校証本による）。

　　④張鷟『朝野僉載』に「漢、兵を發するに銅虎符を用う。唐は、初めて銀兎符を爲り、兎を以て符瑞と爲すなり。又た鯉魚を以て符瑞と爲し、遂に銅魚符を爲りて以て之を佩びしむ。僞周に至り、武姓となるや、元（玄）武は龜なれば、又た銅を以て龜符を爲る」と。又た云う「上元中に、九品以上をして刀・礪の算袋を佩びしめ、仍りて魚形と爲し、帛を結びて之を作る。魚の象を取るは鯉強の兆なればなり。僞周に至り、乃ち絶つ。景雲に、唐、復興し、又た前に準えて帛を結びて飾りと爲す」と。

本文には唐・張鷟（658〜730）『朝野僉載』の佚文２条が含まれている。許逸民校証本は清・嘉慶10年（1805）の張海鵬校刻本を底本とし、文中では康熙帝玄燁の名を避けており、本文の「元武」はもともと「玄武」に作るべきである。

　それはともかく、前掲④は唐人自身の証言として重要で、兎や魚を符瑞とする。「魚の象を取るは鯉強の兆なればなり（取魚之象鯉強之兆）」の箇所は難解で、『続古逸叢書』所収『宋本程氏演蕃露』巻10亀符条に「取魚之衆鯉之強兆」に作るが、許逸民校証は『宋本程氏演蕃露』を誤文とする。尚民傑氏は当該箇所を「鯉強＝李強」の意とし、鯉魚を唐代帝室李氏の台頭に関わる語とした上で、魚符の起点は隋代に溯るから、「鯉強＝李強」は後付けの解釈にすぎないとする[13]。たしかに魚符の起点は隋代に溯るので、鯉魚を唐代帝室李氏の台頭と関連づけるのは問題だが、そもそも前掲④には他にも異文が知られ、『旧唐書』巻37五行志服妖が「爲魚像鯉強之意也」に作り、「鯉強＝李強」説を裏づける書きぶりなのに対し、『太平広記』巻231器玩３唐儀条所引『朝野僉載』（談愷刻本を底本とし、諸刻本も校合した中華書局本）は「取魚之象強之兆也」に作り、魚自体を「強」の「兆」とする。これによれば「魚＝鯉＝李」とする必要はなく、隋は魚を「強」兆として重視していたことになる。『礼記』曲礼上によれば「強」は正式な仕官年齢（40歳）をさすので[14]、隋はそれをふまえた可能性もある。また、魚釣り中の太公望が周の文王に見出された故事や、鯉が龍に化けるという登龍門の故事にならい、魚形が選ばれた可能性も

ある。つまり隋代には五品以上の在京官に対し、王朝が強勢になる兆、正規任用の証、もしくは登龍門の兆などとして魚符が与えられたと考えられるのである[15]。

2 隋唐交替期の随身符

隋唐交替期に、「符」はさらに改正される。もっとも、「符」に関する史料はどれも簡略で、一見したかぎりではどのタイプの「符」についてのべたものか判然としない。そこで以下、関連史料を注意深く選り分けながら、随身符の歴史をたどってみたい。まず『大唐創業起居註』巻下義寧2年3月条に、

⑤少帝、帝の功徳日々懋（さか）んなるを以て……禪讓の禮を行なわんと欲す。乃ち帝を進めて相國と爲し、九錫を加え、殊物（しゅぶつ）を賜い、殊禮（しゅれい）を加う。册文に曰く、「……今、相國の印綬、唐王の璽紱・茅土、金獸符の第一より第五に至るまで、竹使符の第一より第十に至るまでを授け……」と。

とあり、隋は義寧2年（618）3月に「帝」（帝位に即く前の李淵をさす）に対して相国の「印綬」、唐王の「璽紱・茅土」、そして「金獸符」（青銅製虎符か）と「竹使符」を与えた。李淵の唐王即位は、じつは義寧元年（617）11月に遡るが[16]、他の賜与は義寧2年3月になされたのであろう。

続いて義寧2年4月に、またもや変更がなされる。

⑥（義寧二年）夏四月辛卯、竹使符を停め、銀菟符を諸郡に頒かつ。……五月……甲子、高祖、皇帝の位に太極殿に即き、……隋の義寧二年を改めて唐の武德元年と爲す。……九月乙巳、親ら囚徒を録し、銀菟符を改めて銅魚符を爲る（『旧唐書』巻1高祖本紀義寧2年条）。

類似の記載は『冊府元亀』巻60帝王部立制度条や『新唐書』巻24車服志にもみえる。これらによれば、李淵は義寧2年4月に「竹使符」をやめ、諸郡に「銀菟符」を配付した。同年5月には隋第3代恭帝が李淵に禅譲し、李淵は武德元年（618）に改元し、同年9月には「銀菟符」を「銅魚符」に改めた。『新唐書』巻24車服志によれば、このときの「銅魚符」は「軍旅を起こし、守長を易う」ためのもので、つまり発兵符や州符であった。すると、それに先行する「銀菟符」も発兵符や州符で、ここでの「銀菟符」「銅魚符」は随身符でないと

考えられる。なお「銀菟符」を「銅魚符」に改めた点は『旧唐書』巻45輿服志にもみえるが、そこでは「銅魚符」を「銀魚符」に誤る。

　以上の制度改正に関しては多くの未解決の問題がある。たとえば隋の開皇15年（595年）5月に驃騎府・車騎府に支給された「銅獸（虎）符」（前掲②）はその後どうなったか。それと「竹使符」はいかなる関係にあったか。新たに「銀菟符」が採用された理由は何か。それは本当に銀製であったか[17]。「菟」とは何か[18]。なぜ5ヶ月間で魚形に改めたか。既述のとおり、魚形は唐代帝室李氏にとって都合がよく、それが隋代以来の魚符制の継承発展に繋がった可能性は高いが[19]、それが魚形になった原因か。武徳元年6月に隋の大鄴律令が廃されて以降、武徳7年（624。武徳律令頒布）までの律令施行状況に関しては従来諸説あるが[20]、そのなかで魚符制はいかなる位置を占めたか等々。とはいえ、これらの未解決の問題に関係する魚符は、以上の検討によれば、じつは発兵符や州符である。

　では、開皇以来の随身符は、唐代初期に結局どうなったのか（袋に関しては別途後述）。これには諸説ある。とくに極端なのは布目潮渢氏の説で、前掲⑤で李淵が唐王封建時に印綬・金獸符・竹使符を賜わる一方、随身符を賜わっていないことから、隋末には随身符制はなく、隋代随身符制に関する他の史料はもとより疑わしいとする[21]。だが前掲⑤に記載がないことを理由に、隋代随身符の存在を疑うのは、行き過ぎであろう。たとえば唐代墓誌をみても、随身符の賜与を故人の名誉として記録しているのは、管見のかぎり、神龍元年（705）の例を嚆矢とするが[22]、後述するように、随身符制自体はそれよりもはるか以前から存在する。むしろ後掲㉕には「武徳より已來、皆な正員は帶び、闕官は始めて魚袋を佩ぶ」とあり、武徳年間（618〜626）に随身符があった点は明記されている（文中の「袋」字が衍字か否かは議論あり）。これに関連して『事物紀原』巻3衣裘帯服部魚袋条所引『実録』にも「唐の高祖、随身魚を給す」とある。これは『高祖実録』、もしくは唐・劉孝孫『二儀実録』の逸文とみられ、いずれにせよ当時第1級の史料である。金圓氏・許沛藻氏は「高祖」を「高宗」の誤字とするが[23]、『通鑑綱目』巻44上唐玄宗天宝8載条注や『鄭侯升集』巻31青鳥経非真経等も「唐の高祖、随身魚を給す」に作り、直截に誤字と

いえるかは疑問である。むしろ原文を活かして唐代随身符の起源を高祖期に求めたほうが無理がない。以上の理由により、随身符（袋を除く）は隋代以来存在し続けたと考えられる。

3 随身符と職事官

その後、永徽2年（651）に随身符は改正される。

⑦永徽二年四月、開府儀同三司及び京官の文武職事四品・五品に敕し、並びに随身魚袋を給す（日本宮内庁書陵部蔵北宋本『通典』巻第63礼23沿革23嘉礼8。以下、『通典』は本版本による）。

類似の記載は『旧唐書』巻4高宗本紀上永徽2年条、『旧唐書』巻45輿服志、『冊府元亀』巻60帝王部立制度条にある。

その施行月について、前掲⑦や『冊府元亀』は「四月」、『旧唐書』は「五月」に作り、どちらが妥当かは一見判断がつかない。『旧唐書校勘記』は清・張宗泰の言を引用しつつ、『旧唐書』巻4高宗本紀上永徽2年条に「五月壬辰」に作るが、永徽2年5月に「壬辰」の日はないので、「壬辰」は「壬戌」（5月30日）の誤りだとする。

一方、孟憲実氏は、『唐会要』巻31輿服上魚袋条に、

⑧永徽二年四月二十九日、開府儀同三司及び京官の文武職事四品・五品は、並びに随身魚袋を給せらる。五年八月十四日に、敕あり。恩栄の加うる所は、本より品命に縁る。帯魚の法は、事彰かにして要重し。豈に生平官たりて、用て褒飾と為すも、纔かにして亡没するに至らば、便ち即ち追収すべけんや。其の始終を尋ぬるは、情に忍ぶべからず。今より已後、五品已上の薨・亡（卒の誤）すること有る者は、其の随身魚袋は、追収するを須いず。

とあり、改正日時を「永徽二年四月二十九日」とし、まさに暦法上「壬辰」の日なので、永徽2年4月29日壬辰が妥当とする[24]。両説を比べると、孟説はより多くの史料を整合的に解釈したものと評せる。

次にその給付対象者をみると、前掲諸史料によれば、このとき「開府儀同三司及京官文武職事四品・五品」が随身符を佩びたことになる。だが『唐会要』

巻31輿服上魚袋条所引『蘇氏記』には、

> ⑨永徽より以來、正員官は始めて魚を佩ぶ。其し離任する、及び致仕せば、即ち魚袋を去る。員外・判・試並びに檢校等の官は、並びに魚を佩びず。開元九年九月十四日に至り……。

とあり、随身符は「正員官」に頒布されたともある。ではどちらが妥当かというと、後述するように、州の刺史・都督（五品以上）に初めて「魚袋」（魚符・袋）が支給されたのは垂拱2年（686）正月で、永徽年間に「正員官」全員に魚符が支給されたわけではない。

また前掲諸史料をみると、永徽2年には四品・五品官に随身符を与え、三品官以上に与えなかったと読めなくもないが、孟憲実氏は武周期以前から三品官以上にも随身符が支給されたと推測し[25]、私見ではそれはさらに遡る。すなわち前掲⑧には「五品已上の薨・亡（卒の誤）すること有る者は、其の随身魚袋は、追收するを須いず」とあり、『冊府元亀』巻60帝王部立制度条永徽5年（654）8月詔では正確に「五品已上の薨・卒する者の随身魚は追收するを須いず」に作り、「薨」は三品官以上の死、「卒」は五品官以上の死をさす。よって、654年以前にはすでに三品官以上にも随身符が与えられていたと考えられる。

以上に加え、永徽2年4月29日には開府儀同三司にも随身符が支給されているが、それはなぜか。そもそも開府儀同三司は一般に「散職」とされ、在京職事官とは同列視しえない。だが武徳7年以後の開府儀同三司は、「文散官」の最高位（従一品）に位置づけられるとともに、同品の職事官に準じた俸禄を得、朝会への参加も許可される特異な存在であった[26]。しかも速水大氏によれば、開府儀同三司は、武徳・永徽年間に唯一属官を持ちえた散官であった[27]。一方、特進（正二品）は開府儀同三司に次ぐ文散官で、開府儀同三司と同じく俸禄を得、朝会への参加も許可されていたが、随身符は支給されていない。両者の違いは属官の有無に求められる。すると、これが随身符の有無に関係しているのではないか。のちに景龍3年（709）に特進に随身符が与えられ、後掲㉕はそれを「散職の魚を佩ぶるは、此れより始まるなり」と評したが、このことも開府儀同三司が「散職」扱いでなかったことを裏づける。開府儀同三司は属官を抱える特殊な文散官で、職事官に近い存在として位置づけられており、ゆえに

随身符を与えられたのであろう。

4　魚袋の登場

　ところで前掲⑦⑧によれば、永徽2年（651）には「随身魚」だけでなく、「袋」も支給されたようである。だが随身符の「袋」の起源については従来諸説ある。たとえば尚民傑氏は、随身符の創始を永徽2年とし、魚袋の創始を永徽2年〜咸亨3年（672）とする[28]。一方、孟憲実氏は、「魚符」と「魚袋」が史料上混同されていることから、両者は密接不可分で、魚符制と同時に袋制も開始したとし、当該制度の開始を武徳元年（618）とする[29]。他方、呉珊珊氏・劉玲清氏は『旧唐書』に「武徳より已來、皆な正員は帯び、闕官は始めて魚袋を佩ぶ（後掲㉕）」とも、「永徽二年……随身魚を給せらる（巻4高宗本紀上永徽2年条）」ともある点を指摘し、同一史料中に矛盾があるとは思われないので、随身符以外の袋の創始時期を武徳年間とし、随身符の袋の創始時期を永徽2年とする[30]。では結局どう解釈すべきか。尚民傑氏や孟憲実氏が論ずるように、たしかに唐初関連史料では「魚符」と「魚袋」の語が混同され、史料間に脱文・衍文も混在しているようにみえ、それが以上の学説の分岐を生んでいる。だが咸亨3年以前の袋に関する手がかりは、じつは皆無ではない。

　第1に、「魚符」と「魚袋」が史料上混同されていることを論拠に、両者を密接不可分とするのは早計である。なぜなら魚符や亀符の現物はみな頭部に穴があり、紐を通して腰帯に掛けられ、袋がなくとも携帯しうるからである[31]。つまり随身符が登場し、しばらくしてその袋が作成されたと解釈することは十分可能なのである。

　第2に、前掲⑧をみると、永徽5年（654）8月14日以後、在職中に亡くなった五品官以上の「随身魚袋」は中央政府に返却せずともよくなった。すると永徽5年以前には魚・袋双方が支給されていたことになる。前掲⑦よれば、それは少なくとも永徽2年に遡りうる。さらに後掲⑬には、咸亨3年5月3日に「始めて……銀魚を佩びしむ」とあり、その直後に「是の日、内より魚袋を出だして之を賜う」とあり、「銀魚」は「銀魚袋」の略である。よって、永徽2年には魚・袋双方が存在し、咸亨3年以後に一部の袋が「銀魚袋」に変更さ

173

れたと考えられる。

　第3に、劉餗『隋唐嘉話』巻中（程毅中点校本による）に、
　　⑩祕書少監の崔行功、未だ五品を得ざるの前に、忽ちにして鴝鵒有りて一
　　物を銜えて其の堂に入り、案上に置きて去り、乃ち魚袋・鉤鐵なり。日を
　　數えずして大夫を加えらる。
とある。ほぼ同文は『太平広記』巻137徴応3崔行功条所引『国史異纂』にもみえる。『国史異纂』は『隋唐嘉話』の別名である。劉餗は天宝年間（742〜756）に集賢殿学士となった人物で、本書はそれ以前の著名人の逸話や言行録を集めたものである。これは小説類だが、生活風景に関する説明は信じうる。本史料は、崔行功なる人物が五品官になる以前、魚袋を得たとの逸話である。これに関連して『旧唐書』巻190文苑列伝上崔行功列伝に、
　　⑪崔行功……高宗の時……尋いで徴せられて司文郎中と爲る。……咸亨中、
　　官名、復舊せられ、改めて祕書少監と爲る。上元元年、官に卒す。
とあり、崔行功は高宗期に司文郎中に就任している。『通典』巻第26職官8諸卿中秘書監条によれば、龍朔2年（662）に著作郎は司文郎中に更名され、咸亨初（670年頃）に著作郎に更名された。『旧唐書』巻42職官志1によれば、著作郎は従五品上、秘書少監は従四品上である。また崔行功は上元元年に「卒官」しており、ここでの「卒」とは四、五品官が亡くなった場合の表現である。つまり崔行功は龍朔2年〜咸亨元年（670）に司文郎中となり、上元元年（674年）に亡くなるまで、四、五品官でありつづけたことになる。すると前掲⑩は、崔行功の五品官就任前、すなわち龍朔2年〜咸亨元年の逸話で、咸亨3年以前に随身符の袋はあったことになる。永徽5年〜咸亨3年に袋を改正したとする史料はないので、袋の起源はそのまま永徽5年、さらには永徽2年に溯りうることになる。すると、袋はやはり永徽2年に登場し、咸亨3年以後に袋の一部が「銀魚袋」に変更されたとみてよかろう。なお上記検討により、随身符の袋は当時在京五品以上にのみ与えられていたことも裏づけられる。

　その後、咸亨3年5月になると、四品・五品の在京官に新たに銀色の魚袋が支給された。『旧唐書』巻45輿服志に、
　　⑫咸亨三年五月、五品已上には新魚袋を賜い、並びに飾るに銀を以てし、

三品已上には各々金装刀子・礪石一具を賜う。

とあり、『唐会要』巻31輿服上魚袋条に、

⑬咸亨三年五月三日、始めて京官の四品・五品の職事をして銀魚を佩びしむ。是の日、内より魚袋を出だして之を賜う。

とある。類似の記載は『冊府元亀』巻60帝王部立制度条や『玉海』巻86器用佩魚条にもみえる。五品以上の在京官への支給物は「新魚袋」「銀魚袋」「銀魚」などとよばれ、諸史料を総合すれば、「銀の装飾の施された魚袋」と解釈できる。また『新唐書』巻24車服志には、

⑭高宗、五品以上に随身魚・銀袋を給し、以て召命の詐を防ぎ、内より出だして必ず之を合す。三品以上は金もて袋を飾る。

とあり、随身符と銀製魚袋は「召命の詐を防」ぐ機能（のちに詳述）を有していたという。さらに三品官以上の魚符の袋は黄金で彩られ、銀袋と区別され、三品官以上と四、五品官とでは、袋の色が区別されていたらしい。

一方、六品官以下に随身符と袋が与えられた痕跡はない。だが魚形の袋を佩びることは下級官吏の憧れであったようで、前掲④等によれば、早くも上元年間（674〜676）には、九品以上の官が算袋（筆記用具入れ）を魚形にしていた。同内容の記載は『太平広記』巻231器玩3唐儀条所引『朝野僉載』、『玉海』巻86器用佩魚本注所引『朝野僉載』、『旧唐書』巻37五行志服妖にもみえる。上元元年8月に文武官全員の朝服に関する改正があり、とくに武官が「手巾・算袋・刀子・礪石」の携帯を希求しており[32]、このときに文官だけでなく、武官も算袋（しかも魚形）を佩びはじめたようである。

5　武周期の随身符

続いて則天武后期に関しては、垂拱2年（686）正月の改革が知られる。

⑮垂拱二年正月二十日の赦文に、「諸々の州の都督・刺史は、並びに京官に準えて魚袋を帯びよ」と（『唐会要』巻31輿服上魚袋条）。

類似の記載は『旧唐書』巻45輿服志、『唐会要』巻69都督刺史已下雑録、『通典』巻第63嘉礼8、『新唐書』巻24車服志等にもあるが、その史料的根拠が「二十日赦文」である点は前掲⑮にのみ明記されている。『通典』『新唐書』は

「袋」字を欠くが、他書によって補うべきである。これらによれば、則天武后が実権を握る唐朝では、まず垂拱 2 年正月に、在京官になぞらえる形で、州の都督（従二品～従三品）と刺史（従三品～正四品下）に「魚袋（魚符と袋）」が与えられた。実際に在京官以外の随身亀符の実例が複数点みつかっており[33]、それは垂拱 2 年の制度改革を承け、随身符の支給対象を広げた結果と解される[34]。

続いて武周革命が行われた天授元年（690）9 月以降、魚符はすべて亀符に替えられた。すなわち、『旧唐書』巻 6 則天皇后本紀載初元年 9 月条に、

⑯九月九日壬午、唐の命を革め、國號を改めて周と爲す。改元して天授と爲し、天下に大赦し、酺七日を賜う。乙酉、尊號を加えて聖神皇帝と曰い、皇帝を降して皇嗣と爲す。丙戌……内外の官の佩ぶる所の魚を改めて龜に作る。

とあり、『唐会要』巻31輿服上魚袋条に、

⑰天授元年九月二十六日、内外官の佩ぶる所の魚を改めて龜と爲す。

とあり、天授元年 9 月丙戌（26日）に「内外官の佩ぶる所の魚」が亀形に変更された。類似の記載は『旧唐書』巻45輿服志や『新唐書』巻24車服志にもある。形状変更の理由は、前掲④によれば、則天武后が玄武（亀）を尊崇したためである。

そのときの袋の存在について、『通典』巻第63嘉礼 8 本注には、

⑱天授二年八月、左羽林大將軍・建昌王の攸寧、紫衫・金帶を借（か）る。九月二十六日、納言に除せられ、舊に依り、紫を著（き）、金龜を帶ぶ。紫を借りること此れより始まる。

とあり、天授 2 年（691）9 月に武攸寧が納言（正三品[35]）となり、「舊」（従来の礼）に従って紫衫を着用し、亀符と金装の袋を佩びたとある。また魚符から亀符への変更に伴い、袋の形状も変更され、そのことは『旧唐書』巻183外戚武承嗣列伝付薛懐義列伝に、

⑲懷義は法明等と與に大雲經を造り、符命を陳べ、言うこころ、則天は是れ彌勒の下生にして、閻浮提の主とならん、と。唐氏合せて微（おとろ）う。故に則天、命を革めて周と稱す。懷義は法明等九人と與に、並びに縣公に封ぜら

れ、物を賜わるに差有り。皆な紫袈裟・銀亀袋を賜わる。

とある。これは、薛懐義や法明らが『重訳大雲経』の完成・頒布（689年）に貢献し、武周革命（690年）直後に亀符と袋（亀袋）を与えられたことをしめす。

さらに唐代石刻資料をみると、万歳年間（695〜697）に軍功を挙げて「紫袍金帯并びに金亀袋」等を賜った者や[36]、聖暦2年（699）に壮武将軍（正四品下の武散官）を拝命して「紫及び金亀袋」を「借」りた者[37]、もしくは景雲2年（711）以前に「金亀袋」などを賜わり、使持節彭州諸軍事・彭州刺史となった者の例がある[38]。これらは亀符・亀袋が当時実際に機能した例である。なお「借」字は、本来の官職身分が低いのにそれよりも上位の待遇を受けることであり、上記石刻はそうした事例がすでに武周期に存在したことを物語る。『太平広記』巻258嗤鄙1朱前疑条所引『朝野僉載』にも、

㉑周の朱前疑……又た上書して云う、「聞くならく、嵩山、萬歳の聲を唱う、と」と。即ち緋・魚袋を賜わる。未だ五品に入らざれば、緑衫の上に之を帶ぶ。朝野、怪笑せざる莫し。

とある。これによれば、朱前疑は則天武后に阿り、緋衣と魚袋を賜った。本文には「亀袋」でなく「魚袋」とあるから、武后の皇帝即位（690年）よりも少し前のことである。『資治通鑑』巻206唐紀22神功元年（697）条には類似の文がみえ、「是れより先」（神功元年以前）のこととして朱前疑が「緋・算袋」を賜わったとあるが、繋年が不精確で、「算袋」も「魚袋」の誤りである。このとき朱前疑は五品官未満であったので、やむなく緑衫（六、七品官の服色）を着用し、そのうえに緋衣と魚袋を重ね着し、朝廷や世間の笑いものになった。本例をみても、五品官未満に「魚袋」を賜わるのは特例で、「借」の例と解される。かかる例は開元期から激増する。

久視元年（700）10月には、さらに四品官と五品官のあいだに袋色の区別が設けられ、職事三品以上は金、四品は銀、五品は銅で彩られた。すなわち『唐会要』巻31輿服上魚袋条に、

㉑久視元年十月十三日、職事三品已上の亀袋は、宜しく金を用て飾り、四品は銀を用て飾り、五品は銅を用て飾り、上は守り下は行ない、皆な官給

に依るべし。

とある。ほぼ同文が『通典』巻第63嘉礼8、『旧唐書』巻45輿服志にもあるが、日にちまで判明しているのは『唐会要』のみである。また『通典』は「依官給」を「従官給」に作るが、意味は同じである。本文の「宜」字は「……するのが妥当である」の意で、「宜」字以下の内容が実行されたか否か一見判然としないが、北宋・李上交『近事会元』（四庫全書所収）等はほぼ同文を載せ、「宜用金飾」を「並用金飾」に作る。また『新唐書』巻24車服志には、

㉒其の後（＝久視元年10月）、三品以上の龜袋は飾るに金を以てし、四品は銀を以てし、五品は銅を以てす。

とある。このとき四品官と五品官とに区別が設けられた理由ははっきりしない。なお後掲㉗㉘によれば、長安3年（703）には皇太子の随身符が玉製に改められた。

則天武后による随身符の亀形採用は、しかし唐朝復活（705年）とともに撤回される。すなわち『旧唐書』巻45輿服志に、

㉓神龍元年二月、内外の官の五品已上は舊に依りて魚袋を佩ぶ。六月、郡王・嗣王は特に許されて金魚袋を佩ぶ。

とあり、『通典』巻第63嘉礼8に、

㉔神龍元年二月に至り、京の文武の五品以上は、舊式に依りて魚袋を佩ぶ。……神龍元年六月（北宋本『通典』は「開元初九月」に作るが、中華書局本に従って校訂）の敕文に、「嗣王・郡王の階有りて卑き者は、特に金魚袋を佩ぶるを許せ」と。

とある。これらによると、神龍元年（705）2月に、唐の復活に伴って亀符は魚符に戻された。類似の記載は『事物紀原』巻3衣裘帯服部魚袋条所引『実録』、『太平広記』巻187職官魚袋条所引『国史異纂』、『新唐書』巻24車服志にもにある[39]。このときの「魚袋」頒布対象者については、「内外官五品已上」とする前掲㉓と、「京文武五品已上」とする前掲㉔や『唐会要』巻31輿服上魚袋条がある。内官と外官は勤務先（京師か否か）、文官と武官は職掌による区分で、「内官＋外官＝文官＋武官＝全官員」（『通典』は18805人とする）である[40]。すると前説は五品以上の全官員、後説は五品以上の在京官のみをさすこ

とになる。そこで両説の是非を検討すると、上述のごとく、垂拱2年にすでに州の刺史や都督に「魚袋」が与えられている以上、神龍元年2月の「魚袋」の給付対象は「京文武五品已上」にとどまらない。だが、これによって五品以上の外官全員に随身符と袋が与えられたとも考えにくい。基本的には前掲㉔や『唐会要』巻31輿服上魚袋条が正しく、州の刺史・都督という例外も含めれば、前掲㉓も間違っていないとすべきであろう。

　また前掲㉔や『唐会要』巻31輿服上魚袋条によれば、同年6月には郡王・嗣王のうち、「階有りて卑き者」にも「金魚袋」が許された。『旧唐書』巻45輿服志等がしめすように、三品以上は金袋で、三品以上の郡王・嗣王にも当然金袋が与えられるが、三品未満の郡王・嗣王は本来金袋に当たらない。にもかかわらず彼らにも金袋携帯を許したのが、神龍元年赦文の意義であったといえよう。またこのとき五品官の袋の色は、銅から銀に戻されたようである。

　ところが、景龍3年（709）8月には、「特進」にも随身符が許された。

　㉕景龍三年八月、特進をして魚を佩びしむ。散職の魚を佩ぶるは、此れより始まるなり。武德より已來、皆な正員は帯び、闕官は始めて魚袋を佩ぶ。員外・判・試・檢校は則天・中宗の後より始めて之有るも、皆な魚を佩びず。正員の官、佩ぶるを得ると雖も、亦た任を去り、及び致仕せば、即ち解きて魚袋を去る（『旧唐書』巻45輿服志）。

本史料によれば、景龍3年以降、「散職」にも魚符が与えられた。「特進」は「散職」のひとつである。この点は、『唐会要』巻31輿服上魚袋条や『新唐書』巻24車服志にも記載がある。もっとも、それ以前にも「散職」の開府儀同三司に随身符が与えられているので、本史料にみえる「散官の魚を佩ぶるは、此れより始まるなり」の文には問題があるとの指摘もある[41]。だが前述したように、唐初の開府儀同三司は「散職」といえない側面をもち、本史料はその点をふまえたものであろう。これは、本品と、随身符・袋との連動関係に、亀裂が入ったことをしめす。

　また本史料には「員外・判・試・檢校は則天・中宗の後より始めて之有る」とあり、「之」は前文の「魚袋」でなく、文法的に、直前の「員外・判・試・檢校」をさす。すると本史料は、則天・中宗期に「員外・判・試・檢校」が登

場したが、随身符は携帯しなかったという意味になる。実際に『新唐書』巻24車服志はこのことを「員外・試・檢校官は、猶お魚を佩びず（員外・試・檢校官、猶不佩魚）」と言い換えており、両史料の意味は一致する。「員外」は「員外置」ともいい、じつは太宗期以来の非正員官である[42]。判官は「任務を執行する官」（つまり法曹関係に限らない）で[43]、やはり非正員官である。試官は、詔に基づく非正員官で、とくに武后が人心収攬のために鳳閣舎人・給事中・次員外郎・侍御史・補闕・拾遺・校書郎などを多く試任したことが知られる。景龍年間（707～710）以前の検校官は、詔によって某官の代理を行なう官（つまり実職をもつ）であった[44]。このように「員外・判・試・檢校」は、必ずしも「則天・中宗の後より始めて」登場したわけではないが、ともかくこれらはとくに景龍年間（とそれ以前）に濫授されて問題化した[45]。「員外・判・試・檢校」が随身符をもたない理由は、彼らが非正員官だからであろう（ただし、非正員官にも随身符の「仮授」はありうる）。

　ちなみに『旧唐書』巻7中宗本紀神龍元年条に、

　　㉖二月甲寅、國號を復し、舊に依りて唐と爲す。社稷・宗廟・陵寢・郊祀・行軍旗幟・服色・天地・日月・寺宇・臺閣・官名は、並びに永淳已前の故事に依る。

とあり、神龍元年2月の唐復活と同時に、「社稷・宗廟・陵寢・郊祀・行軍旗幟・服色・天地・日月・寺宇・臺閣・官名」が永淳年間（682～683）以前の状態に戻された。随身符制は「服色」に含まれるので、永淳元年（682）時点の制度に戻された可能性がある。すると、垂拱2年に決まった州の都督・刺史への随身符支給も撤回された可能性が生ずるが、これには疑問が残る。なぜなら開元26年（738）頃に完成した後掲㉗には、州の刺史や都督などに対する随身符の給付が銘記され、それは垂拱2年以降も脈々と継受された規定だからである。この規定について『唐令拾遺補』は開元7年（719）の公式令として復元するが[46]、以上の理由により、少なくともその部分的内容は神龍元年令、太極元年令（712）、もしくは開元3年令（715）に溯りうる。

6 随身符の使用方法

　以上、景龍3年（709）までの随身符制の沿革を説明した。既述のごとく、随身符の頒布対象者はその後さらに拡大し、随身符の原義はみえにくくなるので[47]、ここでは景龍3年までで議論を切ったわけである。

　では玄宗即位以前の随身符は、結局いかなる機能をもつのか。これについて先学は「身分証」「携帯用の官人身分証」「軍官証」などとし、いわば身分証説として一括できる。だが随身符は本当に身分証とよびうるものか。かりにそうであるとしても、随身符の役割は身分証だけにとどまるのか。この点について布目潮渢氏はつとに、随身符に一種の勲章としての効果もあったとし、身分証を中心的意義とし、勲章的効果を副次的意義としており、示唆的である。そこで以下、身分証の検証と勲章的効果の具体的解明を試みたい。

　随身符の機能については従来、次の『唐六典』巻8門下省符宝部の記載が知られている。本史料は開元26年（738）頃に完成した玄宗勅撰書で、安史の乱以前の随身符について知るにはたしかに格好の史料である。本文には李林甫らの本註があり、以下では李林甫註を（　）内に入れる。

　　㉗三に随身魚符と曰い、貴賤を明らかにして徴召に應ずる所以なり（親王及び二品已上の散官・京官の文武の職事五品已上・都督・刺史・大都督府長史・司馬・諸々の都護・副都護は、並びに随身魚符を給せらる）。……随身魚符の制、左二右一とす。太子は玉を以てし、親王は金を以てし、庶官は銅を以てし（随身魚符は皆な題に某位姓名を云う。其の官、只だ一員有る者は、姓名を著わすを須いず。即し官名、曹司と共に同じ者あらば、一員と雖も、亦た姓名を著わす。随身は、仍りて姓名を著わし、並びに袋を以て盛る。其の袋は、三品已上は飾るに金を以てし、五品已上は飾るに銀を以てし、六品已下の守五品已上は魚を佩びず。若し家に在りて時に非ず、及び出使し、別勅ありて檢校に召され、並びに兵を領して外に在り、別に符契を給せられず、若し須らく處分を迴改すべき者あらば、符の同じきを勘べ、然る後に承けて用う）、佩びて以て飾りと爲す。姓名を刻する者は、官を去りて焉を納る。刻せざる者は、傳えて之を佩びしむ（若し傳

181

えて魚を佩ぶるときは、皆な須らく遞いに相い付し、十日の内に禮部に申報すべし)。

本史料は前後にも文があり、唐代符制の骨子をしめすもので、多くの先学が触れている。だが改めて注意を喚起したいのは、そこに複数の種類の符に関する記載が含まれ、魚符と随身符の記載が混在していることである。それらを弁別すると、随身符の分析が可能となる。類似の記載は『旧唐書』巻43職官2符宝郎条や『新唐書』巻24車服志にもみえ、相互検証の素材としうる。

それによると随身符は「貴賤を明らかにして徴召に應ずる」ためのものである。前掲『新唐書』巻24車服志は「徴召」を「召命」に作る。両者はいずれも皇帝の召喚命令をさす[48]。前掲『新唐書』巻24車服志の文は高宗期に関わるものゆえ、かかる随身符の意義は高宗期に遡るといえる。これについて瀧川政次郎氏は「徴召」「召命」を「夜中至急のお召し」とし、それゆえ随身符は本来在京官にしか支給されなかったとし、武周期以後に随身符の上記機能が失われ、服飾品に転落し、勲章として重視されるようになった結果、随身符は在京官以外にも支給されるようになったとする[49]。だが後掲『唐会要』巻4儲君雑録にみえるとおり、随身符による徴召には、「夜中至急のお召し」でない場合もある。また既述のとおり、随魚符の配付対象はたしかに本来五品以上の在京官で、しばらくして徐々に拡大し、開元26年までに「親王及び二品已上の散官、京官の文武職事五品已上、都督・刺史・大都督府長史・司馬、諸々の都護・副都護」(前掲㉗)に及んだが、武周期以降に随身符の割符的機能が失われたとするのは早計である。むしろ上記諸官は、在京か否かを問わず、皇帝からの徴召時に随身符を用いた。その過程を具体的に描いた史料として『唐会要』巻4儲君雑録がある。

㉘長安三年、太子詹事の崔神慶、上表して曰く、「臣伏して思えらく、五品以上の龜を帶ぶる所以は、比びに別敕もて徴召するとき、詐妄有るを恐れ、内に龜を出だして合し、然る後に命に應ずる爲なり。況んや太子は元良にして國の本、萬方の瞻る所なれば、古來、徴召するには皆な玉契を用う。此れ誠に重愼の極、防萌の慮なり。臣、昨に突厥の使の見ゆるに縁りて、太子合(まさ)に入りて朝參すべきを見る。直だ文符有りて宮に下さるるも、

曾て敕を降さずして處分す。太子は時に當たりて又た臣に報じて云う「昨日は晩に至るまで侍奉するも、聖人の諭及び遣來するを見ず。今、直に臺符に準えて朝するは、事、安を得るや否や」と。臣又た思えらく、周の禮の儀注に、例皆奏聞し、臺符、所し下らば、必ず將われ、妄に非ず、と。臣又た自ら朝堂に到り、審かに是の寔（實）なるを知る。所以に太子遽かに往く。當今、人、淳化を棄け、内外、心を同うす。然るに古人、事を未萌の前に慮り、所以に長く悔吝の咎無し。臣愚見るに、太子既に陛下と宮を異にす。伏して望むらくは、太子を召すに、先ず來たる日を報ぜよ。朔・望に非ずして朝參するには、應に宣喚を須つべし。伏して望むらくは、墨敕及び玉契を降し、以て重鎮（慎）の道に符せよ」と。

これと似た文が『旧唐書』巻77崔神慶列伝にみえ、前後に以下の文がある。

㉙時に突厥の使の入朝する有り、儀注に準え、太子は合に預め朝參すべく、先ず敕書を降す。神慶、上疏して曰く、「……」と。則天、甚だ之を然りとす。

これらを考え合わせると、以下の点が判明する。すなわち、皇帝が高位高官を徴召する場合、まず随身符（中央保管分の左符）と敕書が下され、その勘合後に高官は参内した。瀧川政次郎氏によれば、それは高位高官が偽りの命令を受け、何者かによって屋外に誘い出されて暗殺されるのを防ぐためである[50]。また敕書の代わりに文符（下行文書の省符）による場合もあった。すると、徴召に際しては随身符の照合だけでは参内できなかったことになる。

一方、随身符なき官吏であっても、徴召があれば宮廷に入れた。たとえば、貞観5年（631）に侍御史李仁発は太宗李世民に召喚されたが（『貞観政要』巻2直諫、『新唐書』巻100権万紀列伝）、侍御史は従七品上（のち従六品）である（『旧唐書』巻42職官志1）。よって皇帝との面会には敕書や文符があればよく、随身符は高位高官が敕書・文符の信頼性を確認するのに役立てられたとみてよい。前掲⑭によれば、随身符だけでなく、銀袋も「召命の詐」を防ぐとされ、孟憲実氏は袋を随身符と照合したとする[51]。

以上によれば、随身符は、携帯分（右符）だけでは身分証明とならない。またそれは、皇帝による徴召時以外には、身分証や軍官証たりえない。随身符の

身分証としての用途はきわめて限定的であった。むしろ随身符のなかには「姓名」の刻まれていないものもある。前掲㉗に「其の官、只だ一員有る者は、姓名を著わすを須いず」とあるように、定員1名の官職に就任した者の魚符には姓名が刻まれなかった。それは、個々人の姓名と官職名を照合するための証書ではなく、高位高官が勅書や文符によって徴召されたさいに、万全を期するために求められたものであったのである。

7　随身符の象徴的意義

　随身符の存在意義は、上記の用途にあるだけではない。むしろそうでない側面のほうが重要と思われる。つぎにこの点を具体的に検証する。

　もとより随身符には、基本的に「某位姓名」が刻まれ、その者が職を退いた時点で、随身符は中央政府に回収される手筈となっていた。だが永徽5年（654）以降は、五品官以上の者が死ぬと、その随身符は中央政府に返却せずともよくなった。その理由について、前掲⑧には「恩榮の加うる所は、本より品命に縁る。帶魚の法は、事彰かにして要重し」とあり、死亡者の魚符の返却を「情に忍ぶべからず」とする。これによると、随身符はまず「品」と連動すべき「褒飾」であった。一方、「致仕」者（年齢や病気で退職する者[52]）や「離任」者の随身符は返却された。返却するか否かの境目は、返却者の「致仕」者や「離任」者がすでに当該官品を有さないのに対し、非返却者が当該官品を有したまま死亡した点にある。これも、官品が当時随身符と連動すべき制度であったことをしめす。

　また前掲⑧にはもうひとつ注目すべき点がある。それは永徽5年の敕で、随身符が皇帝からの「恩榮」や「褒飾」とされている点である。もし随身符がたんなる身分証や軍官証であれば、それを「恩榮」や「褒飾」とよぶことはあるまい。しかも高宗は、死亡者の随身符の返却を「情に忍ぶべからず」とした。これは随身符の存在意義が所有者の死後も継続したことをしめす。つまり随身符は、割符として有用なだけでなく、それ以上に高品官（五品以上）に対する「恩榮」「褒飾」としての象徴的意義を有したのである。現に、氏名の刻まれていない魚符の管理は礼部が掌り（前掲㉗）、随身符の中核的意義は「礼」に関

係する。

　この点を検証するうえで、前掲㉗に「六品已下の守五品已上は魚を佩びず」とある点にも註目される。その意味を理解するためには、事前に『旧唐書』巻42職官志1を理解しておく必要がある。

　㉚凡そ九品已上の職事は、皆な散位を帯び、之を本品と謂う。職事は則ち才に隨いて錄用し、或るものは閑より劇に入り、或るものは高きを去りて卑きに就き、遷徙出入は、參差にして定まらず。散位は則ち一切、門蔭を以て品を結び、然る後に勞考もて進敍す。武徳令に、職事の高き者は散官を解き、一階もて至らざるを欠くは兼と爲し、職事の卑き者は、散官を解かず、と。貞觀令に、職事の高きを以て守と爲し、職事の卑きは行と爲し、仍りて各々散位を帯ぶ、と。

これによると、九品以上の職事官は散位をも所有し、それを「本品」といった。貞観以後、散官以上の職事保持者は「守＋職事官」、散官以下の職事保持者は「行＋職事官」に作る。『唐律疏義』巻第2名例律疏議の「其れ六品の散官にして、五品の職事を守するもの有り（其有六品散官、守五品職事）」という書き方をふまえると、前掲㉗の「六品已下の守五品已上は魚を佩びず」は「散官六品以下をもち、五品以上の職事を担う官は、随身符を携帯しない」の意である。これは、開元26年（738）時点で、随身符の支給基準が「本品」五品以上（散品を解かれた場合は職事品）であったことをしめす。随身符と「本品」の連動開始がどこまで遡りうるかは不明だが、ともかくこうした改革が可能であること自体、随身符が職事五品官の実務に必須ゆえ支給されたわけではなかった証拠とみてよかろう。

　しかも既述の通り、散官のなかでも開府儀同三司と特進は朝会への参加を許され、職事官同様の俸禄を受ける特殊な存在であったが、随身符は永徽2年（651）に開府儀同三司に与えられ、景龍3年（709）には特進以下にも与えられた。つまり随身符の支給は本来、朝会への参加や俸禄とも関係がない。

　随身符の非実用性に関連して、もうひとつ注目すべきが袋の存在である。すでに本稿で詳論したように、随身符を入れる袋には咸亨3年（672）以後、官品に応じた色彩の区別があり、通時的に少しずつ制度改革が行われた。上元年

間（674〜676）には、五品未満の者は算袋（筆記用具入れ）をわざわざ魚形にした。武官も魚形算袋を佩びることを強く求め、それは実現した。算袋は筆記用具入れにすぎず、そのなかには魚符がない。にもかかわらず、算袋を佩び、しかもそれを魚形にする理由は、五品未満の者にとって、それがエリートの証であったからであろう。また既述の通り、現在知られている随身符の現物の頭部にはみな穴があり、紐を通せる。つまり袋の有無にかかわらず、じつは随身符はそのまま腰に挂けうる。その意味で、随身符の袋はもとより必須の実用品でないといえよう。

　もっとも、垂拱2年（686）には、州の都督・刺史にも在京官に準じて魚袋が与えられ、魚袋は在京官の枠を越えはじめる。久視元年（700）には三品以上は金袋、四品は銀袋、五品は銅袋とされ、神龍元年（705）には三品未満の嗣王・郡王にも「金袋」携帯が許された。そのことは『事物紀原』巻3衣裘帯服部魚袋条所引『実録』で「品に限らざるなり（不限品也）」と表現されており、このときに魚袋と「品」との連動に亀裂が走ったことがわかる。景龍3年には「特進」にも魚符が与えられ、「散職の魚を佩ぶるは茲れより始まるなり」（前掲㉕）といわれるごとく、魚袋と「品」とのあいだの亀裂はさらに広がる。だがそうしたなかにおいても、袋は幅広く官人らの身分を差異化して顕示する役目を失ったわけではない。袋は、たんに日常業務に必要であるという現実的要請から官吏に与えられたのではなく、それを与える側にとっても、佩びる側にとっても、見る側にとっても、すぐれて象徴的な意味を有し続けたのである。

　以上より、随身符制（随身符と袋）が隋唐時代独自の制度であること、それがたんなる割符の役割を越えて、官人身分の差異化と顕示に役立てられていたことが判明した。では、それは前代未聞の制度であったのか。随身符制の前身に関しては従来、太古の算袋（筆箱の1種）とする史料があるが[53]、魚符の袋と算袋とではまったく性質が異なる。また佩玉や鞶嚢とする説もあるが、佩玉や鞶嚢は唐代にも存在し、魚符や魚袋と並存関係にあるなどの問題がある[54]。すると、かりに隋代以前の制度と随身符に何らかの関係があったとすれば、それは算袋・佩玉・鞶嚢以外に求められることになる。最後にこの点について仮

説を提示したい。

　結論からいえば筆者は、隋唐随身符（袋を含む）に似た機能をもつものとして、隋代以前の印綬制度に注目すべきだと考える。周知のとおり、印綬に関する歴史学的研究は、栗原朋信氏の諸論文を嚆矢とする[55]。それによると、まず春秋時代に私印と公印が萌芽し、戦国時代に官職や爵位の象徴としての公印が整備された。漢代になると、璽・印・綬は整然たる体系を形づくるようになった。それに基づいて栗原氏は、漢代の内臣と外臣を区別し、皇帝の礼・法・徳の受容度に応じた漢帝国の支配構造を見出した[56]。その後、漢代の百官の印綬についてさらに詳細な検討を加えたのが、阿部幸信氏である。

　阿部氏によると、漢代における印綬の賜与は、任官・封爵儀礼の中心的役割を担った。だが官職・爵位から離れた場合、理由の如何にかかわらず、印綬は返還されねばならなかった。その意味で、印綬は従来、官職や爵位に就いている証と解されてきた。だが実際には、休暇で家（私的な場所）に帰宅中の官吏も印綬を佩びたままであった。また官吏は、印綬を文書行政に活用したが、印綬は文書行政に携わらない官吏や、位階の高い加官にも与えられた。つまり印綬は、たんに日常業務に必要であるという現実的要請から官吏に与えられるものではなく、それを与える側にとっても、佩びる側にとっても、見る側にとっても、すぐれて象徴的な意味を有していた。それは、百官における位階標識として、他官と自らを差異化する象徴であり、将軍に与えられる節や斧鉞と、きわめて近い性質をもっていたのである[57]。

　以上の漢代印綬制度の位階標識としての役割は、隋唐随身符制（とくに袋）を彷彿とさせる。そこで、漢代印綬制度がその後どうなったかを確認すると、それは魏晋南北朝時代にも存在し、むしろ漢代以上に複雑化し、隋代に突如使用範囲が縮小する[58]。遅くとも唐代には、個々人が職官印を佩びる制度はなくなり、官署印の制度が生まれる[59]。そしてそれに取って代わるかのように、隋代に随身符制が登場する。とすると、印綬制と随身符制のあいだには制度的継承関係があるのではないか。現に、杜佑（735〜812）は、上古から天宝年間（742〜756）までの諸制度の沿革を通観した政書の『通典』を著したさい、上古の印綬制度から随身符制までを同一項目（『通典』巻第63嘉礼8「天子諸侯

玉佩剣綬璽印」）に収め、両者の性質を近いものと解している（『通典』は同項目に佩玉や鞶囊も含めるが、既述のとおり、佩玉や鞶囊は唐代にも存在し、魚符や魚袋と並存関係にある）。また「魚袋」は門下省所属の符宝郎で保管・出納され（前掲㉗）、符宝郎はもともと符璽郎といい、武周期に符宝郎と改称し、中宗期に符璽郎に戻し、玄宗期以後にまた符宝郎といった。この官名から推しても、印璽と随身符には強い相似性があるといえよう。

おわりに

　以上本稿では、隋唐随身符（袋を含む）の制度的沿革と存在意義について検討した。それによると、随身符制の起点は隋代に求められ、開皇10年（590）10月に在京官五品以上に「木魚符」が支給され、それは開皇15年（595）5月に銅製に変更された。隋が魚形を採用した理由は、魚自体が王朝繁栄の兆、正規任用の証、もしくは登龍門の兆として観念されたためと推測される。唐も高祖期以来随身符制を継受し、それは「鯉＝李」の繁栄の兆とみなされた。その後、永徽2年（651）4月末に随身符制は改められ、開府儀同三司と在京文武職事五品以上に支給され、袋（いわゆる魚袋）も登場した。咸亨3年（672）5月には袋の色が定められ、三品以上は金飾、四、五品は銀飾とされた。上元元年（674）前後には五品未満〜九品の文武職事官も魚形の算袋を帯びはじめる。垂拱2年（686）正月には在京官だけでなく、五品以上の州都督・州刺史にも随身符が与えられた。天授元年（690）には武周革命とともに、随身符が亀形に改められ、それは則天武后が玄武（亀）を重視したためである。久視元年（700）10月には在京職事三品以上が基本的に金袋、四品が銀袋、五品が銅袋とされ、四品と五品のあいだに格差が設定された。長安3年（703）には皇太子のみ玉製随身符を用いるよう定められた。神龍元年（705）2月には唐朝復活とともに随身符が亀形から魚形に戻された。神龍元年6月には在京職事四品を銀袋、五品を銅袋とする格差が解消され、三品以上の在京官は金飾、四・五品の在京官は銀飾とされ、三品未満の郡王・嗣王にも特例として金袋が許された。この特例によって本品と袋色との直接的連動関係は動揺し、しかも景龍3年（709）8月には特進にも随身符の携帯が許された。以上が玄宗即位以前

の随身符の制度的沿革で、随身符とその袋が基本的に職事五品以上の在京官に与えられ、686年以降にとくに例外が広がってゆくことがわかる。

　また随身符は魚袋とともに、高位高官が勅書や文符に基づいて徴召されたさいに、万全を期するために用いられた。さらに随身符は、必ずしも朝会の参加者か否か、俸禄受給者か否かとは関係なく、もともと職事五品以上の在京官にのみ携帯を許された礼物であり、「褒飾」「恩榮」としても認識されていた。やがて随身符の象徴的価値が向上すると、魚袋も官人身分を顕示する手段とされ、五品未満の者も自らの携帯する算袋を魚形にするなど、朝廷内では一世を風靡した。

　こうして随身符（袋を含む）は官人社会の秩序を可視化する象徴的役割を担った。それは漢代に印綬制が担った役割と相似するもので、隋唐時代の国家秩序を理解する鍵のひとつとみなされる。その後、随身符（袋を含む）の支給範囲は徐々に拡大するが、その受給者が高位高官である点は変わりなく、かくて李白「對酒憶賀監」に「金龜、酒に換えし處」、杜甫「陪鄭広文遊何将軍山林」に「金魚もて酒に換う」と詠われる象徴的価値物となってゆくのである（それを酒代とする点は李白や杜甫の文学的比喩である）。

［付記］本論文はJSPS科研費（21H04984）による研究成果の一部である。

注

1）des Rotours, Robert, "Les insignes en deux parties（fou 符）sous la dynastie des T'ang（618-907），" *T'oung Pao Second Series 41*（1952）：1-148；布目潮渢「唐代符制考——唐律研究（二）——」（『布目潮渢中国史論集』上巻、汲古書院、2003年、256-292頁）。また漢代の節・伝・旌節に関しては、先駆的研究として、大庭脩「漢代の関所とパスポート」「後漢の将軍と将軍仮節」（『秦漢法制史の研究』創文社、1982年）。同「漢代の符と致」（『漢簡研究』同朋舎、1992年、160-177頁）などがある。なお近年の日本における研究成果としては、冨谷至「通行行政——通行証と関所」（『文書行政の漢帝国』名古屋大学出版会、2010年、260-321頁）、藤田勝久『中国古代国家と情報伝達』（汲古書院、2016年、1-673頁）、鷹取祐司「肩水金関遺址出土の通行証」（鷹取祐司編『古代中世東アジアの関所と交通制度』立命館大学、2017年、175-335頁）が挙げられる。

2）布目注1前掲論文。

3）Владимир А. Беляев и Сергеы В. Сидорович, "Танская верительная бирка для посланцев Тюргешского каганата," *Общество и государство в Китае: XLII научная конференция* 6, Том 1（2012）：282-287.

4）漢代の虎符・門籍などについては、大庭注1前掲論文、井口大介「虎符の変遷と唐代の符節制度について」（『城西人文学』第3号、1975年）。また朝貢魚符の起源に関しては、『大学衍義補』巻90釐節之制「『漢書』南粵王伝、漢十一年立尉佗爲南越王、剖符通使。臣按『説文』、符漢制以竹長六寸分而相合。其後唐人給蕃國符十二、銘以國名、雄者進内、雌者付其國。其國朝貢使各齎至、不合者劾奏。其制蓋始於漢也」等が参考になる。
5）柿沼陽平「文物としての随身魚符と随身亀符」（『帝京大学文化財研究所研究報告』第19集、2020年）。
6）des Rotours 注1前掲論文；布目注1前掲論文。
7）孟憲実「略論唐朝魚符之制」（『敦煌吐魯番研究』第17巻、北京、2017年）。孟氏は開皇10年の木魚符を算入していない。
8）des Rotours 注1前掲論文、8頁；布目注1前掲論文；姚玉成「俄羅斯尼古垃耶夫斯克遺址出土魚形青銅信符考実」（『北方文物』1993年第3期）、汪澎瀾・姚玉成「渤海新史料辨証一題」（『長春教育学院学報』第22巻第3期、2006年、7頁）
9）Belyaev, Vladimir A. and Sidorovich, Sergey V., "Tang Tallies of Credence Found at the Ak-Beshim Ancient Site," *Numismatique Asiatique: A Bilingual French-English Review 33*（March 2020）：43 は、des Rotours 注1前掲論文、106-107に従い、「It also seems that the pisciform tallies have first appeared in 595」とし、さらに虎符から魚符に移行したとし、形状変更の理由を鯉魚と唐室李氏の音通に求める。だが、本稿で詳論するように、複数の誤解が絡み合っている。
10）清・瞿中溶『集古虎符魚符考』、呉珊珊・劉玲清「唐魚符考論」（『黒龍江史志』2014年第19期、26頁）、朱湉「武周"右豹韜衛懸泉府第二"魚符的発見与考釈」（『形象史学』2018年第1期、68頁）は隋代に原形ありとする。尚民傑「唐朝的魚符与魚袋」（『文博』1994年第5期、54〜57頁）は魚符を隋代起源とし、随身符を唐代起源とする。
11）唐代初期の発兵制度が皇帝信璽と虎符による点は孟注7前掲論文、59〜73頁。
12）布目注1前掲論文、260頁。
13）尚注10前掲論文、55頁。
14）人生十年曰幼、學。二十曰弱、冠。三十曰壯、有室。四十曰強、而仕。
15）尚注10前掲論文、55頁は、魚瑞祥説の背後に、魚腹藏書説（魚が讖緯の書籍を腹藏するとの伝承）が当時盛んであったことを挙げる。これも一案ではあるが、唐代随身符との直接的関連性をしめす史料はない。
16）『隋書』巻5恭帝紀義寧元年条・『大唐創業起居註』巻下義寧元年条。
17）当時の魚符について『旧唐書』は銀製とし、『冊府元亀』『新唐書』は銅製とする。尚注10前掲論文、54〜57頁は前者を是とし、孟注7前掲論文、62頁は後者を是とする。
18）des Rotours 注1前掲論文、61〜62頁は「銀菟符」の「菟」について、植物説（シャヴァンヌ）や、「於菟（虎の別名）」説（楊聯升説）を却け、「兔」と解する。『演繁露』巻10亀符条引『朝野僉載』は「菟」を「兔」とし、兔を瑞祥とみなしており、おそらくデ・ロトゥール説が正しく、現在この点に異説もない。だが問題はその理由で、楊聯升は虎符から「銀菟符」へ変化したとし、その理由は唐代高祖李淵の祖父名（虎）を避諱した結果だとする。また清・瞿中溶『集古虎符魚符考』（同治13年刻本、第18頁）は、十二支で虎の直後に卯（兔）がくるため、虎符を避けて兔符にしたとする。それにもかかわらず、唐代初期にさらに「兔符」から魚符となった理由について、呉・劉、註10前掲論文、26頁はこうのべる。すなわち魚符は隋代以来の伝統である。しかも高祖

らはいったん兔符を採用したが、魚符が瑞祥で、造形も成熟し、すでに人心に深く入り込んだ形状ゆえ、結局魚形を採用した、と。唐代魚符制の淵源を考えるさいに隋代魚符制の存在に註目する点は私見と同じである。だが『集古虎符魚符考』の十二支説は「竹使符＝虎符」を前提とするが、この点は軽々に断定できない。たとえば尚、註10前掲論文、54〜57頁は、隋代に銅虎符から魚符への移行があり、唐初に竹使符から兔符への移行があったとする。また唐初の銀兔符は、月に住む玉兔の神話に基づくとし、それゆえ兔符の素材も銀だとする。孟、註 7 前掲論文、64頁は隋代の竹使符を伝符、虎符を兵符とし、唐代に両者が統合されたとする。

19) 『太平御覽』卷173居処部 1 宮所引韋述『東京記』「上元中、韋機充使所造。列岸脩廊連亙。掘地得銅器、似盆而淺、中有隱起雙鯉之狀、魚間有四篆字曰「長宜子孫」。時人以爲李氏再興之符」、呉仁傑『両漢刊誤補遺』卷第10部 2 按語所引韋述記「上陽宮得古銅器爲雙魚狀。時以爲李氏再興之符。蓋以鯉李一音、爲國氏也。武德銅魚符實用隋京官佩魚之制。豈亦以是爲李氏之祥歟」によれば、上元年間（674〜675）に上陽宮で魚符が発掘され、李氏勃興の瑞祥とみなされた。つまり魚符を李氏と関連付ける見方が高宗期にあったのは間違いない。

20) 速見大「唐武德年間の法律について」（『唐代勲官制度の研究』汲古書院、2015年、71-96頁）。
21) 布目注 1 前掲論文。
22) 齊運通編『洛陽新獲七朝墓誌』（中華書局、2017年、135頁）所収「大唐故銀青光禄大夫蔚州刺史公孫府君墓誌」に「賜金魚・紫袍・絹帛二百段」とある。
23) 金圓・許沛藻点校『事物紀原』（中華書局、1989年、176〜177頁）。
24) 孟憲実「唐崔万石的墓誌与魚符」（『唐研究』第23卷、北京大学出版社、2017年）。
25) 孟注24前掲論文、330〜331頁。
26) 『旧唐書』卷42職官志 1「武德七年、定令。……王公以下、置府佐・國官、公主置邑司已下、並爲京職事官。……又以開府儀同三司・特進・左光禄大夫・右光禄大夫……、並爲文散官。輔國・鎮軍二大將軍……爲散號將軍、以加武士之無職事無者」、『通典』卷第34職官16文散官「開元以前舊例、開府・特進雖不帶職事、皆給俸禄得與朝會。班列依本品之次、皆崇官盛德、寵爵就閑者居之」。
27) 速水大「唐武德年間の散階と勲官」（『唐代勲官制度の研究』東京、汲古書院、2015年）。
28) 尚注10前掲論文、54〜57頁。
29) 孟憲実「唐砕葉故城出土"石沙陁亀符"初探」（『西域文史』第10輯、2015年、83頁）。両者を不可分とする見解は、黄正建「"魚袋"一説」（『中国文物報』1992年、10月11日第 3 版）、姚注 8 前掲論文、48頁なども採用する。
30) 呉・劉注10前掲論文、28頁。
31) 柿沼注 5 前掲論文。なお『事物紀原』卷 3 魚袋条所引『実録』「三代以韋爲之、謂之筭袋。魏易之爲龜。唐高祖給隨身魚。三品以上其飾金、五品以上其飾銀、故名魚袋」や『事文類聚』續集卷19朝服部所引の王睿『炙轂子雑録』「魚袋古之筭袋。魏文帝易以龜袋。其先知歸順之義。唐改以魚袋、取其合魚符之義。自三品至六品以下皆佩。唐初卿大夫歿追取魚袋」は唐初に六品官以上に袋を支給する制度があり、とくに五品官以上に銀袋をしたとするごとくである。だが後述するように、少なくとも銀袋の支給は、咸亨 3 年 5 月以後である。
32) 『旧唐書』卷 5 高宗本紀下上元元年条や『通典』卷63嘉礼 8 にも類似の文がある。
33) 柿沼注 5 前掲論文。
34) 孟注29前掲論文、84頁は、唐代前期が内重外軽の傾向にある点をふまえ、在京官五品と同じように、州都督や州刺史（五品以上を含む）にも袋を与えたとするが、史料的根拠はない。

35) 『旧唐書』巻43職官志2門下省「侍中二員」注「光宅元年改爲納言、神龍復爲侍中。……武德定令、侍中正三品。大暦二年十一月九日、升爲正二品」。
36) 張乃翥「裴懐古・李解子・和守陽墓志所見盛唐辺政之経略」(『西域研究』2005年第2期、烏魯木斉) 25～33頁所収「唐故幽州都督李府君之墓誌銘并序」。
37) 呉鋼編『全唐文補遺』第4輯 (西安、三秦出版社、1997年、399～400頁) 所収「大周故檢校勝州都督左衛大將軍全節縣開國公上柱國王君墓誌銘并序」。
38) 毛陽光・余扶危主編『洛陽流散唐代墓誌彙編』(北京、国家図書館出版社、2013年、144～145頁) 所収「大唐故安州都督柳府君墓誌銘并序」。
39) 『唐会要』巻31輿服上魚袋条が「神龍二年二月四日」に作るのに対して、『通典』巻63嘉礼8は「神龍元年二月」に作る。孟、註29前掲論文、82頁はこうのべる。『旧唐書』巻7中宗本紀に「(神龍元年) 二月甲寅、復國號、依舊爲唐。社稷・宗廟・陵寢・郊祀・行軍旗幟・服色……官名、并依永淳已然故事」とあり、随身符も「服色」に含まれる。「神龍元年二月甲寅」は神龍元年2月4日である。また『唐大詔令集』巻2帝王即位赦上「中宗即位赦」に「二月五日」との付記があり、1日ずれるだけである。『旧唐書』巻45輿服志も「神龍元年二月」に作る。『唐会要』巻31輿服上魚袋条は「神龍二年二月四日」に作る。よって『唐会要』の「神龍二年」は「神龍元年」の誤記であろう。
40) 『通典』巻第40職官22秩品5「右内外文武官員凡萬八千八百五 (文官萬四千七百七十四、武官四千三十一、内官二千六百二十。外官州縣・折衝府・鎭・戍・關・廟・岳・瀆等萬六千一百八十五)」。
41) 杜文玉「唐代的魚符与魚袋」(『中学歴史教学参考』1997年第7期)。
42) 杜文玉「論唐代員外官与試官」(『陝西師大学報 (哲学社会科学版)』1993年、第22巻第3期)。
43) 頼瑞和「判官」(『唐代中層文官』聯経、2008年、423-522頁)。
44) 馮培紅「論唐五代藩鎮幕職的帯職現象——以檢校、兼、試官為中心」(高田時雄編『唐代宗教文化與制度』京都大学人文科学研究所、2007年、133-210頁)。
45) 『新唐書』巻46百官志1、『太平広記』巻185銓選1張文成条、『資治通鑑』巻209景龍3年3月条、『新唐書』巻117裴炎伝付従子裴伷先伝。
46) 仁井田陞著・池田温編集代表『唐令拾遺補』(東京大学出版会、1997年、1284頁)。
47) 『宋史』巻153輿服志5「其制以金銀飾爲魚形、公服則於帶而垂於後、以明貴賤、不復如唐之符契」によれば、随身符は最終的に、宋代には割符としての機能を失った。
48) Belyaev and Sidorovich注9前掲論文、43頁は随身符を「carried tallies」と訳し、「明貴賤」を「to distinguish between nobles and commoners」と訳し、閻立本「歩輦図」(故宮博物館蔵) を挙げ、そのなかで男性が腰から下げている飾りを魚袋とする。本図は640年に文成公主が吐蕃に嫁入りする様子を描いたものである。たしかに『新唐書』巻2太宗本紀貞観20年条11月己丑詔「祭祀・表疏、藩客・兵馬・宿衛行魚契給驛、授五品以上官及解除、決死罪、皆以聞、餘委皇太子」によれば、貞観20年 (646) に魚契 (魚符) をもつ藩客はいたろう。また本稿で詳論したように、魚符の袋の起源は654年以前に溯る可能性がある。だが「歩輦図」所載の袋は、魚形でなく、魚紋もなく、なお疑問を残す。ただし当時の官人は「算袋」や「鞶嚢」も佩び、陝西省潼関高橋税村隋墓壁画所載の門衛のもつ腰袋は鞶嚢 (当時魚袋はない) とみられ、「歩輦図」所載の男1人は腰袋2点をもち、両者ともに鞶嚢の形状と合致しない。その意味では「歩輦図」所載の長方形の腰袋は魚袋でもおかしくない。
49) 瀧川政次郎「魚袋考」(『皇学館論叢』第15巻第3号、1982年、1-30頁)。

50）瀧川注49前掲論文、2頁。
51）孟注29前掲論文、85頁。
52）汪翔・張金銑「近三十年以来唐代致仕制度研究述評」（『沈陽大学学報（社会科学版）』第17巻第 3 期、沈陽、2015年）。
53）『事物紀原』巻 3 衣裘帯服部魚袋条所引『実録』、『事文類聚』続集巻19朝服部所引唐・王睿『炙轂子雑録』。
54）李暁菲「隋・唐・宋的随身佩魚与職官制度考」（『吉林師範大学学報（人文社会科学版）』2013年第 4 期、5 - 9 頁）は佩玉説をとるが、何らの根拠も挙げておらず、望文生義の感がある。また『旧唐書』巻45輿服志侍臣服条に「諸珮、一品珮山玄玉、二品以下五品以上佩水蒼玉」とあるように、唐代にも佩玉制度は存在する。一方、尚、註10前掲論文、56～57頁によれば、唐代魚袋の直接的起源は「鞶嚢」で、五品以上が佩びる点も共通する。「鞶嚢」とは本来印綬を入れる袋で、印綬が使用されなくなってからも、高位高官によって使用され続けた。彼らは算袋をも帯びたが、算袋は筆記用具入れで、「鞶嚢」とは異なり、「鞶嚢」は魚袋に継受されたと考えられる。以上が尚民傑氏の説である。だが尚氏自身がのべるように、唐代魚袋の機能はそれ以前の「鞶嚢」と異なる。漢代の「鞶嚢」はたんなる袋で、それは梁や東斉時代にはじめて複数の色彩を帯び、官品と連動する。また随身符の袋は、唐代初期に存在したか否かで論争があり（本稿第 1 節）、袋の色が区別されたのも672年以降である。つまり「鞶嚢」と魚袋のあいだには時間的断絶がある。加えて、唐代にはなお「鞶嚢」があり、『唐令拾遺補』、1196頁の復元によれば、武徳衣服令や開元 7 年衣服令に五品以上の「公服」として「鞶嚢」が挙げられており、「鞶嚢」と魚袋は並存していた。
55）栗原朋信「文献にあらわれたる秦漢璽印の研究」（『秦漢史の研究』吉川弘文館、1960年、123-286頁）。
56）栗原朋信「漢帝国と周辺諸民族」（『上代日本対外関係の研究』吉川弘文館、1978年、 1 -49頁）。
57）阿部幸信「漢代における印綬賜与に関する一考察」（『史学雑誌』第107巻第10号、1998 年、1723-1748頁）。
58）『隋書』巻12礼儀志 7 鞶嚢条は、漢代に印綬を入れる鞶嚢や旁嚢とよばれる袋があり、臣下はそれを腰に帯びたが、隋代に印綬を腰に帯びなくなって以後も、鞶嚢を佩びる慣習は残ったとする。これは官吏が印綬を佩びる制度が隋代以後になくなったことをしめす。
59）孫慰祖「隋唐官印体制的形成及主要表現」（『東方藝術』2015年第 4 期、 8 -47頁）。

文物としての随身魚符と随身亀符

早稲田大学文学学術院 柿沼陽平

はじめに

　隋唐時代には、割符としての「符」が行政上たいへん重要な役割を担った。割符の機能をもつものは当時複数存在したが、そのなかでも魚符と随身魚符（武周期の場合は亀符と随身亀符）は、隋唐時代に創始され、そのあと用いられなくなったもので、隋唐時代特有の制度として注目される。それは形状的にも、魚や亀のかたちを摸しためずらしい符である（以下、形状に注目する場合を除き、便宜的に魚符と亀符をあわせて魚符とよび、随身魚符と随身亀符をあわせて随身符とよぶ）。魚符は、それぞれ左符と右符よりなる。一般に、左符は中央官府に保管され、右符は命令遂行者に頒布され、必要なときに左右両方が勘合された。

　以上の魚符について布目潮渢氏は、刻文の内容に即した分類案をしめしている[1]。すなわち魚符は、銘文の相異にもとづいて発兵符・門符・州符に大別できる。発兵符は、折衝府その他の軍団名が刻まれ、軍旅を起こすのに用いる。兵10人以上を動員する場合には勅書も必要で、魚符の勘合終了後に発兵できた。魚符による発兵制は749年に停止された。門符は、刻文に宮殿の門名があり、宮殿門符・皇城門符・京城門符などがあり、門の開閉に用いる。州府は、刻文に州名があり、州長官交替などに用いる。唐代を通じて使用され、959年に廃止された。以上の魚符とは別に、随身魚符なるものが存在する。随身魚符は官人の身分証である。ただし、唐代には「告身」（官人の官職をしめす正式な文

195

書）も存在するので、随身魚符はとくに日常携行用の身分証明書といえる。以上が布目氏の分類と説明である[2]。

上記説明によれば、魚符（随身符を含む）には、発兵許可、開門許可、州の重要業務、身分証明に関わる機能があったことになるが、これに加えて、西蕃諸国の朝貢時に用いられる場合もある（以下、朝貢魚符）。それは西蕃諸国の使者が持参すべきもので、各国が12種類ずつ保有し、ひとつひとつに族名と数字が刻まれている。朝貢をする場合、朝廷に赴いた時期（1月〜12月）にあわせ、それと同じ数字が刻まれた魚符を提出すると、魚符の照合がなされ、朝貢儀礼が執り行われる。最近では朝貢魚符の現物が出土し、初歩的な研究が行われた[3]。

このように、魚符にはさまざまな役割があった。そのなかでも随身符は、隋唐独自の制度であり、隋唐時代の特徴を理解する鍵になるものとして大いに注目される。随身符に関しては、すでにロベール・デ・ロトゥール氏や布目潮渢氏などの先駆的研究があり[4]、筆者もその驥尾に附して、随身符関連の文献史料について、別稿で検討を加えた（前章参照）。だがそれとは別に、ここで問題としたいのは、唐代魚符の遺物や拓本が多数現存し、近年とくに各地で魚符の発見例が相次いでいることである。それらには刻文があり、先行研究もあるものの、細部に議論の余地がある。本稿ではそれらに焦点を絞り、文物としての随身符に検討を加え、その内容を日本の学界に紹介する。そのうえで各随身符を隋唐史のなかに位置づけてみたい。

I　随身符の伝世品と拓本

魚符や亀符の現物に関しては従来、収集と研究が図られている。その代表作として、清・瞿中溶『集古虎符魚符考』1巻（百一廬金石叢書所収）、清・羅振玉『歴代符牌図録』2巻（於日本、1914年）がある。とくに後者は1916年に増補され、さらに1925年に増補され、子の羅福葆・羅福頤によって拓本が摹写され、羅振玉『増訂歴代符牌図録』2巻・補遺2巻（東方学会影印、1925年）として刊行された。近年では、布目潮渢氏が唐代符制について検討し、『増訂歴代符牌図録』所載の唐符拓本計32点に含まれる魚符・亀符の分析を行なった。

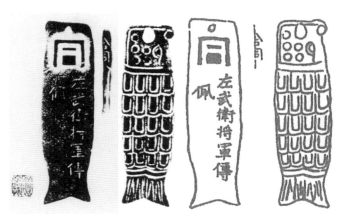

図1　左武衞將軍傳佩（魚符）

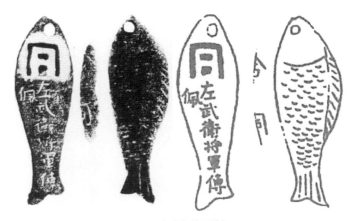

図2　左武衞將軍傳佩

そして計32点のうち、州符・発兵符・門符の例や、予備用の無銘魚符1例と無銘亀符1例、さらに州符か随身魚符か判然としない「縉雲……」銘文の魚符1例を除き、以下①～⑩を随身符の例として挙げている。なお参考までに、羅振玉による拓本と、羅福葆・羅福頤の摹本を図として挙げる。

　①左武衞將軍傳佩（魚符）（図1）
　②左武衞將軍傳佩（魚符）（図2）
　③同州刺史傳佩（魚符）（図3）

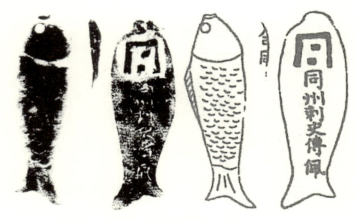

図3　同州刺史傳佩（魚符）

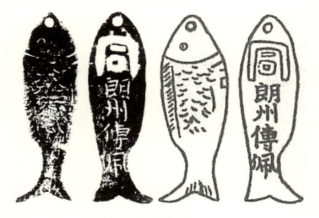

図4　朗州傳佩（魚符）

④朗州傳佩（魚符）（図4）
⑤滑州傳佩（魚符）（図5）
⑥勝州傳佩（魚符）（図6）
⑦還州刺史（魚符）（図7）
⑧太子少詹事（魚符）（図8）
⑨雲麾將軍行左鷹揚衛翊府中郎將員外置阿伏師爰第一纈大利發（亀符）（図9）

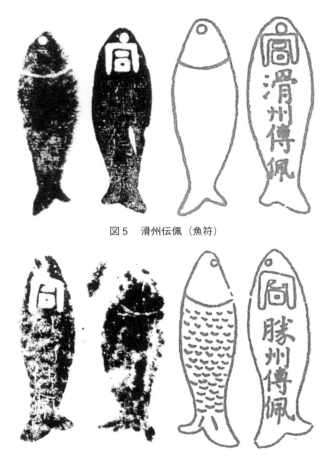

図5　滑州伝佩（魚符）

図6　勝州伝佩（魚符）

⑩左玉鈐衞中郎將員外置索葛達干檜賀（亀符）（図10）

　布目氏によれば、①〜⑧は姓名の刻まれていない随身符である。①〜⑥所見の「傳佩」の語は、『唐六典』巻八門下省符宝部（後掲）所見の「傳而佩之」に基づくものであり、姓名のない随身符の特徴である。「朗州傳佩」「滑州傳佩」「勝州傳佩」は「朗州刺史傳佩」「滑州刺史傳佩」「勝州刺史傳佩」の略とみられる。「太子少詹事」「還州刺史」は、「傳佩」の2字を欠くが、やはり本来は「傳佩」の語があるべきものである。一方、⑨⑩は亀符で、突厥の将軍に

199

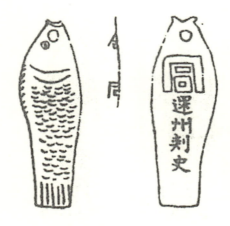

図7　還州刺史（魚符）

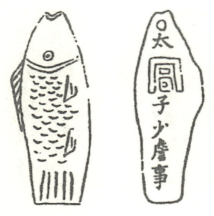

図8　太子少詹事（魚符）

支給された特別な随身符である[5]。以上が布目氏の説である。ちなみに呉珊珊・劉玲清氏も、姓名の刻まれていない「傳佩」符を随身符とする[6]。

　以上の説とは異なり、朱溥氏は、『増訂歴代符牌図録』所載の「某州」「某州傳佩」「某州刺史傳佩」をすべて「易守長」用の魚符（布目氏のいう州符）とする[7]。朱溥説に従えば、③〜⑦は随身魚符でないことになる。他方、孟憲実氏は①〜⑦を兵符とする。孟氏によれば、魚符と随身魚符は外見的に相似するのみならず、機能的にも重複するところがあり、随身魚符は発兵や出使にも用

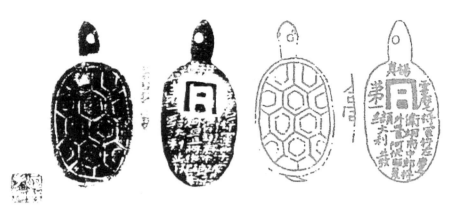

図9　雲麾將軍行左鷹揚衞翊府中郎將員外置阿伏師爰第一纈大利發（亀符）

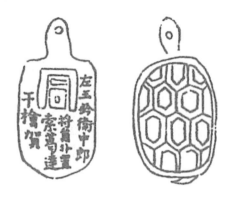

図10　右玉鈐衞中郎將員外置索葛達干檜賀（亀符）

いられた。そして両者は、魚符に添付される「別勅」の内容次第で区別された。よって孟氏は、魚符と随身魚符を厳密に分類せずに、①〜⑦の機能を「兵符」と解していることになる[8]。

　では、結局どの説が妥当か。まず魚符・亀符の伝世品や拓本のうち、随身符が①〜⑩（もしくはその一部）に絞られる点は、衆目の一致するところである。議論が分かれるのは①〜⑦で、とくに①〜⑥所見の「傳佩」の解釈が鍵のひとつとなる。そこで改めて『唐六典』巻八門下省符宝部をみてみよう。本史料は738年頃に完成した玄宗勅撰書で、安史の乱以前の随身符について知るには格

好の史料である。本文には李林甫らの注があり、以下、『唐六典』の本文を引用するとともに、李林甫注を（ ）内に入れて付記する。

　一に銅魚符と曰い、以て軍旅を起こし、守長を易うる所なり（兩京留守、若しくは諸州・諸軍・折衝府・諸處の捉兵の鎭守する所、及び宮總監には、皆な銅魚符を給す）。二に傳符と曰い……三に隨身魚符と曰い、貴賤を明らかにして徵召に應ずる所以なり（親王及び二品已上の散官・京官の文武の職事五品已上・都督・刺史・大都督府長史・司馬・諸都護・副都護には、並びに隨身魚符を給す）。……魚符の制、王畿の内は左三右一とす。王畿の外は左五右一とす（左は内に在り、右は外に在り、行用の日、第一より首と爲し、後事あらば須らく用い、次を以て之を發し、周りて復た始めるべし）。大事には勅書を兼ぬ（留守の軍將に替代するもの、及び軍發して後に更めて兵馬を添うるもの、新たに都督・刺史を授くるもの、及び改替して別使を追喚するもの、若しくは禁推［重罪犯人を拘束して推問する意］せらるるもの、請假［官吏が暇を申し出る意］して勅許せらるるもの、及び別勅ありて解任せらるる者には、皆な須らく勅書を得べし）。小事は但だ符の函封するを降し、使を遣わして合して之を行なう（應に魚符を用いて下に行なうべき者は、尚書省は勅牒を錄し、門下省は請を奏し、仍りて預め官を遣わして、門下に就いて對封するを典らしめ、封内に勅符を連ね寫し、左魚と函を同じうして封じ、上るに門下省の印を用う。若し右符を追わば、函に盛りて封印するも亦た此れに準ず）。……隨身魚符の制、左二右一とす。太子は玉を以てし、親王は金を以てし、庶官は銅を以てし（隨身魚符は皆な題に某位姓名を云う。其の官、只だ一員有る者は、姓名を著わすを須いず。即し官名、曹司と共に同じ者あらば、一員と雖も亦た姓名を著わす。隨身するは、仍りて姓名を著わし、並びに袋を以て盛る。其の袋は、三品已上は飾るに金を以てし、五品已上は飾るに銀を以てし、六品已下の守五品已上は魚を佩びず。若し家に在りて時に非ず、及び出使して別勅ありて檢校に召され、並びに兵を領して外に在りて別に符契を給せられず、若し須らく處分を迴改すべき者あらば、符の同じきを勘べ、然る後に承けて用う）、佩びて以て飾りと爲す。<u>姓名を刻する者は官を去</u>

りて焉を納る。刻せざる者は傳えて之を佩ぶ（若し傳えて魚を佩ぶるときは、皆な須らく遞いに相い付し、十日の内に禮部に申報すべし）[9]。木契の制は……。

　本史料は前後にさらに文があり、それらは唐代符制の骨子をしめす。文全体をみると、まず「一曰銅魚符」「二曰傳符」……の形で、各種符契の定義がしめされ、各文末に李林甫注がある。そのあとに各種符契の詳細な説明が付加され、その説明の順番は「一曰銅魚符」「二曰傳符」……と同じである。類似の文は『旧唐書』巻43職官２符宝郎条や『新唐書』巻24車服志にもみえ、相互検証の素材としうる[10]。

　ここで問題とすべきは、布目氏が本史料の波線部分に注目し、随身符のなかには姓名のないものもあるとし、①〜⑥をその実例としている点である。既述のとおり、朱溍氏や孟憲実氏はこれとべつの見解を有するが、確たる論拠を提示しているわけではない。すると上記史料の波線部分こそ唯一の手がかりとなり、それはたしかに随身符に関する記載である。ただし、上記史料によれば、随身魚符は地方勤務者（都督・刺史・大都督府長史・司馬・諸都護・副都護）にも支給され、部分的に魚符（≠随身符）の支給者と重複し、これが混乱を招いている。そこで魚符（≠随身符）の支給対象者を調べると、上記史料のほかに、『新唐書』車服志に、

　　初め高祖、長安に入るや、隋の竹使符を罷め、銀菟符を班し、其の後、改めて銅魚符を爲し、以て軍旅を起こし、守長を易う。京都の留守、折衝府・捉兵鎭守の所、及び左右金吾・宮苑總監・牧監には皆な之を給す。……宮殿門・城門には、交魚符・巡魚符を給す。左廂・右廂には開門符・閉門符を給す。……蕃國にも亦た之を給す……[11]。

とあり、上記史料をふまえると、魚符（≠随身符）の支給対象者は以下のようになる。

（A）両京留守（もしくは京都留守）
（B）諸州・諸軍・折衝府・諸処の捉兵の鎮守するの所など。
（C）宮総監（もしくは左右金吾衛・宮苑総監・牧監）
（D）宮殿門・城門・左廂・右廂

（E）蕃国

　これに加えて、前掲『唐六典』李林甫注によれば、留守の軍将を交替する場合、軍隊発動後に兵馬を追加する場合、軍隊発動後に都督・刺史を追加で任命する場合、使者派遣後に別の使者を派遣する場合、重罪犯人を拘束して推問する場合、官吏が暇を申し出し、それを敕許する場合、任官者を勅命によって解任する場合にも、それぞれ魚符（≠随身符）と勅書が下された。これらは特殊具体的状況を説明したもので、その受給対象者は前掲（A）〜（E）の受給対象者に含まれると考えられる。

　このように、魚符（≠随身符）の受給者はさまざまである。前掲『唐六典』の波線部分にみえるように、随身符には、氏名の刻まれたものと、そうでないものが並存し、とくに後者は、魚符（発兵符や州符）と同じく、個々人の氏名が刻まれず、しかも両者の受給者は重複する。ここに両者が混同される一因がある。

　そこで注目すべきは、前掲『唐六典』の李林甫注に「行用の日、第一より首と爲し、後事あらば須らく用い、次を以て之を發し、周りて復た始めるべし」とあることである。これによれば、魚符（≠随身符）には「第一」をはじめとする番号が刻字されているはずである。するとこれこそ魚符と随身符を分ける鍵となるであろう[12]。すなわち、刻文に「第一」などの番号がある場合は、すべて魚符（≠随身符）と解されるのである。もっとも、門符のなかには、交魚符・巡魚符や、開門符・閉門符のように、対をなすものがあり、これらは安全上の理由から、一組ずつしか発行されなかったようであり、実際に門符の伝世品の刻文には番号表記がない。しかし、それ以外の魚符（≠随身符）には基本的に番号がある。よって、刻文に番号があれば、それは少なくとも随身符ではないと考えられるのである。

　以上の基準によれば、結果的に布目氏の分類が妥当であろう。つまり前掲①〜⑩はいずれも番号がなく、随身符の可能性が高い。逆に、それ以外の伝世品の刻文には番号があるものが多く、それらは随身符ではありえないのである。もっとも、前掲①〜⑩を随身符だと確言するには、もうひとつクリアせねばならない条件がある。すなわち、①〜⑩の受給者をみると、左武衛将軍・州刺

史・太子少詹事・雲麾将軍行鷹揚衛翊府中郎将員外置・右玉鈐衛中郎将員外置に絞られる。前章で論じたように、武周期以前の随身符は、原則的に五品以上の高位高官にのみ支給されたが、①～⑩の受給者はその原則と合致するものであろうか。

そこで個別に検討すると、まず文献によれば、州刺史（五品以上）には垂拱２年（686年）正月以後、随身符が支給されている。よって686年以降であれば、州刺史が随身符を所有していてもおかしくはない。太子少詹事は正四品上の職事官で、唐代初期以来、随身符の受給資格を満たしている。また「武衛将軍」「雲麾将軍行鷹揚衛翊府中郎将員外置」「右玉鈐衛中郎将員外置」に関しては、唐代軍事制度を概観したうえで、その意味内容を検証する必要がある。すなわち、唐代前期の軍隊は、北衙と南衙よりなる。北衙は、都城宮城区の北方禁苑に拠点を置く皇帝近衛兵で、太宗期以降に新設された[13]。南衙は、京師に置かれた十六衛の国家軍をさし、うち十二衛には各衛が分掌する折衝府から兵が供給された（左右千牛衛・左右監門衛は折衝府をもたない）。折衝府は京畿を中心に全国に約600箇所あり、上府・中府・下府の別があり、各々千人単位から数百人単位の兵を擁する[14]。各折衝府には、折衝都尉から隊副に至るまで、定員として61人ずつの流内文武官（正四品上～従九品下）が置かれた[15]。折衝府の兵は交代で上番し、京師の警備にあたった。京師には十六衛のほかに六率府と称される軍隊もあり、こちらは十六衛を模して作られた皇太子の軍隊である。各率府には率・副率以下の官員がおり、各率府の兵は各々数箇所の折衝府から交替で上番してくるものである。十二衛六率府のうち、左右衛と左右衛率府には親府・勲府・翊府が、左右驍衛・左右武衛・左右威衛・左右軍衛・左右金吾衛には翊府が設けられていた。親府・勲府・翊府は「三衛」（定員は5000名程度）とも総称され、恩蔭で入仕する良家子弟用の「特別選抜コース」で、そこから流内官に昇進できるエリートコースであった。三衛を率いるのは中郎将（正四品下）である。親衛・勲衛・翊衛は各々正七品上、従七品上、正八品上であるが、あくまで正式な任官前の職位というべきで、『通典』巻40でも流内職事官や散官とは区別され、「職掌人」に数えられている[16]。以上の唐代軍事制度をふまえると、①②の「武衛」は十二衛のひとつで、隋代には「武衛府」、

光宅年間（684年）以後は「鷹揚衛」、神龍元年（705）以後は「武衛」とよばれた[17]。また①②は魚符で、武周期のものではない。よって①②は705年以後のものである。武衛将軍は在京従三品官で[18]、随身符の受給資格を満たしている。ちなみに開元27年（739年）の「右武衛将軍柳公神道碑」をみると、実際に「守右武衛將軍上柱國」に「紫金魚袋」（紫服、金魚袋、随身魚符）を与えた事例がある[19]。

　以上の随身魚符とは異なり、⑨は随身亀符で、武周期のものである。その刻文に「雲麾将軍行左鷹揚衛翊府中郎将員外置」とあり、「雲麾將軍」は従三品の武散官である。当時、散官だけを保有する者は、基本的に随身符の支給対象にならない。だが⑨では刻文に「行左鷹揚衛……」の語が続いており、これが保有者の実職と解される。先述したように、鷹揚衛は十二衛のひとつで、684〜705年に「鷹揚衛」とよばれ、それ以後は「武衛」とよばれた。そのもとに「翊府」があり、その統率者が中郎将で、正四品下をもち、随身符の支給範囲に入る。かくして⑨は随身符と解され、「阿伏師」以下はその受給者の名前であろう。もっとも、羅振玉は本亀符を「武周雲麾將軍阿伏師奚纈大利發龜符」と命名し、「阿伏師奚纈大利發」を受給者名とみているようである。また『龍壁山房詩草』巻12庚申集詩「武周随身亀符拓本」注に「阿伏師受纈大利發第一」に作る。他方、布目氏は「阿伏師爰纈大利發第一」と釈し、「纈大利發」を「突厥支配下の部・氏族の族長」とし、「第一」を「中央に二個あるうちの第一」とする[20]。さらに孟憲実氏は「阿伏師出第一綺大利」に作る[21]。このように、「阿伏師」以下の釈文に関しては諸説ある。だが私見では「阿伏師囶第一纈大利發」に作るのが妥当である。「阿伏」は鮮卑族の氏族名（もしくはその一部）とおぼしい[22]。また刻文に「第一」の語が含まれ、一見すると、発兵符や州符に付される番号のごとくであるが、「阿伏師囶第一纈大利發」の「第一」は、名前の一部、もしくは称号の一部と解すべきである。加えて、「纈大利發」は「頡利發（iltäbäl）」をさすようである。最後に、⑩所見の「左玉鈴衛中郎將」の「玉鈴衛」は十二衛のひとつで、龍朔2年（662年）に「左領軍」から「左戎衛」に更名され[23]、のちに「左領軍衛」に戻り、光宅元年（684年）に「左玉鈴衛」に更名され[24]、神龍年間（705-707年）以後にさらに「左

領軍衞」に更名された[25]。⑩は随身亀符で、上記の衛の名称とも符合し、690〜705年のものである。玉鈴衛の中郎将とは、玉鈴衛翊府中郎将以外にありえず、ゆえに⑩の刻文には「翊府」の２字が省略されており、正式には玉鈴衛翊府中郎将員外置の亀符で、前掲の鷹揚衞翊府中郎将と同じく、正四品下に位置づけられると考えられる。以上、①～⑩の刻文の書式と内容を検討した結果、それらはみな随身符であると結論づけられる。

Ⅱ　近年出土した魚符と亀符

以上の伝世品に加え、近年さらに以下の符が各地で発見されている。つぎにこれらの文物の詳細について検討し、そのなかから随身符の事例を抽出したい。ただしそのためには、全事例に検討を加え、それらの歴史学的意義を闡明し、魚符と随身魚符、亀符と随身亀符を各々弁別せねばならない。

⑪貞元十一年鐵利蕃乞土夏（図11）
⑫右豹韜衞🈳泉府第二（魚符）
⑬同均府左領軍衞（魚符）
⑭右領軍衞道渠府第五（魚符）（図12）
⑮九仙門外右神策軍（魚符）（図13）

図11　貞元十一年鐵利蕃乞土夏

砕葉史研究

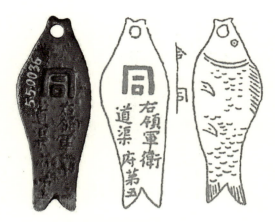

図12　右領軍衛道渠府第五（魚符）

図13　九仙門外右神策軍（魚符）

⑯突騎施國第三（魚符）（図14）
⑰司馭少卿崔萬石（魚符）（図15）
⑱左驍衛将軍聶利計（魚符）（図16）
⑲中郎霅莫遂州長史合蠟（魚符）（図17）
⑳右玉鈴衛將軍員外置阿史那伽利支（亀符）（図18）
㉑左豹韜衛翊府右郎將員外置石沙陁（亀符）（図19）
㉒左武威衛翊府中郎將員外置颯支達干（亀符）（図20）

文物としての随身魚符と随身亀符

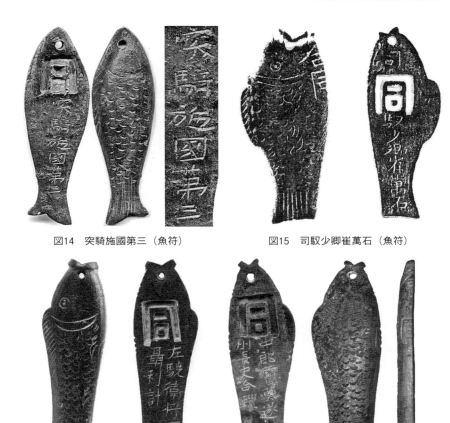

図14　突騎施國第三（魚符）　　　　図15　司馭少卿崔萬石（魚符）

図16　左驍衛将軍聶利計（魚符）　　図17　中郎霫莫遂州長史合蠟（魚符）

　後述するように、これらは唐代の符と解される。その詳細を順番にみてみよう。本節ではまず⑪〜⑯について検討する。

　⑪は、近年ロシア・ウラジオストク近郊のナホトカ遺跡から出土した符で、2013年6月にベリャエフとシドロヴィチが初歩的検討を加えている。それによると、これは縦6.2cm、横2cm、厚さ0.4cm、重さ35g程度の唐代の青銅符で、特異な形状をしており、鉄利（鉄利靺鞨）の族長に与えられた。刻文中の「貞元十一年」は、唐の貞元11年（795年）と解釈するほかない[26]。だが当該遺物

209

図18　右玉鈐衞將軍員外置阿史那伽利支（亀符）

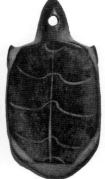

図19　左豹韜衞翊府右郎將員外置石沙陁　　図20　左武威衞翊府中郎將員外置颯支達干
　　　　（アク・ベシム亀符）　　　　　　　　　　（内モンゴル魚符）

は、形状が魚や亀でなく、表面も金色で、年号も特記されているなど、唐符一般と異なる特徴をもち、他の魚符・亀符と同列に論じることはできない。

　⑫は、2016年に朱滸氏が寧夏呉忠市同心県で西夏時代の窖藏銭を調査したさい、現地で出土した青銅魚符（左側）で、魚腹部に「合同」と刻まれ、断面部には凸形の「同」字がある。朱滸氏によれば、その尾部は破損し、頭部には穴がある。残存部分の長さは4.3cm、幅1.6cm、厚さ0.5cm、重さ14.5gである。刻文によれば、右豹韜衞の懸泉府の符である。豹韜衞は光宅元年（684年）か

210

ら神龍元年（705年）まで存在した衛名で、魚符は690-705年に亀符となるので、本魚符は684-690年のもので、刻文の形式から、「起軍旅」用の符（つまり発兵符）と解される[27]。以上が朱湑氏の説である。ともかく刻文に「第二」という番号があるので、本稿第一節によれば、随身魚符でない。ちなみに朱湑氏がいうように、刻文中の「豹韜衛」は、隋代には屯衛、龍朔年間（661-663年）以後は威衛、光宅年間（684年）以後は豹韜衛、神龍年間（705-707年）以後は威衛とよばれ[28]、いわゆる十二衛のひとつで、本魚符は684-690年のものであり、懸泉府は豹韜衛所属の折衝府のひとつであったと考えられる。懸泉府の具体的所在は不明であるが、敦煌の東方にある懸泉と関わるものであろうか。それとも、府の命名は概して自然環境を勘案したものゆえ、寧夏呉忠市同心県付近の泉の湧き出る場所に官衙があったのか。ちなみに現在の寧夏呉忠市付近は、唐代には霊武郡（742～759年）や霊州（618～742年、758～907年）とよばれ、南は長安、東は太原、西は河西通廊、北は北河に繋がる交通の要衝であった[29]。当地の付近は、唐代初期に匈奴の別種（費也頭）がおり、咸亨元年（670年）には吐谷渾の残党が拠点を置き[30]、延載元年（694年）や神龍2年（706年）に突厥が攻めこんでくるなど[31]、諸種族が混在・紛争を繰り広げたことでも知られる。開元2年（714年）前後にはとくに唐と異種族の抗争が激しく、「靈武鎮軍」などでは対異種族の軍功によって、多くの軍人に随身魚符とその袋が支給された[32]。⑫は、かかる状況下で用いられた発兵符であり、当時頻繁に用いられた重要な魚符であったと推測される。

　⑬は、馬志得氏によれば、長安城清思殿遺跡から出土した青銅製魚符で、門符と解される。清思殿は敬宗（在位824-827年）が建てた宮殿である。敬宗はよく神策軍の侍衛を率いて狩猟や打球遊戯をしており、彼らが清思殿の出入に用いたものかもしれない[33]。以上が馬氏の説である。管見のかぎり、当該魚符の写真は見当たらない。ともかく刻文には「同均府左領軍衛」とあり、「第一」等の番号がなく、一見したかぎりでは魚符と随身魚符のどちらか判断しかねる。そこで注目すべきは、羅振玉『増訂歴代符牌図録』所収の伝世魚符のなかに「右領軍衛道渠符第五」「右武衛和川府第三」の例があることで、番号があり、魚符（≠随身魚符）と解される。布目氏はこれらを発兵符に分類してい

る。これらの書式は、番号がない点を除き、⑬の刻文と同じである。それらをふまえると、⑬は「同均府」（所在不明）に駐留する「左領軍衛」の意であろう。唐代折衝府の設置場所や地名に関しては、労経原・労格『唐折衝府考』4巻、羅振玉『唐折衝府考補』1巻、羅振玉『唐折衝府考補拾遺』1巻、谷霽光『唐折衝府考校補』1巻などの古典的研究があり、道府名の判明している折衝府581、不明の折衝府49の存在が知られるが、「同均府」の府名は登場しない。『西安碑林全集』第76巻所載の武周長寿2年「王感墓誌」に「唐右武威衛定遠將軍洞均府都尉・上柱國」とあり、そこにみえる「洞均府」は「同均府」の繁文かもしれないが、いずれにせよ具体的な所在地は不明である。「左領軍衛」に関しては、まず隋代に「左領軍」が存在し、「十二衛大將軍」の一人が率いた[34]。武徳7年（624年）には「十四衛府」のひとつに数えられ、龍朔2年（662年）には「左領軍」から「左戎衛」に更名された[35]。そののち「左領軍衛」に戻り、光宅元年（684年）に「左玉鈴衛」とされ[36]、神龍年間（705-707年）後にさらに「左領軍衛」に戻った[37]。現に、神龍年間以後の墓誌にも「左領軍衛」の語が散見する。よって「左領軍衛」の語をふくむ本魚符が武周期以後のものである点は動かない。これより、⑬は「同均府」に勤める左領衛軍と関係するものと考えられる。その魚符が清思殿で発見された理由は、当該魚符が何らかの理由で中央政府に回収されたため（左符の場合）、もしくは本来中央政府の保管部分であったためであろう（右符の場合）。本魚符には「第一」等の番号がないが、刻文の「同均府左領軍衛」だけでは個人の特定には至らないので、随身魚符ではあるまい。馬志得氏は、本魚符の出土地が清思殿遺跡であることから、本魚符を敬宗期（824-827年）のものとし、刻文研究とは別の角度から、本魚符の年代を絞り込んでいる。そこで敬宗期前後の時代背景をみると、792年にすでに「右領軍大將軍」は散官化しており[38]、それと対をなす左領軍大将軍も同様であったろう。だが憲宗元和14年（819年）の「唐故左領軍衛太原豊州府折衝都尉員外王府君墓誌銘并序」によれば、左領軍衛はなお折衝府都尉員外などがおり、左領軍衛に人員がいなかったわけではない。⑬は彼らのための発兵符であろう。

⑭は、李晶氏によると、1982年に済南市文物店で購入され、現在済南市博物

館に収蔵されている魚符（右側）で、「易守長」用の符（本稿でいう州符）であるという[39]。周暁薇氏によれば、『西安碑林全集』第87巻所載の開成元年「司馬儵墓誌」に「左神武軍副将兼押衙・陪戎副尉・守右領軍衛京兆道渠府右果毅都尉」の語がみえ、開成元年（836年）時点で道渠府は京兆に属したとわかる[40]。もっとも、魚符の写真をみる限り、魚符腹部に「合同」や「同」の字がなく、他の随身魚符の事例と異なるため、その真贋問題にはなお慎重さが求められる。また刻文をみる限り、「易守長」用の符でなく、「起軍旅」用の符（つまり発兵符）と解すべきであろう。いずれにせよ刻文に「第五」とあるので、随身魚符ではあるまい。羅振玉『増訂歴代符牌図録』に「右領軍衛道渠府第五」の左符が収録されており、相互の関係に注目される。

⑮は、李莉氏によれば、山東省東営市広饒県第3次全国文物普査小組による調査でみつかり、山東省東営市歴史博物館に所蔵されている魚符である。青銅製で、長さ5.1cm、幅1.8cmであり、頭部に穴がある。上部に「同」と凸刻され、「九仙門外右神策軍」と凹刻され、兵符とみられる[41]。私見では、羅振玉『増訂歴代符牌図録』に同一刻文の魚符が収録され、「同」字が凸刻で、外観や刻文の配列も合致することから、同一物と考えられる[42]。刻文に番号がなく、随身魚符の可能性も一見皆無でないが、「右神策軍」だけでは個人を特定できないので、魚符（≠随身符）であろう。刻文には「門」字が含まれるが、本魚符は精確には「九仙門外」にいる「右神策軍」のものであって、門符とは即断できない。神策軍は754年以降に成立した軍隊で、763年に吐蕃が長安を陥し、従来の禁軍が壊滅すると、新たに禁軍の地位を占めた。刻文に「九仙門外右神策軍」とある以上、本魚符は京師の九仙門外に駐屯していた禁軍としての神策軍のもので、発兵符と門符の両方の可能性があり、763年以降のものと考えられる。

⑯は、2011年7月にキルギスのアク・ベシム遺跡周辺で発見された唐代青銅魚符で、ベリャエフとシドロヴィチによる研究がある。それによると、魚符の側面には「合同」の2字があり、平面部には凹部に「同」字が施され、さらに「突騎施國第三」との刻文がある。また、武周期（690-705年）は魚符でなく亀符である点や、唐と突騎施の関係を考慮した結果、本符を717-748年に使用さ

れた可能性の高いものとする[43]。本稿の分類によれば、これは朝貢魚符の例である。朝貢魚符に関しては現在、『唐会要』巻100雑録所引「故事」、『新唐書』巻24車服志、『玉海』巻85所引『唐会要』、『大学衍義補』巻90璽節之制などに関連史料がみえるほか[44]、ベリャエフ・シドロヴィチ論文所引の『太平寰宇記』巻200四夷27北狄12故事があり、近年新たに『諸道勘文』神鏡事「神鏡勘文」所引『唐暦』の存在も知られるようになった[45]。それらをみると、西蕃諸国は第一から第十二までの番号の朝貢魚符をそれぞれ支給され、朝貢の使者は朝貢月に応じた番号の朝貢魚符を持参すべきであった。朝貢の使者は京師に到着すると、鴻臚客館（いわゆる迎賓館。778年以降は礼賓院も加わる）に宿泊し、そばにある鴻臚寺（外国使節接待官署）が使者の応対を掌った[46]。おそらくこの段階以前に、朝貢魚符の勘合が行われ、問題がなければ「常禮」が行われる[47]。「常禮」とは、『大唐開元礼』所見の「蕃主来朝遣使迎労」（来朝を歓迎・慰労する儀式）、「皇帝遣使戒蕃主見日」（謁見日を伝達する儀式）、「蕃主奉見」（外国元首の皇帝謁見儀式）、「皇帝受蕃使表及幣」（外国使節の皇帝謁見儀式）、「皇帝宴蕃國主」（外国元首との宴会儀式）、「皇帝宴蕃国使」（外国使節との宴会儀式）で、来朝者が蕃主か蕃国使かに応じて、上記のいずれかの「禮」を実行したとみられる[48]。上記六礼の式次第によれば、儀式には符宝郎が参加して「寶」を奉ることになっており、符宝郎は朝貢魚符の管理者ゆえ、一見、儀式当日に朝貢魚符の勘合を行なったかのごとくである。だが儀式当日に符宝郎は「寶」をもつと明記され、それは皇帝の璽で、それ以外の「符契」を持ったとはされていない。また、かりにこの時点で朝貢魚符の勘合が未了であれば、そもそも「常礼」の実施はできず、式次第に矛盾をきたす。それゆえ西蕃諸国の朝貢使節は、入境から鴻臚客館滞在のあいだに、すでに朝貢魚符の勘合を済ませていたと考えられる。この点に関して榎本淳一氏は「銅魚符が辺関で用いられた明証はないが、蕃客としての礼遇は入国直後から始まるのであり、入国時に判断する必要があることから辺関で用いたと考えるのが一番自然[49]」とし、筆者もこの見解が妥当と考える。ちなみに⑯の年代に関しては、以下のように推測しうる。すなわち本符は、魚符ゆえ、705年以後のものである。また関連史料によれば、開元16年（728年）11月5日に鴻臚卿は、突騎施

の反乱で「蕃國銅魚」の多くが散佚したとし、朝貢魚符を再発行すべきだと上奏しており、西蕃諸国には本来728年以前にすでに朝貢魚符が与えられていた。さらに⑯の出土したアク・ベシム遺跡は唐代砕葉鎮で、そこは703年以来、突騎施の実質的支配下にあり、719年に完全に唐の行政区画でなくなった[50]。そののち突騎施は、砕葉付近の草原地帯を拠点とし続けた。砕葉鎮からは突騎施銭が出土し、突騎施の拠点自体が砕葉鎮城外にある期間も、砕葉鎮に影響を及ぼしていたことが知られる。だが遊牧生活に不便ゆえ、719年以降も突騎施の可汗が砕葉鎮城内に定住し続けたとは考えにくい[51]。そうすると本魚符の年代は705-719年の可能性が高いのではないか。

以上本節では、近年出土した魚符・亀符のうち、⑪～⑯について検討した。その結果、それらはどれも魚符・亀符（≠随身符）の事例であることが判明した。

III　近年出土した随身魚符と随身亀符

つぎに第3節では、⑰～㉑について検討する。⑰～㉑は、個人の官名と姓名が刻まれ、まさしく随身符と解される。

⑰は、2008年に洛陽で発見された魚符である。簡報によれば、洛陽市文物考古研究院が2008年に洛陽市洛南新区の基礎工事にあわせて香山路南部・厚載門街東部を調査したところ、唐代墓がみつかり、すでに盗掘され、他の副葬品はみえず、当該魚符（右側）だけが残されていた。現在は濱州市博物館に収蔵されている。長さ4.9cm、幅1.8cmで、平面部に「司馭少卿崔萬石」、魚腹部に「合同」と陰刻されている。「崔萬石」は個人の姓名である。姓名がある以上、本遺物は随身魚符である。「司馭少卿」は龍朔～光宅期（661-684年）に存在した官名で[52]、従四品官である。よってこれは661～684年の従四品官の随身魚符である[53]。以上が簡報の説明である。おりしも近年、孟憲実氏によって崔万石墓誌の研究が進められ、崔万石が666年に封禅儀礼に関与したこと、666-668年の高句麗遠征で活躍したこと、そのあとに司馭少卿（従四品官）に昇進し、さらに司宰少卿（従四品官）や歙州刺史（前任者は王大礼で、669年2月に死亡）に転じたこと、674年8月11日に亡くなったことが裏づけられた。「崔萬

石」墓誌自体はすでに2007年時点で拓本が得られており、その真偽に疑問が呈されていたが、2008年に崔万石墓が発見され、その詳細が判明したため、拓本も本物とされるに至った。崔万石の最終官歴は歙州刺史であるが、当時地方官は随身魚符をもてない。すると歙州刺史以前の官歴は司宰少卿となるが、崔万石墓からは「司馭少卿」の随身魚符が出土した。当時の随身魚符は五品官以上に与えられるべきもので、司宰少卿も司馭少卿もその規定を満たしており、かつ随身魚符を与えられた者は、死後もそれを返却する必要がないので、崔万石墓から随身魚符が出土するのはおかしくない。だが司宰少卿でなく司馭少卿の随身魚符が出土したのは疑問で、孟憲実氏は２つの仮説を提示している。第一に、司馭少卿・司宰少卿・歙州刺史の転任時間が短く、崔万石はすぐに地方の歙州刺史に転出し、まもなく亡くなったため、処理が遅れ、死後に回収する必要もなくなった。第二に、670年12月に百官の名称を662年以前のものに戻したため、旧称を含む本魚符の回収が不要となった。孟憲実氏は以上の検討をふまえ、本随身魚符を668-670年に機能したものと結論づけている[54]。ほぼ妥当な見解である。ちなみに近年発見された「崔上尊墓誌」（723年帰葬）には「夫人号上尊、姓崔氏、博陵安平人也。曾祖曠、周驃騎大將軍・武康郡公。祖弈、散騎常侍。父万萬、歙州刺史」とあり[55]、崔万石の最終官歴が歙州刺史である点等々が裏づけられる。パトリシア・イブリー氏以来の博陵崔氏の研究に、一石を投じるものとなるであろう[56]。

⑱は、ロシアのウラジオストク近郊にあるニコラエフカ都市遺跡から1980年代に出土した魚符で、左驍衛将軍の聶利計の随身魚符（右符）である。別稿でのべたように、筆者は2019年８月に、ロシア科学アカデミー極東支部付属考古博物館のユーリ・ニキティン館長のご協力を得て、本魚符を実見調査した[57]。シャフクノフによれば、ニコラエフカ都市遺跡は、石器時代以来の文化遺存よりなり、渤海王国（698-926年）のときには城塞化され、12世紀には女真人に強化された。当該魚符は長さ5.6cm、幅1.8cm、厚さ0.5cm程度で、魚腹部に「合同」と刻まれ、平面部に「左驍衛将軍聶利計」との刻文があり、「左符」である。当地を支配した歴代の人びとをみると、契丹に関しては、黄金の符は作ったが、青銅の符は作っていない。女真に関しては、沙伊金女真遺跡から青

銅魚形装飾物が出土しているが、形状的に当該魚符とまったく異なる。むしろ本魚符は見たところ唐代のものである。ただし、刻文にみえる「聶利計」の「計」は、渤海靺鞨族首領の漢字名によくみえ、「可婁計」「勃施計」「味勃計」「煙夫須計」「公伯計」「聿棄計」などの例が知られる。また「左驍衛将軍」の官名は唐にも渤海にも登場する。よって本魚符は8～9世紀における唐の魚符、もしくは同時期に渤海王国側が唐制を摸して鋳造した魚符で、当地の軍事長官のものと考えられる[58]。以上のシャフクノフ説に対して、姚玉成氏は以下のように批判する。すなわち、渤海は「左右驍衛」を「左右熊衛」や「左右羆衛」と称した。遼の魚符は黄金製で、青銅製でない。金には「左右驍衛」の称号がない。よってこれは唐代か五代の随身魚符（左符でなく右符）である。『旧唐書』職官志や『新唐書』百官志によれば、「左驍衛」の称号は龍朔2年（662年）～光宅元年（684年）、もしくは神龍元年（705年）以後のものである。庶官による随身魚符の終身携帯が許可されたのは開元9年である。本魚符はロシア領で出土した。よって本魚符は、開元9年以後に現地で亡くなった聶利計なる人物の随身符ではないか。加えて、シャフクノフは聶利計を渤海靺鞨人とするが、当時靺鞨人には黒水靺鞨人・越喜靺鞨人・鉄利靺鞨人もおり、「○○計」はそのすべての人名に登場する。よって確実なのは聶利計が靺鞨人であることだけである。おそらく彼は朝貢にやってきて本魚符を賜わり、帰国時にそれを持って帰ったのであろう[59]。以上が姚玉成氏の説で、シャフクノフ説よりも説得的である。

⑲は、シドロヴィチによると、2011年にモンゴル国サンシャン市の南東約3、40km（ドルノゴビ県）で発見された青銅魚符（右符）で、長さは5cm、幅は1.8cm、重さは16g程度である。魚腹部に「合同」となり、平面部の刻文には「中郎霫莫遂州長史合蠟」とある。「合蠟」はトルコ語系の名（alp）で、「勇敢」「英雄」「豊か」の意であろう。「霫」は部族名と解され、そうすると「莫遂州」は地名のはずであるが、史料にみえない。史料には「霫」と「白霫」の族名がみえ、両者を同一部族とする説と、別々の部族とする説がある。いずれにせよ両者の居住地は近い。霫族は646年に唐に服属し、716年に別の州に移住させられており、また690-705年には魚符でなく亀符が用いられたことから、

本魚符は647-690年のものの可能性が高い[60]。以上がシドロヴィチの説である。だが私見によれば、まず武周期以前に在京官以外が随身魚符（姓名有り）を携帯したとは考えにくい。本魚符は朝貢魚符でもない。よって本魚符は武周期よりも後のものとみられる。またシドロヴィチも認めるように、「莫遂州」なる地名は存在しない。そもそも「州長史」には上州長史（従五品上）・中州長史（正六品上）・下州長史（正六品下）の別があり、随身符の対象者は原則的に上州長史に限られる。上州は、武徳期以後に3万戸以上、開元18年以後に4万戸以上とされ、いずれにせよ出土地点付近に存在しない。「遂州」であれば、四川省重慶付近の行政単位として実在し、618年に遂州とよばれ、742年に遂寧郡と更名され、758年に遂州に更名され、貞観年間（627-649年）に12977戸、開元17-18年（729-730年）に37377戸、天宝1年（742年）に35632戸で、おそらく700年頃から730年頃までは上州に分類されていた。だが、遂州と⑲の出土地ではあまりに距離がある。「莫遂州」は佚名の上州級の羈縻州であろうか。ちなみに「中郎霽莫遂州長史」の「中郎」は中郎将の略で、たとえば陝西省博物館蔵「契苾李中郎墓誌」や『千唐誌齋蔵誌』下冊第798番目所引「唐故右龍武軍翊府中郎高府君墓誌銘」などに例がある[61]。だが「中郎」と「州長史」の関係性は判然としない。当該符の刻文の語順はやや違和感を感じさせるもので、今後さらなる情報公開と検証が俟たれる。

⑳は、新疆ウイグル自治区焉耆県にある博格達沁古城でみつかった亀符である。現在は巴州博物館（正式名称は巴音郭楞蒙古自治州博物館）に所蔵されており、筆者はこれを2019年8月に現地で確認した。比較的鮮明な図版が祁小山・王博編著『絲綢之路・新疆古代文化』に掲載されている[62]。何休によると、1980年5月に新疆焉耆文物管理所が当該古城出土の文物を回収したおり、そのなかに開元通宝などとともに当該亀符があった。長さ4cm、幅2cm、厚さ0.4cm、重さ2gで、頭部には穴があいており、紐を通したとみられる。亀甲紋様は陰刻で、腹部には「同」字が陰刻されている。その用途は「起軍旅、易守長」のための割符（本稿でいう発兵符）である[63]。以上の何休説のうち、当該亀符を発兵符とする点は疑問である。むしろ本稿での上記検討をふまえるならば、発兵符に個人の姓名がみえるとは考えにくく、当該亀符は随身符と解すべきであ

ろう。博格達沁古城は唐代焉耆都督府の治所とされ、長方形で全長約3kmにおよぶ[64]。当該随身符は亀符ゆえ、武周期の遺物で、博格達沁古城は武周期にも焉耆都督府として機能したとみられる。遺跡からは五銖銭・開元通宝・乾元通宝・大暦通宝・建中通宝が出土しており、建中年間（780-783年）まで機能したことは窺える。亀腹部には刻文があり、筆者が現物を実見したところ、全体は3行に分かれ、2行分は「右玉鈐衛将軍員外置」と釈せるようであるが、3行目の釈読は至難である。ベリャエフとシドロヴィチは3行目を「阿史那伽利支」と訳している[65]。3行目に個人の姓名が入る点は間違いない。ここではとりあえずベリャエフ・シドロヴィチの釈文を挙げておくが、断定はむずかしい。なお「玉鈐衛将軍」は光宅元年（684年）以来の名称で[66]、すでに⑬の部分でのべたように、707年以後は「領軍衛」とよばれた。よって本魚符は、南衙を構成する玉鈐衛の「将軍員外置」に与えられたものと解される。『旧唐書』巻44職官志3「左右領軍衛、大将軍各一員。将軍各二員」、「将軍各二員」の注に「従三品」とある。

　㉑は、キルギス共和国のアク・ベシム遺跡で発見された亀符である。当該遺跡は唐代の砕葉鎮に比定される[67]。当該亀符はアク・ベシム遺跡を構成する第1シャフリスタンと第2シャフリスタンのうち、両者の隣接領域（とくに第2シャフリスタン側）から出土した。これは2006年にカミシェフ・ミハイロヴィチ氏（ビシュケク市内の骨董店店主）が金属探知機で地表面を調査・発見したもので、正規の考古発掘調査を経て得られたものではなく、現在はミハイロヴィチ氏が所有している。筆者は2016年11月に当該骨董店を訪問し、許可を得て当該亀符の実見・調査・撮影を行なった。当該亀符に関しては孟憲実氏の研究が参考になる。すなわち、本符は亀形をしているので、武周期のものである。「豹韜衛」は684〜705年に置かれ、それ以前と以後は「威衛」とよばれ、十二衛のひとつである。右郎将・左郎将は翊府を警護する属官で、中郎将の副として正五品上にあたる。「石沙陁」の「石」は石国（現ウズベキスタン首都タシケント付近）に由来し、「沙陁」は名である。またアク・ベシム遺跡は砕葉鎮で、砕葉鎮が武周に帰属したのは692年ゆえ、本亀符は692年以後に砕葉にもたらされたと考えられる。これより、本亀符は692〜705年にアク・ベシムに駐在

した異国人軍官のもので、今日の「軍官証」にあたる。当時安西四鎮には「漢兵三萬」がいたが、石沙陁が石国人であることからわかるように、非漢人兵士もおり、石沙陁はそれを率いる蕃将のひとりであろう[68]。以上が孟憲実氏の見解である。たしかに「左豹韜衛翊府右郎將」は、孟氏の指摘どおり、正五品上の武官で[69]、本来随身魚符の支給対象者に含まれる。また「石沙陁」に関しては、名前とする孟憲実説以外に、「沙陁」を沙陀人とし、石敬瑭らの事例をふまえ、石氏は沙陀人によくみられる氏であるとするケンジャアフメト氏の説がある[70]。だが後説をとると、随身亀符上に氏のみみえ、名がみえないことになるが、これは本稿で詳論したとおり、ありえない。ゆえに筆者は孟憲実説が妥当と考える。ここで唐代砕葉鎮史をふりかえると[71]、砕葉は692〜703年（705年までではない）に漢人勢力の支配下にあり、それ以降は突騎施の実質的支配下に組み込まれた[72]。よって私見では、孟憲実氏説を一部修正し、本符を「692〜703年に安西都護のもとで働いていた異国出身者の随身亀符」と解する。なお、翊府は高級官吏の子弟が宿衛する部署で、玄宗期以前にはそこから流入（つまり在京職事の品官に昇格）するのが主たるエリートコースであった[73]。武周期には人心収集のため、辺境地域において異国出身者に「員外置」が濫綬され、もはや宿衛の役割を果たしてはおらず、一種の名誉職にすぎなくなっており、石沙陁もその対象であったろう。後掲㉒とは異なり、㉑にはテュルク系の官号がないので、石沙陁は遊牧世界の有力者としてではなく、むしろタシケント出身のソグド系商人の有力者として「員外置」の地位を得たのかもしれない。

㉒は、2019年にアク・ベシム遺跡で発見された亀符である。ベリャエフとシドロヴィチの報告によると、それは青銅製亀符で、縦4cm、横2cm、厚さ3cm、重さ12g程度であり、刻文がある。それは「Sazhi-tark-an, Supernumerary Commandant of the Standby Garrison of the Left Militant and Awesome Guard」と訳しうる。その発見場所は、㉑の魚符出土地点から1000-1200mの地点である。㉑㉒の出土地は近く、武周期に同一の出来事に巻き込まれて失われたとおぼしい[74]。唐代軍事制度をふまえると、「左武威衛翊府中郎將員外置」の「武威衛」は十二衛のひとつで、その「翊府」を率いる「中郎將員外置」が

本亀符所有者である。中郎将は正四品下ゆえ、随身符の支給範囲に入る。光宅元年（684年）に「驍衛」は「武威」に更名され、神龍元年（705年）に「驍衛」に戻る[75]。亀符の使用期間は690-705年である。ベリャエフとシドロヴィチの指摘通り、「颯支達干」の「達干」は「tarqan」の漢訳であろう。護雅夫氏によれば、「tarqan」は「達官」ともしるし、可汗（qaγan）の行政幹部にあたる。可汗のもとには、版図の西部統括官（yabγu 葉護）と東部統括官（šad 設・殺）がおり、その下位に俟斤（irkin）や頡利発（iltäbär）とよばれる有力部族長がおり、「tarqan」とともに、族長（匐 bäg）階級に属する。匐（bäg）は、民（budun）や奴隷（qul）とは峻別されている[76]。また内藤みどり氏によれば、「tarqan」は突厥碑文に散見する官名で、『周書』巻50異域列伝突厥列伝「大官有葉護、次没（設）、次特勒（勤）、次俟利發、次吐屯發、及餘小官凡二十八等、皆世爲之」の「小官」のひとつと目される。ただし、突厥人以外にも「tarqan」とよばれる者はいた。また「tarqan」から葉護や可汗になった人物の例はない。よって「tarqan」は、正統阿史那氏以外の部族長や首長に与えられた官名である[77]。以上の護説と内藤説をふまえると、㉒の受給者は族長（匐 bäg）階級に属する「小官」の保持者であり、突厥人であるとは限らないといえよう。天山以北の遊牧国家における「tarqan」に関しては近年、さらに荒川正晴氏が詳細に検討している。それによれば、「tarqan」は可汗の側近官で、使者として外国（遊牧国家に属するオアシス小国家を含む）に派遣され、政治的に対外交渉役を担っていた。ソグド人が「tarqan」となる場合もあり、彼らは対外関係維持のために活躍すると同時に、個々人がその機会を活かして、主体的に対外交易をする事例もあった[78]。すると㉑は、唐と遊牧勢力の折衝役に与えられたものと解され、いわば両国友好の象徴のひとつであったともいえよう。「颯支」はその名前で、savci（通訳）を原語とするのではないか。武周が砕葉鎮を支配していた時期（692〜703年）に、西突厥を率いて唐に与する者のうち、阿史那斛瑟羅は690〜703年のいずれかの年に1度、もしくは2度にわたって中国内地へ遷徙し、砕葉付近では烏質勒の率いる突騎施が台頭しつつあった[79]。烏質勒は本来阿史那斛瑟羅の翼下にあったが、699年に子を武周に入朝させ、703年には阿史那斛瑟羅を凌駕して砕葉一帯の覇権を握る[80]。する

と「颯支」は、阿史那斛瑟羅か烏質勒の一派ではないか。テュルク系の官号が刻されていない㉑とは異なり、㉒の「颯支」は遊牧世界の族長クラスの「小官」のひとりであったと考えられる。

おわりに

　本稿では、まず文献に基づいて、隋唐時代における魚符と随身魚符、亀符と随身亀符の相異点について論じた。つぎに随身符の伝世品や拓本について検討した。そのうえで、近年発見された魚符と亀符に注目し、一部を発兵符・州符・門符・朝貢符の魚符・亀符として分類し、一部を随身魚符・随身亀符として分類した。かくて2020年6月時点で、計16点の随身符の例が得られた。本稿ではその歴史的背景について個別に分析を加えた。結果、文献の記載が、文物・拓本の分析結果と整合することが確認できた。すなわち随身符は、唐代前半には高位高官（五品官以上）にのみ与えられ、武周期以後に「員外置」にも与えられるようになった。ただしいずれにせよ五品以下の者に随身符が与えられた例はない。そもそも唐代の官吏定員総数は約37万に達し、そのうち95％は吏（吏、胥吏、職掌任、雑色人など）、5％は官（流内官や品官ともよばれる）で、五品官以上はさらに少ない。たとえば玄宗開元年間（713-741年）の事例を挙げると、一品から九品までの職事官は約18000人で、文官が80％を占める。そのうち在京職事官は2600余人で、五品以上は390人程度にすぎない。かりに員外置を含めたとしても、随身魚符受給者の総数はきわめて少ない。それはまさにエリートの証であったわけである。

　改めてそれらの発見場所を地図化すると、魚符・亀符が東ユーラシア世界の北半分に広がっていたことがわかる［地図1］。それらは、唐帝国の「痕跡」や「記憶」を物語る史料として注目される。魚符は古代日本でも用いられていたので、今後遺物が発見されるかもしれない。その逆に、管見のかぎり、東ユーラシア世界の南半分では発見例がなく、その理由は判然としない。ちなみに近年発見された随身符の例はほかにもあるようであるが、信憑性に疑問が残る（前掲随身符も真贋問題は皆無でない）。今後も発見例は増えると期待されるが、扱いには細心の注意を払わねばなるまい。また近年発見された前掲随身

符は、正規の考古発掘によらないものが多く、具体的な出土地点や地層関係は不明である。金属探知機を用いて遺跡などで随身符を発見する行為は、出土物から考古学的文脈をはぎ取る行為であり、歴史に対する一種の暴力である。発見・報告された遺物があれば、私は研究者としてそれを看過することはできないけれども、随身符に対する注目の高まりが安易な「宝探し」を助長しかねない点には、警戒が必要であろう。

註

1) 布目2003:256-292。
2) 布目2003:256-292。
3) Беляев и Сидорович 2012:282-287。
4) des Rotours 1952: 1 -148。
5) 布目2003:256-292。
6) 呉・劉2014:26-28も姓名の刻まれていない伝佩を随身符とする。
7) 朱2018:70。
8) 孟2017:65-66。
9) 一曰銅魚符、所以起軍旅、易守長（兩京留守、若諸州・諸軍・折衝府・諸處捉兵鎭守之所及宮總監、皆給銅魚符）。二曰傳符。……三曰隨身魚符、所以明貴賤、應徵召（親王及二品已上散官・京官文武職事五品已上・都督・刺史・大都督府長史・司馬、諸都護副都護、並給隨身魚符）。……魚符之制、王畿之內、左三右一。王畿之外、左五右一（左者在內、右者在外、行用之日、從第一爲首、後事須用、以次發之、周而復始）。大事兼敕書（替代留守軍將、及軍發後更添兵馬、新授都督・刺史及改替・追喚別使、若禁推、請假敕許及別敕解任者、皆須得敕書）。小事但降符函封、遣使合而行之（應用魚符行下者、尚書省綠敕牒、門下省奏請、仍預遣官典就門下對封、封內連寫敕符、與左魚同函封、上用門下省印。若追右符。函盛封印亦準此）。……隨身魚符之制、左二右一。太子以玉、親王以金、庶官以銅（隨身魚符、皆題云某位姓名。其官只有一員者、不須著姓名。即官名共曹司同者、雖一員、亦著姓名。隨身者、仍著姓名、並以袋盛。其袋、三品已上飾以金、五品已上飾以銀、六品已下守五品已上者不佩魚。若在家非時、及出使別勅召檢校、並領兵在外、不別給符契、若須迴改處分者、勘符同、然後承用）、佩以爲飾。刻姓名者、去官而納焉。不刻者、傳而佩之（若傳佩魚、皆須遞相付、十日之内申報禮部）。木契之制……。
10)『旧唐書』巻43職官2符宝郎条「三曰隨身魚符、所以明貴賤、應徵召」、『新唐書』巻24車服志「隨身魚符者、以明貴賤、應召命、左二右一、左者進內、右者隨身。皇太子以玉契召、勘合乃赴。親王以金、庶官以銅、皆題某位姓名。官有貳者加左右、皆盛以魚袋。三品以上飾以金、五品以上飾以銀。刻姓名者、去官納之。不刻者傳佩相付」。
11) 初高祖入京安、罷隋竹使符、班銀菟符、其後改爲銅魚符、以起軍旅、易守長。京都留守・折衝府・捉兵鎭守之所、及左右金吾・宮苑總監、牧監皆給之。……宮殿門・城門、給交魚符・巡魚符。左廂・右廂給開門符・閉門符。……蕃國亦給之……。
12) 上記史料には「畿内三左一右、畿外五左一右」とあり、布目氏は「畿内は左魚が三、右魚が一、

223

畿外は左魚が五、右魚が一あり、左魚は中央の門下省下の符宝郎が管掌し、右魚は地方で保管する。……左右の数が異なっているのも唐の銅魚符の特徴である。地方にある右符が、畿内・畿外共に一であることは、命令が中央より発せられる場合に用いられるから、地方では勘合する為の一個の右符があればよいというのであろうが、地方の右符に合う中央の左符が数個あるのは、魚符の勘合という性質より見て不思議な点である」とする。また遺物の右符に「第三」・「第四」との刻文があるとし、文献側に問題があるとする（布目2003:264）。それでは、ある地方官衙に「第一」から「第五」までの銅魚符がある場合、中央政府にそれと対応する銅魚符が5枚ずつ（この場合は合計25枚）存在すると考えるのはどうか。銅魚符が用いられる上述の場合をみると、たとえば中央政府は地方長官に同時に複数の命令を下す場合があり、しかも使者を派遣した直後に、改めて「別敕」を下す場合もありうるのであり、だからこそ中央朝廷には複数の銅魚符のスペアが保管されている。また畿内よりも畿外の場合に多くの銅魚符を中央政府に保管せねばならない理由は、使者の往復に時間がかかるからであり、そのために中央に多くのスペアがあるのではないか。

13）北衙に関しては林2011:47-64等をはじめとする林美希氏の一連の研究が、南衙の軍制に関しては気賀澤1999:267-445が参考になる。
14）折衝府の等級と人員数に関しては濱口1966:3-83、気賀澤1999:320-380。
15）折衝府の官員構成に関しては濱口1966:3-83、愛宕1995:173-215。
16）愛宕1976:243-274。
17）『旧唐書』巻44職官志3「魏武爲丞相、有武衛營。隋採其名、置左右武衛府、有大將軍。光宅改爲左右鷹揚衛、龍朔復也（『通典』巻28や『唐六典』巻24は「神龍元年復」に作り、それが妥当）」。
18）『唐六典』巻24諸衛左右武衛条「左・右武衛、大將軍各一人、正三品。將軍各二人、従三品」。
19）「右武衛将軍柳公神道碑」。
20）布目2003:275。
21）孟2017:69。
22）『元和姓纂』巻5「阿伏干」条に「改爲阿氏」、『古今姓氏書辨證』巻12「阿伏」条に「後魏阿伏氏改爲阿氏」とあり、両書は「阿伏」を北魏の氏とする。一方、『通志』巻28氏族略第4「阿氏」条注「『風俗通』伊尹爲阿衡。支孫以官族氏。又『河南官氏志』阿伏氏及阿賀氏並改爲阿」は伊尹以来の漢人姓と解するごとくであるが、これは牽強付会である。
23）『旧唐書』巻42職官志1「武德七年定令……次天策上將府。次左右衛・左右驍衛・左右領軍・左右武候・左右監門・左右屯・左右領、爲十四衛府。……龍朔二年二月甲子、改百司及官名。……左右衛府・左右驍衛府・左右武衛府並除「府」字。左右屯衛府爲左右威衛、左右領軍衛爲左右戎衛、武候爲金吾衛、千牛爲奉宸衛。……開元令移在下。門下侍郎・中書侍郎、舊班正四品上、大歷二年升。左右衛・左右驍衛・左右武衛・左右威衛・左右領軍衛・左右金吾衛・左右監門衛・左右羽林軍・左右龍武・左右英武六軍大將軍・左右千牛衛大將軍、自左右衛已下、並爲武職事官」。
24）『旧唐書』巻42職官志1「光宅元年九月……左右驍衛爲左右威衛。左右武衛爲左右鷹揚衛。左右威衛爲左右豹衛。左右領軍衛爲左右玉鈴衛。左右金吾衛依舊」。
25）『旧唐書』巻44職官志3「煬帝改爲屯衛。國家改爲領軍衛。龍朔改爲戎衛。光宅改爲玉鈴衛。神龍後爲領軍衛」。
26）Беляев и Сидорович 2014:276-284。
27）朱2018:66-73。

28）『旧唐書』巻44職官志3 本注「隋爲左右屯衞。龍朔改爲威衞。光宅改爲左右豹韜衞。神龍復爲威衞也」。
29）松田1987:174-184頁、長澤1979:262-290。
30）『旧唐書』巻5高宗本紀下・咸享元年条「吐谷渾全國盡沒、唯慕容諾曷鉢及其親信數千帳内屬、仍徙於靈州界」。
31）『旧唐書』巻7中宗本紀神龍2年条「十二月己卯、突厥默啜寇靈州鳴沙縣、靈武軍大總管沙吒忠義逆撃之、官軍敗績、死者三萬」、『新唐書』巻4則天順聖武皇后本紀延載元年条「臘月甲戌、突厥默啜寇靈州」。
32）開元二年閏二月敕、承前諸軍人多有借緋及魚袋者。軍中卑品此色甚多。無功濫賞、深非道理。宜敕諸軍鎭「但是從京借、並軍中權借者、並委敕封收取。待立功日、據功合德。即將以上者、委先借後奏。其靈武・和戎・大武・幽州鎭軍、赤水・河源・瀚海・安西・定遠等軍、既臨賊衝、事藉懸賞、量軍大小、各封金魚袋一、二十枚・銀魚袋五十枚。並委軍將、臨時行賞」(『唐会要』巻31所引『蘇氏記』)。
33）馬1987:329-339。
34）『旧唐書』巻44職官志3「至隋始置左右衞・左右武衞・左右候・左右領軍・左右率府、各有大將軍一人、謂十二衞大將軍也。國家因之」。
35）『旧唐書』巻42職官志1「武德七年定令……次天策上將府。次左右衞・左右驍衞・左右領軍・左右武候・左右監門・左右屯・左右領、爲十四府。……龍朔二年二月甲子、改百司及官名。……左右衞府・左右驍衞府・左右武衞府並除「府」字。左右屯衞府爲左右威衞、左右領軍衞爲左右戎衞、武候爲金吾衞、千牛爲奉宸衞。……開元令移在下。門下侍郎・中書侍郎・舊班正四品上、大歷二年升。左右衞・左右驍衞・左右武衞・左右威衞・左右領軍衞・左右金吾衞・左右監門衞・左右羽林軍・左右龍武・左右英武六軍大將軍・左右千牛衞大將軍、自左右衞已下、並爲武職事官」。
36）『旧唐書』巻42職官志1「光宅元年九月……右驍衞爲左右威衞。左右武衞爲左右鷹揚衞。左右威衞爲左右豹衞。左右領軍衞爲左右玉鈐衞。左右金吾衞依舊」。
37）『旧唐書』巻44職官志3「煬帝改爲屯衞。國家改爲領軍衞。龍朔改爲戎衞。光宅改爲玉鈐衞。神龍後爲領軍衞」。
38）李2018:391。
39）李1999:44-45。
40）周2001:61-66。
41）田2010: 第8版、李2012:53-54。
42）羅振玉『増訂歷代符牌圖錄』は「呉氏蔵」と付記する。序文に「呉氏印統」が登場し、羅玉常編・呉元維校『秦漢印統』をさすとおぼしいが、『秦漢印統』に当該魚符は未収録である。
43）Беляев и Сидорович 2012:282-287.
44）榎本2008:74-93。
45）姚2017:129-144。
46）石見1998:356-383。
47）『新唐書』巻24車服志「蕃國亦給之［魚符］。雄雌各十二、銘以國名。雄者進内、雌者付其國。朝貢使各齎其月魚而至、不合者劾奏」、『唐会要』巻100雑録故事「西蕃諸國通唐使處、悉置銅魚。雄雌相合、各十二隻。皆銘其國名、第一至十二。雄者留在内、雌者付本國。如國使正月來者、齎第一魚。餘月準此。閏月齎本月而已。校其雌雄合、乃依常禮待之。差謬則推按聞奏。至開元一十六

225

年十一月五日鴻臚卿舉舊章奏日「近縁突騎施背叛、蕃國銅魚多有散失。望令所司復給」」。

48) その式次第に関しては、石見1998:413-500。
49) 榎本2008:90。
50) 柿沼2020:173-203。
51) 内藤1988: 1 -21。
52) 『旧唐書』職官志「太僕寺、龍朔改爲司馭寺、光宅爲司僕寺、神龍復也。卿一員、從三品。龍朔爲司馭正卿、光宅曰司僕卿、神龍復也。少卿二人、從四品上。卿之職、掌邦國廐牧・車輿之政令、總乘黄・典車之屬」、『唐六典』巻17太僕寺条注「龍朔二年改爲司馭寺正卿、咸亨中復舊。光宅元年改爲司僕寺、神龍元年復故」。
53) 洛陽2016:19-22。
54) 孟2017:325-336。
55) 胡・榮2012:418-419。
56) Ebrey1978: 1 -240。
57) 柿沼2020:173-203。
58) Шавкунов 1989:267-270。
59) 姚1993:48-50。
60) Сидорович 2016:198-202。
61) 石見1998:205-225。
62) 祁・王2008:144。
63) 何1984:30。
64) 張2012:179-180。
65) Беляев и Сидорович 2014:279.
66) 『旧唐書』巻42職官志「光宅元年九月……左右驍衞爲左右威衞。左右武衞爲左右鷹揚衞。左右威衞爲左右豹衞。左右領軍衞爲左右玉鈴衞。左右金吾衞依舊」。
67) アク・ベシム遺跡に関する歴史的背景については柿沼2019:43-59。
68) 孟2015:81-91。
69) 『旧唐書』巻44職官志 3 「左右威衞（隋爲左右屯衞。龍朔改爲威衞。光宅改爲左右豹韜衞。神龍復爲威衞也）。大將軍各一員（正三品）。將軍各二員（從三品）。……翊府中郎將・左右郎將・錄事・兵曹・校尉・旅帥・隊正・副隊正（人數・品秩皆如左右衞之親府）」『旧唐書』巻44職官志 3 武官左右郎將条「左右郎將各一人（正五品上）」。
70) 肯2017:56-57。
71) 柿沼2019:43-59。
72) 柿沼2019:43-59。
73) 愛宕1976:243-274。
74) Belyaev and Sidorovich 2020:41-53.
75) 『新唐書』巻49百官志上十六衞条本注「龍朔二年、左右衞府・驍衞府・武衞府皆省「府」字、左右威衞曰左右武威衞、左右領軍衞曰左右戎衞……。咸亨元年、改左右戎衞曰領軍衞。武后光宅元年、改左右驍衞曰左右武威、左右武衞曰左右鷹揚衞、左右威衞曰左右豹韜衞、左右領軍衞曰左右玉鈴衞」。
76) 護1967:94-160、内藤1988:130-175。

77）内藤1988:389-390。
78）荒川2016: 13-23。
79）阿史那斛瑟羅の内遷時期とその理由には諸説ある。内藤1998:305-334参照。内藤氏自身は690年と703年の2回にわたって内遷したとする。
80）内藤1998:305-334参照。

引用文献

日文（五十音順）

荒川2016　　荒川正晴「西突厥汗国的 Tarqan 達官与粟特人」（榮新江・羅富主編『粟特人在中国』上冊、科学出版社、2016年、13-23頁）

石見1998　　石見清裕『唐の北方問題と国際秩序』（汲古書院、1998年、1-557頁）

榎本2008　　榎本淳一『唐王朝と古代日本』（吉川弘文館、2008、1-283頁）

愛宕1976　　愛宕元「唐代における官蔭入仕について――衛官コースを中心として――」（『東洋史研究』第35巻第2号、1976年、243-274頁）

愛宕1995　　愛宕元「唐代府兵制の一考察――折衝府武官職の分析を通して」（中国中世史研究会編『中国中世史研究続編』京都大学学術出版会、1995年、173-215頁）

柿沼2012　　柿沼陽平「唐代安西四鎮関連遺址踏査記――中国新疆ウイグル自治区・キルギス北部・ロシアウラジオストク――」（『帝京史学』第35号、2020年、173-203頁）。

柿沼2019　　柿沼陽平「唐代砕葉鎮史新探」（『帝京大学文化財研究所研究報告』第18集、2019年、43-59頁）

気賀澤1999　気賀澤保規『府兵制の研究』（京都大学出版会、1999年、1-445頁）

姚2017　　　姚晶晶「『諸道勘文神鏡』所引『唐暦』新出逸文の紹介と検討――唐代の銅魚符制度を中心に――」（『関西大学東西学術研究所紀要』第50号、2017年、129-144頁）。

内藤1988　　内藤みどり『西突厥史の研究』（早稲田大学出版部、1988年、1-455頁）

長澤1979　　長澤和俊「唐末・五代・宋初の霊州」（『シルク・ロード史研究』国書刊行会、1979年、262-290頁）。

布目2003　　布目潮渢「唐代符制考――唐律研究（二）――」（『布目潮渢中国史論集』上巻、汲古書院、2003年、256-292頁）。

濱口1966　　濱口重國「府兵制から新兵制へ」（『秦漢隋唐史の研究』上巻、東京大学出版会、1966年、3-83頁）。

林2011　　　林美希「唐代前期宮廷政変をめぐる北衙の動向」（『史観』第164冊、2011年、47-64頁）

松田1987　　松田壽男「漠南路――いわゆる「蒙疆」の歴史性について――」（『松田壽男著作集』4、六興出版、1987年、174-184頁）

護1967　　　護雅夫「古代チュルクの社会構造」（『古代トルコ民族史研究』山川出版社、1967年、94-160頁）

李2018　　　李宇一「中唐期における左・右神策軍に関する一考察」（『関西大学東西学術研究所紀要』第51輯、2018年、373-401頁）

李1999　　　李晶「唐代銅制魚符」（『収蔵家』1999年第6期、44-45頁）

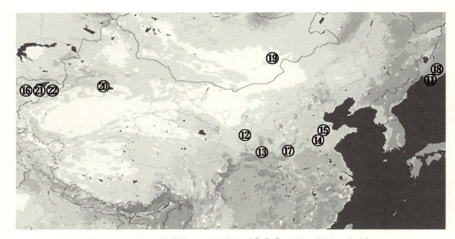

地図1　魚符・随身符の発見場所　（⑭⑮⑲以外は現地で出土）

中国語（ピンイン順）

何1984	何休「新疆焉耆漢—唐古城出土唐亀符」（『文物』1984年第10期、30頁）。
胡・榮2012	胡戟・榮新江主編『大唐西市博物館蔵墓誌』北京大学出版社、2012年、1-1088頁）。
肯2017	肯加哈買提・努爾蘭（Nurlan Kenzheakhmet）『砕葉』（上海古籍出版社、2017年、1-317頁）
李2012	李莉「別致之唐代銅魚符」（『尋根』2012年第5期、53-54頁）。
洛陽2016	洛陽市文物考古研究院（屈昆傑・趙暁軍）「洛陽新区香山路唐墓発掘簡報」（『洛陽考古』2016年第4期、19-22頁）。
馬1987	馬得志「唐長安城発掘新収穫」（『考古』1987第4期、329-339頁）
孟2015	孟憲実「唐砕葉故城出土"石沙陁亀符"初探」（『西域文史』第10輯、2015年、81-91頁）
孟2017A	孟憲実「略論唐朝魚符之制」（『敦煌吐魯番研究』第17巻、2017年、59-73頁）
孟2017B	孟憲実「唐崔万石的墓誌与魚符」（『唐研究』第23巻、北京大学出版社、2017年、325-336頁）。
祁・王2008	祁小山・王博編著『絲綢之路・新疆古代文化』（新疆人民出版社、2008年）。
姚1993	姚玉成「俄羅斯尼古垃耶夫斯克遺址出土魚形青銅信符考実」（『北方文物』1993年第3期、48-50頁）。
田2010	田茂磊「唐代銅魚符」（『中国文物報』2010年3月3日第8版）
呉・劉2014	劉呉珊珊・劉玲清「唐魚符考論」（『黒龍江史志』2014年第19期、26-28頁）
張2012	張平「唐代亀茲軍鎮駐防史迹的調査与研究」（『亀茲学研究』第5輯、2012年、179-180頁）。
周2001	周暁薇「唐折衝府考校補拾遺三続」（『中國歷史地理論叢』第16巻第3輯、2001年、61-66頁）。
朱2018	朱滸「武周"右豹韜衛懸泉府第二"魚符的発見与考釈」（『形象史学』2018年第1期、66-73頁）。

英語（アルファベット順）

Belyaev and Sidorovich 2020　　Belyaev, Vladimir A. and Sidorovich, Sergey V.. "Tang Tallies of Credence Found at the Ak-Beshim Ancient Site." *Numismatique Asiatique: A Bilingual French-English Review 33*（March 2020）: 41-53.

Ebrey 1978　　Ebrey, Patricia B.. *The Aristocratic Families of Early Imperial China: A Case Study of the Po-ling Ts'ui Family.* Cambridge: Cambridge University Press, 1978. 1 -240.

ロシア語（五十音順）

Шавкунов 1989　　Шавкунов, Владимир Э.. Бронзовая верительная бирка в виде рыбки из Николаевского городища. *Советская археология 1.*（1989）: 267-270.

Беляев и Сидорович 2012　　Владимир А. Беляев（Vladimir A. Belyaev）и Сергей В. Сидорович（Sergey V. Sidorovich）. "Танская верительная бирка для посланцев Тюргешского каганата." *Общество и государство в Китае: XLII научная конференция 6.* Том 1.（2012）: 282-287.

Беляев и Сидорович 2014　　Владимир А. Беляев（Vladimir A. Belyaev）и Сергей В. Сидорович（Sergey V. Sidorovich）. "Танская верительная бирка для представителя племени тели." *ПОЛУТРОПΟΣ. Сборник научных статей памяти Аркадия Анатольевича Молчанова（1947-2010）.* Москва: Индрик, 2014. 276-284.

Сидорович 2016　　Сергей В. Сидорович（Sergey V. Sidorovich）. "Танская верительная бирка для представителя племени си 霫, найденная в Монголии." *Эпиграфика Востока 32.*（2016）: 198-202.

フランス語（アルファベット順）

des Rotours 1952　　des Rotours, Robert. "Les insignes en deux parties（fou 符）sous la dynastie des T'ang（618-907）." *T'oung Pao Second Series 41.*（1952）: 1 -148.

付記

本稿は、公益財団法人平山郁夫シルクロード美術館海外調査2017年度研究助成（研究課題「キルギス出土漢文史料の研究」）と公益財団法人文化財保護・藝術研究助成財団2018年度研究助成（研究課題「中央ユーラシア出土の符の研究」）に基づく研究成果の一部である。本稿執筆にあたり、多くの研究者の御助言と御協力を得た。唐代軍制に関して林美希氏（早稲田大学教育・総合科学学術院）より御教示を得た。キルギスのアク・ベシム調査に際しては、帝京大学文化財研究所の山内和也氏に多大な御助力を得た。ウラジオストクの調査に際しては、ロシア科学アカデミー極支部考古博物館所長ユーリ・ニキティン氏（Nikitin Yuri Gennadievich）に御助力を賜わり、かつ随身魚符の写真（図16）も御提供いただいた。新疆ウイグル自治区とそこで出土した随身符に関しては、調査の過程で、王震中先生（中国社会科学院歴史研究所）と王博氏（中国社会科学院歴史研究所）にも尽力いただいた。随身符の写真（図11、14、17、20）は、ウラジミール・ベリャエフ氏（Vladimir A. Belyaev）とセルゲイ・シドロヴィチ氏（Sergey V. Sidorovich）より御提供いただいた。本稿全体に対しては、吉田豊氏と荒川正晴氏から有益な助言をいただいた。とくに「緬大利發」が iltäbäl にあたる点は荒川氏、颯支が

savci にあたる点は吉田氏の御教示による。以上の方々に深甚に謝する。

アク・ベシム遺跡出土「杜懷寶碑」再読
―大雲寺との関わりをめぐって―

帝京大学文学部史学科　齊藤茂雄

はじめに

　キルギス共和国トクモク市にあるアク・ベシム遺跡は、現在帝京大学を中心に発掘調査が連年行われている。この遺跡が、ソグド人の作ったオアシス都市であるスイアブ（第1シャフリスタン）と、唐の安西四鎮のひとつである砕葉鎮城（第2シャフリスタン）であることはもはや疑いなく、筆者を含めた先行研究もまた、その前提で砕葉と周辺地域の歴史復元を行ってきた[1]。

　とはいえ、アク・ベシム遺跡が歴史上のどの遺跡に比定されるのか、長らく論争が続いてきた。最初にこの遺跡について論じたバルトリドは、この遺跡を11〜12世紀のカラハン朝・カラキタイの都であるバラサグンである可能性を示唆した［Бартольд 1966（1897），pp. 56-57］。この説を受けて、最初にこの遺跡を発掘したベルンシュタムもまた、アク・ベシム遺跡はバラサグンであると考えていた［Бернштам 1950］[2]。しかし、後に発掘調査を行ったクズラソフ［Кызласов 1959, pp. 235-237］は、この遺跡が11〜12世紀まで存続していないことを指摘し、バラサグン説を否定したのである[3]。このクズラソフによる調査結果を受けて、文献学の立場からアク・ベシム遺跡をスイアブ（砕葉）に比定したのはクローソンであった［Clauson 1961］[4]。スイアブは、チュー河流域に入植したソグド人によって建設された都市で、唐の安西四鎮のひとつ、砕葉鎮が置かれたことで著名な都市である。さらに、この説は張広達［2008（1979）］がより多くの傍証を博捜することで補強されたのである。

アク・ベシム遺跡＝スイアブ説は、蓋然性が高い説ではあったが、確証があったわけではない。クローソンがトクモクという地名を見いだし、重要な根拠として提示した突騎施コイン第二形式の銘文でさえも、現在ではその読みが否定されているのである［吉田2021］。そのクローソンのスイアブ説を確実なものとした重要な出土文献史料こそが、本稿で扱う「杜懷寶碑」である。この銘文中に、「砕葉」という地名と、7世紀後半期に砕葉鎮に赴任したことが漢籍史料中から確認できる「杜懷寶」の名が見いだされたことにより、スイアブ説は鉄案となったのである。

　以上の一点だけ取り上げても重要な史料である「杜懷寶碑」は、これまで内藤［1997］・周偉洲［2000］をはじめ、多くの先行研究によって検討が行われ、その歴史的背景が明らかにされてきた。しかし、その録文自体は、内藤論文以来、ほとんど更新されず、ようやく2010年代半ば以降、実見調査による検討が加えられるようになったところである。そのため、この碑文が作られたそもそもの性格である、「造像銘」としてこの碑文を釈読する試みは、まだ行われたことがない。

　「造像銘」とは、仏像を作成した際に、その仏像を作成した動機（多くは、仏像を作ることによって得られる功徳が目的となる）や、作成に関わった人物などを記した銘文であり、北朝期以降、仏教の隆盛とともに非常に多くの造像銘が中国各地に作られるようになる。本稿で扱う「杜懷寶碑」もまた、現在は失われているものの、上部に一仏二菩薩像を伴う造像銘であったと考えられる［森2020, p. 174, n. 22］。造像銘は、各地に多くの作例があるが、定型句を用いた類似の表現が多い。

　「杜懷寶碑」が作成された7世紀後半期の造像銘としては、洛陽の龍門石窟に多くの作例があり、幸運なことに、それらは『龍門石窟碑刻題記彙録』[5]によりまとまった史料集として提供されている。そこで筆者は、『彙録』に収集された用例に基づき造像銘の定型句を拾い上げた上で、キルギス共和国ビシュケク市にあるスラブ大学の展示室で「杜懷寶碑」の実見調査を行い、本碑文の文献学的な再読を試みた。その結果、これまで判読されていなかった何文字かを新たに読み取ることができた。

これによってようやく、造像銘として「杜懷寶碑」全体の文脈をつかむことができるようになった。この再読の結果は、齊藤［2023, p. 30＝本書 p. 39］に録文だけ掲載したが、紙幅の関係で十分な検討を行うことができなかった。本稿では、まず「杜懷寶碑」に関わる先行研究を網羅したうえで、「杜懷寶碑」の新たな録文を提示し、語注を付した訳注を提示する。さらに、「杜懷寶碑」の造像銘としての性格を踏まえた上で、砕葉城にかつて存在していた大雲寺との関係について、私見を述べてみたい。

I　先行研究の整理

　本碑文についての最初の報告は、1996年のゴリャチェワとペレグドワの論文［Горячева / Перегдова 1996, pp. 185-187］において提出された。しかし、その時点ですでに発見から10年以上が経過していた。当該論文によると、本碑文は1982 年に地元の水官（ミーラーブ）によってアク・ベシム遺跡のいずれかの地点から発見され、科学アカデミーに収容されたという。本碑文の解読については中国学者のスプルネンコ（Г.П. Супруненко）氏が担っており、氏は、スイアブのことである「砕葉」と、その司令官として「杜懷寶」の名を読み取り、アク・ベシム遺跡の「東方の拡張部」（現在で言う第2シャフリスタン）が、唐の建設によるものであることを示唆した。こうして、クローソンが提唱したスイアブ＝アク・ベシム遺跡説が文字史料によって証明されることとなった。

　とはいえ、スプルネンコ氏は「杜懷寶碑」を正確に読解できたとは考えにくい。当該論文では、スイアブの司令官だった杜懷寶が「十姓」突厥を打倒した記念で仏寺を建て、菩薩像（すなわち「杜懷寶碑」）を作った、という現在では到底受け入れがたいストーリーが展開されている。そのうえ、碑文の録文も写真も無く、他の研究者が検証することができない不完全なものであった。

　このゴリャチェワ・ペレグドワ論文の翌年には、早くも内藤［1997］が刊行された。ここで、初めて録文と和訳が提示され、同時に碑文の写真も提供された。下に、内藤［1997, p. 151］の作成した録文を提示する[6]。

1. 〔安〕西 副 都
2. 〔護〕砕 葉 鎮 壓
3. 十 姓 使 上 柱 國
4. 杜 懷 〔寶〕 ○ 上 為
5. 天　　　　下
6. ○　　　　妣
7. 見　　使　○
8. 法 界　生 晉
9. 願 平 安 獲 其
10. 暝 福 敬 造 一 佛
11. 二　　菩　　薩

加えて、内藤氏はこの碑文が、下記の史料にある記述と関係するものであることを指摘した。

『張説集校注』巻一六「唐故夏州都督太原王公神道碑」［pp. 774-775］（『文苑英華』巻九一三「碑七十 神道三十二」［pp. 4804-4805］；『全唐文』巻二二八「張説八」［pp. 2302-2304］）
裴吏部、立名波斯、實取遮匐、偉公威厲、飛書薦請、詔為波斯軍副使兼安西都護、以都護杜懷寶為庭州刺史。公城[7]砕葉、街郭迴互、夷夏縱觀、莫究端倪。三十六蕃承風謁賀、自洎于[8]海東肅如也。無何、詔公為庭州刺史、以波斯使領金山都護、前使杜懷寶更統安西、鎮守砕葉。朝廷始以鎮不寧蕃、故授公代寶。又以求不失鎮、復命寶代公。夫然、有以見諸蕃之心搖矣、於是車薄啜首唱寇兵、羣蕃響應、蝟毛而豎。公在磧西、捷無虛歳。蹙車薄於弓月、陷咽麪於熱海。勦叛徒三千於麾下、走烏鶻十萬於域外。
［和訳］裴行儉は、名目を波斯（王子を本国に送ること）にもうけ、実際には李遮匐（と阿史那都支）を捕らえようとした時に、公（＝王方翼）の威厳を卓越したものと認め、上奏文を送って推薦し請願したので、詔を下して（公を）波斯軍副使兼安西都護とし、（安西）都護の杜懷寶を庭州刺史とした。公が砕

葉城を築くと、街区と外城は曲がりくねり、蕃・漢の人々が全体を見渡そうとしたが、その端まで知り尽くすことはなかった。（漢代の西域三十六国に比せられる）西域諸国は教化を受け入れ謁見して祝意を表したので、自然と東方の海域にいたるまで厳格に整ったのである。ほどなくして、公に詔を降して庭州刺史とし、波斯使として金山都護を兼任させると、前使の杜懷寶は再び安西（都護府）を統治し、砕葉鎮を鎮守した。朝廷は当初（すなわち、王方翼が砕葉城を築いたときの交代で、杜懷寶が）、鎮守したが蕃夷を安んじなかったため、公に（安西都護を）授けて杜懷寶と交代させた。さらに、砕葉鎮を失わないようにと求め、再び杜懷寶に命じて公と交代させた。さて、そうすると蕃夷の心が動揺するのを見ることとなり、そして（阿史那）車薄啜は侵攻のための兵士を真っ先に率いたところ、多くの蕃夷が呼応し、ハリネズミの毛（のように多くの蕃夷）が立ち上がったのである。公は西域にいて、連年勝利した。車薄を弓月（＝現在の伊寧付近[9]）で攻撃し、咽麪を熱海（＝イシク・クル）で攻め落とした。反乱者三千人を軍旗の下に討伐し、烏鶻（部）十万人を領域外に追い払った。

　この記述では、安西都護として現れる杜懷寶が、王方翼が阿史那都支の乱を鎮圧すると、王方翼と安西都護を交代して杜懷寶自身は庭州刺史となったこと（１度目の交代）、その後、王方翼は砕葉城を築くと、679（調露元）年末から680（調露二）年初頭に再び杜懷寶と交代して王方翼が庭州刺史となり、杜懷寶が砕葉城に赴任したこと（２度目の交代）、その後、阿史那車薄の乱が発生して王方翼が活躍したことを述べる。

　内藤氏は、王方翼が１度目の交代をして679年に砕葉城（第２シャフリスタン）を築いた直後、翌年初頭までには杜懷寶と２度目の交代をしたと推定した。そして、杜懷寶が帯びている「砕葉鎮圧十姓使」という肩書きは、実は「砕葉鎮守使・鎮圧十姓使」の書き誤りであると主張した。砕葉鎮守使とは、その後、漢籍史料に現れる砕葉鎮の鎮将が帯びている肩書きであり、それを杜懷寶は帯びているはずと考えたためであった。さらに「十姓」という呼称は682（永淳元）年二月〜七月の間に発生した、阿史那車薄の乱に際して初めて登場したと

主張した。そして、「鎮圧十姓使」とは阿史那車薄の乱の鎮圧を担った約半年間の間だけ杜懐寶が帯びた使職であると考え、この約半年間に「杜懐寶碑」は作成されたとする説を提示した。

　内藤論文によって録文・写真が提供され、さらに前年のうちに林［1996, p. 176］が初めて拓本写真を提供したが、これらは写真が小さく、拓本自体も不鮮明であったため、碑文の検証が十分行えるようになったとは言いがたかった。それゆえ、内藤氏によって作成された録文はほとんど検証されずに受け入れられることとなる。内藤論文はすぐに中国語に翻訳され［内藤／于志勇1998］、内藤論文を受けた周偉洲［2000］が発表された。その際、周偉洲氏の使用した録文は、内藤氏が作成したものをほぼそのまま受け入れたものであった。唯一、明らかな録文の誤りと考えられる8行目最終字のみ、内藤氏の起こした「晋」という文字を「普」に改めているが、この修正は、内藤論文の于志勇訳［1998, p. 102］の段階で既に行われているため、内藤氏本人による修正かもしれない。

　そのほか、いくつか文意から補って推測された文字が付け加えられた。具体的には、5行目の「天」の下には「子」が推測されて「天子」という熟語が提案された。6行目の冒頭には「為」が入り、「上為」と「下為」という対応が推測された（その意味については後述）。6行目の末尾の「妣」の上には「考」が推測され、「考妣」（亡くなった父母）という熟語が想定された。どれも示唆に富む意見であったが、原碑を実見できない状況では推測にとどまらざるを得なかった。意外なことではあるが、周偉洲によって初めてこの碑文が、仏像（この場合三尊像）を作成した際の功徳を回向するための祈願文、いわゆる「造像銘」であることが明言された[10]。

　周論文は、内藤論文によって提案された2度目の交代による杜懐寶の砕葉赴任時期（679年末-680年初頭）については同意した。そのうえ、杜懐寶が王方翼と2度目の交代をしたのは、武則天が、廃后王氏の一族である王方翼を信任しなかったためではないか、とも指摘している。

　しかし、周論文は、杜懐寶の持つ肩書きが「砕葉鎮守使・鎮圧十姓使」の書き誤りであるとする内藤説には疑問を呈した。いまだ砕葉鎮守使が設置されていた確証がないこと（確認できる初出は694（延載元）年二月の「砕葉鎮守使

韓思忠」)、碑文中には脱誤がありそうにないこと、などがその理由である。これは至極当然の疑問で、書き誤りを疑うにはこの碑文はあまりにも短すぎる。この文の長さで書写の誤りに気がつかないとしたら、よほど書者は杜撰だったことになろう。

さらに、周論文は「杜懷寶碑」の作成時期として内藤氏が提案した、682年二月〜七月という期間にも疑問を呈している。すなわち、まさに阿史那車薄の乱が発生しているそのさなかに、鎮圧の渦中にいるはずの杜懷寶が、悠長に亡母の冥福を祈るため造像銘を作成することなど、あり得るだろうか、という疑問である。これももっともな疑問である。周偉洲が代わりの作成年代として提案したのは、杜懷寶が砕葉鎮に赴任した679/680年から、吐蕃によって安西四鎮が陥落し、唐軍が砕葉鎮からも撤退したと考えられる686（垂拱二）年までの間、という、最も穏当な説であった。

「杜懷寶碑」が阿史那車薄の乱と直接関係しない、という指摘から、周偉洲は碑文中で杜懷寶が帯びている肩書きである「砕葉鎮圧十姓使」についても、内藤氏とは異なる見解を提示している。すなわち、この肩書きは阿史那車薄の乱鎮圧に限定して解釈する必要はなく、広く西突厥十姓部落を鎮守することを目的とした暫定的な使職で、後に固定化されて「砕葉鎮守使」という肩書きに変化した、という見解である。

次に「杜懷寶碑」を検討したのはルボ＝レスニチェンコ［Лубо-Лесниченко 2002, pp. 123-126］であった。氏は手書きの録文とロシア語訳を提示しているが、録文は于志勇訳で既に修正された「晋」字も含め、内藤［1997］の録文と完全に一致している。氏は、杜懷寶の赴任時期として、内藤説の679-680年という見解に従うものの、杜懷寶はその直後に砕葉城を離れたと述べ、「杜懷寶碑」は彼が再び砕葉城に赴任した682-709（景龍三）年の間に作成されたという説を提示しているが、残念ながら史料的根拠がない。

次に、薛宗正［2010, pp. 133-140］が「杜懷寶碑」について検討している。彼もやはり録文作成には手こずっており、内藤氏の録文とルボ＝レスニチェンコ氏の録文を提示して議論を進めている。上述したように両氏の録文は同一のはずなのだが、なぜか薛氏は内藤氏の録文と称しながら内藤論文のそれとは

一部が異なる録文を提示している。薛氏は、「杜懷寶碑」の作成年代についてはっきりとは論じていないが、杜懷寶は682年の阿史那車薄の乱の際に、反乱軍に包囲された弓月城（現・伊寧）で戦死したと主張しており、それ以前に「杜懷寶碑」が作られたと考えているのだろう。しかし、杜懷寶が弓月城で戦死した証拠はなく、想像の域を出ていない。

　また、内藤・周両氏が問題とした「砕葉鎮圧十姓使」についても、薛氏は独自の見解を述べている。すなわち、「鎮圧」という熟語は近代のもので古代には用例がないため、「砕葉鎮・圧十姓使」と分けて読むべきであり、「圧」は「押」（つかさどる）の意味で使用されていて、「砕葉鎮守使・押十姓招慰使」の簡略化した称号であると主張する。しかしながら、「鎮圧」という熟語は『漢語大詞典』（11巻、p. 1365）にも収録されており、そこで引用されている用例が前漢・班固の「西都賦」であることに鑑みれば、唐代では使用されない熟語であると言い切ることはできない。むしろ、「圧」が「押」と同じ意味で使われるという指摘こそ大いに疑問であり、筆者は薛氏の説に従うことができない。

　以上の先行研究は、現地調査が十分に及ばなかった時代のものであり、実質的に録文は内藤論文のそれしか存在していなかった。そのため、議論は肩書きなどの歴史学的に重要な単語に集中していた。もちろん、それ自体重要なことであるが、「杜懷寶碑」の文章全体を見通し、録文を改訂することはこの段階では難しかったと言える。

　この状況が改善されたのは、2011年以降に日本隊が現地調査を行い始めた後のことである。筆者は、2011年に川崎建三氏所蔵の拓本を実見する機会を得た。同時に、別の拓本から読解を進めていた吉田豊氏（当時、京都大学教授）より、5行目冒頭の「天」の下は「皇」と読めないか、というご指摘を私信でいただいた。この文字は、上述の通り、周偉洲が文意から「子」と補った文字であったが、残画からは確かに「皇」と読むべき文字であった（詳しくは後述）。この読みは、筆者の録文［齊藤2016, 2021］に取り入れられているが、検討に使われた拓本は公刊されていない。さらに、2016年に現地調査を行った柿沼［2019, p. 53＝本書 p. 73］は、同じく5行目が「天皇天后」と読みうる可能性

を提示している[11]。

　このように碑文の新読が出始め、その後、録文の検証を行う材料が公開され始めた。まず、城倉他［2017, pp. 156-157, 173］が現地で碑文の三次元計測と写真撮影を行い、その結果を公開した。この図版は旧来の写真などと比べて非常に文字が鮮明であり、5行目の「皇」や「后」の残画も確認することができる。その後、帝京大学文化財研究所［2022, p. 44］による拓本写真も公刊され[12]、ここでも同じく「皇」や「后」の残画が確認できる。「杜懷寶碑」の作製年代を検討するうえで重要な情報となる、この時代特有の君主号を読み取ることができるようになったのは、大きな発見であった。また、碑文の拓本が提供されたことによって、福井［2020］のような書風を検討する研究も現れていて、「杜懷寶碑」は同時代の書道文化の流れが唐の最西端まで及んだ貴重な作例と評価されている。

　このように、近年では「杜懷寶碑」の文字を現地で再読し、これまで十分読解されていない語句を読み取る研究が進められている。筆者も、その驥尾に付し現地調査を行ったのであった。次章では、筆者の読解を提示する。

II　「杜懷寶碑」再読

　「はじめに」で述べたように、筆者は2022年5月24日に、科研基盤研究（S）（シルクロードの国際交易都市スイヤブの成立と変遷－農耕都市空間と遊牧民世界の共存－、JSPS科研費21H04984、代表：山内和也）における調査の一環として、龍谷大学准教授の岩井俊平氏、元・大阪府文化財保護課技師の枡本哲氏とともに、スラブ大学展示室で実見調査を行った[13]。筆者がこの時採った文字識別の方法は、懐中電灯の光を側面から当てて文字を浮かび上がらせる、いわゆる「光拓本」であった。この方法は、様々な角度から光を当てることによって文字の残画を検討しやすい反面、記録として残しにくい。それでも、筆者の検討過程を提示するために、つなぎ合わせた写真と録文を提示する。その後、筆者の録文・和訳と語注を提示する。

【録文】　　　　　【和訳】
1. □□西副都　　唐の安西副都
　　(唐)(安)
2. □砕葉鎮壓　　護・砕葉鎮圧
　　(護)
3. 十姓使上柱國　十姓使・上柱国である
4. 杜懷寶上為　　杜懷寶は、上は
5. 天皇□后下　　天皇・天后両陛下のため、下は
　　　(天)
6. 為□□□妣　　……亡母や
7. 見存□属之　　存命中の家中の者、ならびに
　　　(眷)
8. 法界蒼生普　　世界中のあらゆる生きもののために、
9. 願平安獲其　　（生者が）平安であることや、彼ら（死者）が冥福を
10. 冥福敬造一佛　得ることを広く願い、一仏
11. □菩薩　　　　二菩薩を作りたてまつります。
　　(二)

図1　杜懷寶碑　前半部（筆者撮影）

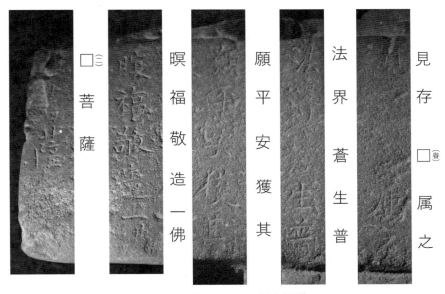

図2　杜懷寶碑　後半部（筆者撮影）

語注

l. 1　唐 ・・・ 完全に破損している部分で、これまでは推測案も出されていなかったが、肩書きの前には王朝名が入ることが多いため「唐」ないし「大唐」とすることを提案する。

ll. 2-3　安西副都護・砕葉鎮圧十姓使・上柱国 ・・・ 杜懷寶が当時帯びていた肩書き。クチャに置かれた安西都護府は大都護府であり、大都護一人（従二品）・副大都護（従三品）・副都護二人（正四品上）などが置かれた［『唐六典』巻三十「大都護・上都護府官吏」（p. 754)］。大都護は親王の遥領であり、副大都護が現地長官の地位を占めるとされる［伊瀬1955, pp. 308, 312；桑山（編）1998, pp. 191-192, 森安孝夫担当訳注「節度大使趙君」］が、先行研究であげられている史料では、安西都護府に関わるものは玄宗期以降の記事しかなく［『唐会要』巻七八「親王遥領節度使」（p. 1697)］、高宗期作成と見られる本碑の時点では詳細は不明である。同時に帯びている「砕葉鎮圧十姓使」に関しては、682年に発生した阿史那車薄の乱を平定する際に帯びたものとする説［内藤1997, p. 157］や、西突厥全体を統御することを目的としたものとする説［周偉洲2000, p. 388］、「圧」の字は「押」（つかさどる）の意味であり、「砕葉鎮・圧十姓使」と読むとする説［薛宗正2010, pp. 136-137］などが出されている（詳しくは前章を参照）。

l. 4　杜懷寶 ・・・ 「寶」の字は残画が非常に薄く、確実とは言えない。しかし、最下部のはねだけははっきり見えており、「杜懷寶」の「寶」の下部、「貝」部分の異体字が見えていると考えて新たに釈読した【図3】。とはいえ、当然、これまでの先行研究でも文字の存在が推測されていた字である。杜懷寶は、上述したとおり砕葉に赴任していた人物である。

l. 5　天皇天后 ・・・ 「皇」字は先行研究では読まれておらず、「子」と推測する研究［周偉洲2000, p.

241

図3 「寶」原碑写真と残画の模写

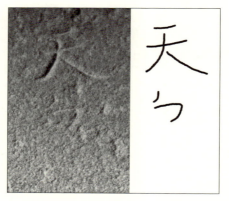

図4 「天皇」原碑写真と残画の模写

384］もあり、筆者も当初はそれに従っていた［齊藤2016, p. 87］。しかし、2015年に吉田豊氏より「皇」と読むアイディアをご提案いただいたため、後に修正している［齊藤2021, p. 76＝本書 pp. 16-17］。今回、実見した結果でも、「天」の字が明瞭に判読でき、「皇」の字の上部を判読することができた【図4】。

「天皇」とは、『旧唐書』巻五「高宗紀」［p. 99］に、「(咸亨五年八月) 皇帝稱天皇、皇后稱天后 (咸亨五 (674) 年八月に、皇帝高宗は天皇と称し、皇后武則天は天后と称することとした)」とあるように、674年以降に称された高宗の称号であり、同時に皇后であった武則天の称号も「天后」に変更された。周知の通り、高宗晩年に武則天の権力は高宗をしのぐほどになり、「二聖」と称されるほどであった。

造像銘では、廻向の対象として時の皇帝を第一にあげる場合が多く、4行目末から5行目にかけては、仏像を作成した功徳が、君主たる天皇・天后に廻向されることを願っているのである。このような君主を奉為対象とする祈願文は、既に北朝期から存在していることが指摘されている

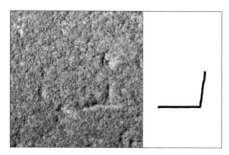

図5　「后」原碑写真と残画の模写

［佐藤1977, pp. 28-35］し、唐代の祈願文でも一般的に見られるものである。そして、高宗期においては、皇帝と並んで武則天も併記されたのであり、同時代の龍門石窟の造像銘では、「天皇天后」と並び称している例が複数存在する。

たとえば、675（上元二）年作成の龍門2537［『彙録』, p. 550］では、「奉為天皇天后・太子諸王・遠劫師僧・七代父母」とあり、679（儀鳳四）年の龍門2560［『彙録』, p. 556］では、「奉為天皇天后・殿下諸王・文武百官」という表現がある。そうした視点から改めて「杜懐寶碑」を見直せば、「后」の右下の「口」の部分と思われる残画が見てとれる【図5】。そのため、柿沼［2019, p. 53 = 本書 p. 73］が可能性を提示したように、「天后」と読むことに問題はない。

「天皇天后」号から素直に考えれば、「杜懐寶碑」の作成年代はこの称号が使用された674-683年の間ということになる。齊藤［2021, p. 78 = 本書 p. 21］では、さらに限定して682-684（文明元/光宅元）年の間に作成されたと指摘した。上限を682年としたのは、「十姓」という呼称が登場するのは682年に発生した阿史那車薄の乱以降であるという、内藤［1997, p. 156］に従ったためである。下限を684年としたのは、高宗が683（弘道元）年に死去した後、辺境の砕葉鎮城までその情報が届く時間差を考慮したためである。

しかしながら、684年を下限とすることには問題もある。龍門石窟の造像銘では、武周期に入った692（如意元）年閏五月五日造の龍門0706［『彙録』, p. 162］でも奉為対象として「天皇天后」が挙げられている。さらに、礪波［1986（1982）, pp. 442-443］が河南省の「響堂山石窟」の造像銘で示した例では、699（聖暦二）年から724（開元十二）年にいたるまで、「天皇天后」ないし「天皇」の表現が見え、必ずしも高宗在位中に限定することはできないようでもある。それゆえ、柿沼［2019, p. 53 = 本書 p. 73］は、「天皇天后」という表現を年代特定の証拠として用いることに慎重な態度を取っている。

とはいえ、礪波の示した例では、祈願文が一族中で代々再利用された結果、表現が時代錯誤となってしまったと解釈されており、高宗死後も「二聖」への廻向が繰り返されていた、とは解釈されていない。おそらく、龍門0706も同様の再利用である可能性がある。「杜懐寶碑」の場合で言えば、前稿で指摘したように［齊藤2021, p. 81, n. 34 = 本書 p. 25］、安西副都護まで務めた人物が造像銘をあえて再利用して奉納する可能性は低い。また、高宗の死去と同時に天后は皇太后に改められた［『旧唐書』巻六「則天皇后紀」(p. 116)］はずで、当時、君主に等しかった武則天の尊称を、一般民衆ならともかく高官が旧来のまま使用するとも考えにくい。やはり「杜懐寶碑」は高宗在位中か、683年の高宗死後間もない時期、遅くとも684年までには作成されたと考えるべき

図6 「属」原碑写真と残画の模写

だろう。

l. 6 　為□□□妣　…1文字目の「為」は新読箇所。この字は残画しか残っていないが、4行目末尾の「為」と字形が類似しており、4行目の「上為」に対応する「下為」となることが文脈上も期待され、すでに先行研究でも予想はされていた［周偉洲2000, p. 384］。すなわち、社会の上層にいる君主と並び、社会の下層にいる身近な親類縁者に対する功徳の回向について述べられると想定されるのである。このような、「上為」・「下為」に奉為対象が分かれる造像銘の表現は唐代では一般的である。たとえば、顕慶五年（660）の龍門1426［『彙録』, pp. 322-323］では、「上為皇帝諸王、下為父母眷属、敬造觀世音菩薩一區（上には皇帝諸王のため、下には父母や家中の者のため、観世音菩薩一体を作りたてまつります）」という一文がある。

l. 7 　見存眷属之　…この行はこれまで「見□□□使之」と読まれており、本稿で改めた箇所である。本行の読みを改めるきっかけとなったのは、これまで「使」と誤読されていた4文字目の「属」を新たに読み取ることができたことだった【図6】。この写真でも文字は明確とは言えないが、右下部分に角やはねが見えることが確認できることから、「使」とは異なる文字であることはあきらかである。「尸」こそ摩耗して見えないが、それ以外の筆画から「属」と読む蓋然性が高い。「属」が新たに読み取れたことにより、本行1文字目の「見」が生きてくる。2文字目の上部にも十字型の残画が見えることも考慮に入れれば、同時代の造像銘の奉為対象としてよく見られる「見存眷属」がここに入るものと想定することができる。

「見存眷属」とは、たとえば、顕慶五（660）年の龍門1423［『彙録』, p. 322］では、「所願、九代父母往生浄土、見存眷屬皆得平安（願いますのは、九代前までの父母が浄土に往生し、存命中の家中の者がみな平安を得ることです）」とあり、既に死去した先祖の冥福を祈るばかりでなく、存命中の人々の安寧を祈る文言の中に「見存眷属」という表現が現れている。この龍門1423で、死者→生者の順で安寧が祈願されていることは、「杜懷寶碑」の6行目末尾に亡き母を表す「妣」という表現があることとも対応する。すなわち、「杜懷寶碑」も龍門1423と同様に、死者→生者の順で回向の祈願が行われているのである。「杜懷寶碑」の場合、さらにその前に君主である「天皇天后」が記され、奉為対象は君主→死者→生者の順番になる。これも龍門石窟の造像銘に類例を見て取ることができる。たとえば、龍門1422［『彙録』, p. 321］には次のようにある。短いので全文を以下に提示する。「□□河東縣［弟］子董法素、［為］　皇帝［陛］下・先亡并見存家口、敬造彌陀像一龕（□□河東県の仏弟子である董法素が、皇帝陛下や死去したならびに存命中の家中の者のために、阿弥陀像一龕を作りたてまつります）」。

なお、本行末の「之」字は柿沼［2019, p. 53＝本書 p. 73］によって新たに提案された読みである。この字は解釈に苦しむところだが、実見してもにわかに誤読とも判断できなかった。ただし、確

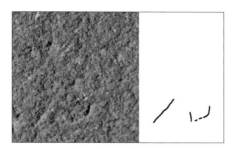

図7　「蒼」原碑写真と残画の模写

実にこの字だとも断定できなかったため、今後新たな釈読が行われる可能性は十分にある。現時点では代案もないため、先行研究の意見を尊重し、並列の接続詞と解釈して「ならびに」と翻訳した。

l. 8 **法界蒼生、普** ··· はじめの4文字は「法界□生」と読まれていたが、「蒼」の下半分の「口」とその左側の払いが見えているため、新たに読み取った【図7】。「法界」は全世界の意味。「蒼生」は「倉生」とも書き、人間をはじめとする全てのこの世に生きとし生けるものの意味である。この四字句は奉為対象として北朝期から唐代まで広く見られるものであり、わずかな残画のみで「蒼」と判断することができたのは、「法界蒼生」という用例が非常に多いためである[14]。さて、この部分は、君主→死者→生者の順番で回向されてきた功徳が、最終的にあらゆる生きものに回向されることを願っている箇所である。君主は含まれないが、死者→生者→全生命の順で回向されている造像銘として、龍門1366［『彙録』, p. 309］を挙げておく。「雍州萬年縣孟懷素及郭大娘、為七代父母・見存父母・法界蒼生、敬造［像］一區、供養（雍州万年県の孟懷素と郭大娘が、7代前までの先祖と存命中の父母、あらゆる生きもののために、仏像（？）一体を作りたてまつり、供養いたします）。」なお、本行最終字の「普」を内藤［1997］とルボ＝レスニチェンコ［Лубо-Лесниченко 2002］は「晋」に作るが、後に発表された拓本・スキャン写真でも、実見した結果でも、問題なく「普」と読める。両者以外の録文は、すべて「晋」字を「普」字に改めている。

l. 9 **平安** ··· 京都大学人文科学研究所准教授の倉本尚德氏から2022年6月の私信で御教示いただいたところによれば、「平安」は生者に対する祈願であり、次行の「冥福」が死者に対する祈願ではないかとのことである。同時代の実際の用例では、例えば既に引用した龍門1423［『彙録』, p. 322］では、「所願、九代父母往生淨土、見存眷屬皆得平安（願いますのは、九代前までの父母が浄土に往生し、存命中の家中の者がみな平安を得ることです）」とあり、まさに生者だけに「平安」が祈願されている。「杜懐寶碑」の場合、極めて読み取りにくい構成にはなっているものの、倉本氏の解釈に従って翻訳を行った。倉本氏には、この場を借りて御礼申し上げたい。

l. 10 **冥福** ··· 「冥福」と同じ、死後の幸福の意味で解釈した。今のところ、「冥福」の用例はほかに見つけることができていないが、文脈から考えて意味は確実である。

l. 11 **二菩薩** ··· 柿沼［2019, p. 53］は、従来「二」と読まれていた文字を、実見の結果「「一菩薩」としか読めなかった」としてあえて「一」に修正している。そのため、筆者も十分時間をかけて実見を試みたが、その結果を正直に述べれば、文字の残画がほとんど残っておらず「どちらとも判別できない」であった。一方、美術史の方面からは、台座の形から一仏二菩薩の三尊像であった

ことに問題ないとする指摘［森2020, p. 174, n. 22］があるため、本稿では従来説の「二」に与することとした。

　以上のように、筆者が新たに読み取った字句から、「杜懷寶碑」は、仏像を作った功徳を、君主→死者→生者→全生命の順で廻向することを願った造像銘であることが明白となった。そして、同様の内容・語彙を持った造像銘が、同時代の龍門石窟に多く存在していることから、「杜懷寶碑」の文章は、中原の仏教から見て極めて典型的な文章を伴った造像銘であることが指摘できることとなった。このことは「杜懷寶碑」が、同時代の中原で作成された造像銘を作成した人々と、同程度の仏教的語彙や知識を備えた人物によって撰文されたことを示している。すなわち、中央アジアの現地にいた人々ではなく、杜懷寶自身か、中原からやってきた僧侶などが撰文を担ったと推測されるのである。これは、上述した福井［2020, p. 156 ＝本書 p. 270］が指摘したように、「杜懷寶碑」が同時代の中国本土における書風と軌を一にしているという点とも合致する。「杜懷寶碑」は、中原の中国文化が中央アジアにそのまま移植された結果生まれたものなのである。そのように考えたとき、武周によって同地に建立されたという仏教寺院、大雲寺との関係が想起される。次節では「杜懷寶碑」と大雲寺の関係について論じてみたい。

Ⅲ　「杜懷寶碑」と大雲寺

　砕葉城の大雲寺は、751年に当地を訪れた杜環[15]がその存在を報告している寺院である。

> 『通典』巻一九三「辺防九 石国条引 杜環『経行記』」［p. 5275］
> 又有碎葉城、天寶七年、北庭節度使王正見薄伐、城壁摧毀、邑居零落。昔交河公主所居止之處[16]。建大雲寺、猶存。
> さらに砕葉城（アク・ベシム遺跡）があり、天宝七（748）年に北庭節度使の王正見が侵攻したので、城壁は破壊し尽くされ、集落は衰退した。かつて交河公主が留めおかれていた所である。大雲寺が建てられており、現存している。

このように、大雲寺なる寺院が砕葉城にあり、751年の段階ではまだ残存していた。大雲寺とは、武則天が690年に全国に設置した官営の寺院である。

『資治通鑑』巻二〇四「則天后 天授元（690）年条」[p. 6469]
〔十月〕壬申、敕兩京諸州各置大雲寺一區、藏大雲經、使僧升高座講解、其撰疏僧雲宣等九人皆賜爵縣公、仍賜紫袈裟・銀龜袋。
十月二十九日、制勅をくだし、両京（＝長安・洛陽）や諸州にそれぞれひとつの大雲寺を置き、『大雲経』を所蔵させ、僧侶に高座で講論させ、その経の疏を撰述した僧侶である大雲寺の宣政等[17] 9人には皆県公の爵位を賜与し、さらに紫の袈裟と亀符を入れた銀の装飾のある袋を賜与した。

このように、武則天が周王朝を建国した翌月に、両京をはじめとして全国に大雲寺が設置された[18]。そのうちのひとつは、遠く中央アジアの砕葉鎮城にまで設置されたのである。

中央アジアにおける大雲寺は、アク・ベシム遺跡、すなわち砕葉鎮城だけに置かれたわけではない。開元十五（727）年にタリム盆地のオアシスを通過した仏僧の慧超は、クチャとカシュガルにも大雲寺が存在しており、それらの寺院の僧侶は中国本土から来ていたことを記録している。

『慧超往五天竺国伝』[桑山（編）1998, pp. 229-230][19]
開元十五年十一月上旬、至安西、于時節度大使趙君。且於安西、有兩所漢僧住持、行大乘法、不食肉也。大雲寺主秀行善能講説。先是、京中七寶臺寺僧。大雲寺都維那名義超、善解律藏。舊是京中莊嚴寺僧也。大雲寺上座、名明惲、大有行業。亦是京中僧。此等僧、大好住持甚有道心、樂崇功德。・・・（中略）・・・疎勒亦有漢大雲寺。有一漢僧住持、即是岷州人士。
開元十五年十一月上旬、安西（クチャ）に至ったが、その時の節度使は趙頤貞であった。なお、安西には中国僧の住持している寺院が二ヶ所あり、大乗の法を行い、肉を食べないでいる。（その一つの）大雲寺の寺主は秀行という人で、講義説法がうまい。もとは京中七宝台寺の僧であった。大

247

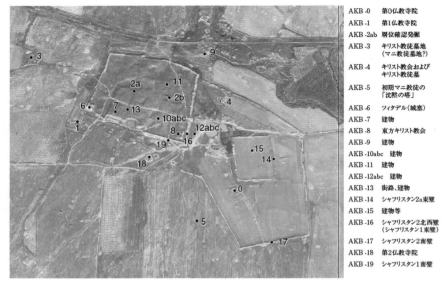

図8　アク・ベシム遺跡の1966年航空写真とこれまでの発掘地点［望月他2020, p. 63］

雲寺の都維那は義超といい、律をよく知っている。もとは京中荘厳寺の僧であった。大雲寺の上座は明惲といい、おおいに徳業がある。やはり長安の僧であった。これらの僧たちはしっかりと仏法を護持していて、帰依の心も大変に厚い。功徳をつむのに熱心である。…（中略）… 疎勒（カシュガル）にもまた唐の大雲寺がある。一人の中国僧が護持していて、岷州（現在の甘粛省定西市岷県）の人である。

クチャ・カシュガルともに同じ中央アジアの安西四鎮であることから、少なくとも安西四鎮のひとつに数えられていた頃の砕葉鎮城でも、大雲寺は中国本土から来た漢人の僧侶によって運営されていた可能性は高いだろう。

では、アク・ベシム遺跡のどこに大雲寺があったのか。この遺跡に大雲寺跡の候補となる遺構は３箇所ある。すなわち、ベルンシュタムが発掘し、第２シャフリスタン内部に位置する第０仏教寺院（AKB-0）、クズラソフが発掘した城外の第１仏教寺院（AKB-1）、ズィヤブリンが発掘した同じく城外の第２

仏教寺院（AKB-18）である【図8】。クローソン［Clauson 1961, p. 8；山内／吉田2021, p. 93］は、第1仏教寺院が大雲寺であると推測した。張広達［2008 (1979), pp. 18-21］もまた第1仏教寺院を大雲寺と見なした。その理由は、建造年代の一致とともに、弥勒仏と釈迦仏が出土していることから、弥勒の下生と自称した武則天と連想させたことによる。この説は、フォルテ［Forte 1994, p. 51］による賛同を得たものの、加藤［1997, p. 159］は、城壁外にあることと、中央アジア的要素が強すぎることを理由に否定的な見解を出している。

　現在、大雲寺の最も有力な候補として、第2シャフリスタン城壁内に位置する第0仏教寺院が挙げられる。この遺構からは他の二遺構と異なり中国式の仏像や唐代の瓦が出土していること［川崎／山内2020, pp. 217-218］に加え、唐代中原の寺院プランとの類似や、唐代に建築された城郭である、第2シャフリスタン西南壁との軸線の一致が指摘されている［城倉2021, pp. 7-10］。この第0仏教寺院が大雲寺だとすれば、「杜懷寶碑」との関係はどうなのだろうか。

　「杜懷寶碑」が発見された場所は明らかではないが、最初の報告をしたスプルネンコが「杜懷寶碑」と第2シャフリスタンを結びつけているのは示唆的である。あるいは、その周辺から発見されたのかもしれない。そのことをいったんおいたとしても、アク・ベシム遺跡で中国式の寺院が第0仏教寺院だけだとすれば、中原文化を持ち込んだ漢文で書かれている「杜懷寶碑」が、そこに奉納されたと考えるのは自然であろう[20]。とはいえ、ここで思い出さなければならないのは、「杜懷寶碑」が作られたのは682-684年である可能性が高いということである。これは、言うまでもなく大雲寺設置の詔勅が出された690年よりも早い。

　とすれば、大雲寺設置以前から、第2シャフリスタンには何らかの中国式の仏教施設が存在していた事になる。そう考えれば、その仏教施設とは、砕葉鎮城の建設とともに唐によって設置されたもの、あるいは、たとえそれ以前からあったとしても、砕葉鎮城の建設とともに中国式に改修されたものだっただろうという結論にいたる。

　では、その仏教施設とは、大雲寺とはまた別に存在していたものだったのだろうか。いや、そのように考える必要はあるまい。なぜなら、長安の大雲寺に

ついて記録した、以下の史料を我々は知っているからである。

『長安志』巻十「唐京城四 懷遠坊」[pp. 337-338]
東南隅、大雲經寺。本名光明寺。隋開皇四年、文帝爲沙門法經所立。時有延興寺僧曇延、因隋文帝賜以蠟燭、自然發焰、隋文帝奇之、將改所住寺爲光明寺。曇延請更立寺、以廣其教、時此寺未制名、因以名焉。武太后初幸此寺、沙門宣政進大雲經、經中有女主之符、因改爲大雲經寺、遂令天下每州置一大雲經寺。此寺當中寶閣、崇百尺、時人謂之七寶臺。

東南の隅に大雲経寺がある。元々の名前は光明寺である。隋代の開皇四（584）年に、文帝が沙門の法経のために建てた寺である。おりしも、延興寺の僧侶に曇延というものがいて、隋の文帝が蝋燭を下賜したところ、自然に火がついたので、隋の文帝が不思議なことであると見なしたことから、（曇延が）住んでいる寺を光明寺に改めようとした。曇延はさらに寺を建て、彼の教えを広めたいと請願すると、ちょうど、この（法経の）寺はまだ名称を制定していなかったため、そこで（この寺を光明寺と）名付けたのである。武則天が初めてこの寺に行幸し、沙門の宣政が『大雲経』を進呈したところ、経の文中に浄光天女の授記があったので、そこで（光明寺を）大雲経寺と改め、そして全国の全ての州にひとつの大雲経寺を置かせた。この寺の中心の宝閣は、百尺の高さがあり、当時の人々はこれを七宝台と呼んでいた。

ここには、長安には隋代に建てられた光明寺があり、それが後に大雲（経）寺[21]に改名したとある。改名の理由として、光明寺の沙門である宣政が、武則天に『大雲経』を進呈したことがある。ここでいう『大雲経』とは、フォルテ［1984］によれば北涼の曇無讖が訳出した『大方等夢想経』のことであるが、宣政等が進呈したのはその第四巻に付された「疏」、『大雲経神皇授記疏』であるという。『大雲経』の第四巻には浄光天女に対する授記が書かれており、それに「疏」を付けることで武則天が浄光天女の下生であるという言説を広め、来たるべき唐周革命へのお膳立てに利用されたのだという。光明寺が大雲寺に

改名されたのは、その報償と考えられる。

　とすれば、新たに寺院を建てるのではなく、寺の名称だけ改めて、大雲寺を置いたことにした、ということである。都の長安でさえそうなのだから、他の州でも事情は同じだっただろう[22]。まして、遠く中央アジアの軍事拠点である砕葉にまで、わざわざ新しい寺を建てたとはとても思えない。すなわち、「杜懷寳碑」が奉納された仏教施設とは、砕葉鎮城の建設と同時期に建設あるいは改修された、大雲寺の前身に当たる寺院であり、その後、名称を変更して大雲寺と名乗ることとなったと考えられる。ただし、大雲寺設置の命令が下された690年段階では、砕葉城は吐蕃によって占領されており、唐は692年に奪還に成功した［齊藤2021, p. 73 = 本書 p. 10］。それゆえ、大雲寺への改名も692年の奪還時に行われた、と考えるべきだろう。

　この大雲寺の前身となる寺院は、「杜懷寳碑」が奉納されるにふさわしい、中国式のものだったと考えられる。中央アジアに移植された中原の仏教文化が「杜懷寳碑」を生み、大雲寺へと継承されて少なくとも8世紀半ばまでは残り続けたのである。

おわりに

　本稿では、現地調査の結果に基づき、アク・ベシム遺跡出土の「杜懷寳碑」を再読した。その結果、「杜懷寳碑」は、君主→近親の故人→存命の家人→全生命、の順で三尊像作成の功徳を回向したいという内容の造像銘であることが明確となった。そして、その文章構成や使われている語彙は、中原で同時代に作成された造像銘と共通する典型的なものであることから、679年に王方翼が砕葉鎮城を築いた後に、杜懷寳自身もしくは中原からやって来た僧侶などによって、「杜懷寳碑」が作成されたと考えられることを指摘した。また、「杜懷寳碑」は682年から684年の間に作られた可能性が高いことから、「杜懷寳碑」を作成した人物は、砕葉鎮城の建設に伴って建設ないし改修された城内の仏教施設に、中原からやって来たのであり、その仏教施設が692年に吐蕃から砕葉城を奪還した際に大雲寺と改名され、751年に当地を訪れた杜環によって報告されたと考えられることを指摘した。

以上の検討により、砕葉鎮城には創建直後から中国式の仏教施設が存在していたと結論付けられる。唐軍は駐屯地に自らの仏教施設を備えることで威光を示そうと考えたのではなかろうか。今後の発掘調査の進展で新たな事実が明らかになることを切に願い、本稿の締めくくりとしたい。

註

1）文献史料を用いた砕葉の歴史研究については、齊藤［2021：2023］・柿沼［2019］とそれらに引用された参考文献を参照のこと。
2）ベルンシュタムの発掘調査については、川崎／山内［2020］を参照のこと。
3）クズラソフの発掘ならびに学説については山内［2023］を参照のこと。
4）本論文の日本語訳注として山内／吉田［2021］がある。
5）以下、『彙録』と略称する。本稿引用の造像銘で「龍門」で始まる番号のものは、『彙録』に所収されたものである。
6）〔　〕や○、文字の間隔などは、内藤氏の録文のままにしてある。文中で明言されてはいないが、〔　〕は意味から推定された文字を、○は残画が残っているが判読できない文字を表しているものと推測される。
7）『文苑英華』『全唐文』は「大」とする。どちらでも意味を取ることができるが、とりあえず『張説集校注』に従う。
8）『文苑英華』に従い「于」とする。『張説集校注』は「汗」とするが、意味をとることができない。
9）松田［1970（1930），pp. 336-338］による地理比定に従う。
10）和訳を見る限り、内藤氏もこの碑文が造像銘であることを理解していたに違いない。ただ明言しなかっただけである。
11）ただし、この読みは帝京大学文化財研究所教授の山内和也氏の助言によるという［柿沼2019, pp. 56, 58, n. 76＝本書 pp. 73, 82］。
12）公開されたのは2022年だが、調査日誌［帝京大学文化財研究所2022, p. 204］によれば、2016年9月1日に採拓したとのことである。
13）調査に際しては、同大学のヴァシリー・ウラジミロビッチ Василий Владимиробич 氏に多大なご厚情を賜り、円滑に調査を行うことができた。この場を借りて御礼を申し上げたい。
14）「蒼」の字は下端部しか残画が残っていないが、「倉」と読むと文字間の余白が広すぎるため、「蒼」と読むべきであろう。
15）杜環は『通典』の編者である杜佑の親族で、いわゆる「タラス河畔の戦い」で捕虜となり、クーファ・バスラを経由して762年頃（宝応初年）帰国した人物である［cf. 前嶋1982, pp. 62-63］。
16）中華書局標本点本では、前の交河公主の話題と、後の大雲寺の話題は読点でつながっており、「交河公主のいたところに大雲寺を建てた」と解釈しているように見える。しかし、前後は年代が異なる別の話題であり、句点で切るべきとするフォルテ［Forte 1994, pp. 52-53］に従う。この読み方をすることで、必ずしも交河公主と大雲寺を結びつける必要がなくなる。
17）「雲宣」なる人物は知られていないことから、「大雲宣政」、すなわち「大雲寺の僧侶・宣政」の誤伝であるとするフォルテ［Forte 2005（1976），pp. 98-99；フォルテ1984, p. 187］の説に従う。

18) 『旧唐書』の本紀は『大雲経』（実は『大雲経疏』）が上進された載初元（690）年七月に大雲寺の設置の記事をかけているが、『資治通鑑』の情報の正確さを指摘するフォルテ［Forte 2005（1976），pp. 9 -13; フォルテ1984, pp. 190-191］に従う。
19) 和訳は同書のものに基づきつつ、必要と判断した語句を増補している。語句の詳しい解説は、同書の語注を参照のこと。
20) もうひとつ、アク・ベシム遺跡から出土した漢文碑文は第2仏教寺院から出土したとされている［Лубо-Лесниченко 2002, p. 119］。しかし、帝京大学教授の山内和也氏によると、現地で複数人から聞き取りを行ったが、この碑文の出土地点を正確に把握している人物はいなかったという。それゆえ、この碑文も第2シャフリスタンから出土した可能性は十分にある。
21) 9世紀半ば成立の『歴代名画記』巻三［p. 56］には、長安に隋代建設の「七宝塔」を有する「大雲寺」があるとされている。微妙な名称の差異があるが、『長安志』の大雲経寺と『歴代名画記』の大雲寺は同じ寺院を指していると考えて問題ない。
22) フォルテ［1984, p. 185; Forte 1998（1992），pp. 223, 225］もまた、大雲寺の多くが既存の寺院の名称だけ変更したと推測している。

参考文献

◎漢文文献
熊飛（校注）『張説集校注』（中国古典文学基本叢書）中華書局，2013.
陳仲夫（点校）『唐六典』中華書局，1992.
劉景龍／李玉昆（主編）『龍門石窟碑刻題記彙録』中國大百科全書出版社，1998.
『文苑英華』／『全唐文』＝中華書局影印本.
『旧唐書』／『資治通鑑』（旧版）／『通典』＝中華書局標点本.
『唐会要』＝上海古籍出版社標点本.
『長安志』＝三秦出版社標点本.
『歴代名画記』＝浙江人民美術出版社標点本.

◎欧文文献
Бартольд, В.В. 1966: Отчет о поездкие в Средюю Азию с научною целью 1893-1894 гг. *Академик В. В.Бартольд сочинения, Том IV: Работы по археологии, нумизматике, эпиграфике и этнографии*, Издательство ≪ НАУКА ≫, Москва, pp. 20-91. (1st pub.: Записки Императорской Академии наук, Отделение истории и филологии, сер. VIII, 1 -4, 1897)
Бернштам, А.Н. 1950: Б. Баласагун (развалины Ак-пешин). *Труды семиреченской археологической экспедиции "Чуйская долина"* (Материалы и исследования по археологии СССР, no. 14), Издательство Академии наук СССР, Москва / Лениград, pp. 47-55.
Clauson, G. 1961: Ak Beshim — Suyab. *Journal of the Royal Asiatic Society* 1961- 1 /2, pp. 1 -13.
Forte, A. 1994: An Acient Chinese Monastery Excavated in Kirgiziya. *Central Asiatic Journal* 38-1, pp. 41-57.
―― 1998: Chinese State Monasteries in the Seventh and Eighth Centuries. 桑山正進（編）『慧超往五天竺国伝研究』（改訂第二刷），臨川書店，pp. 213-258.（初出：同書初刷，1992）
―― 2005: *Political Propaganda and Ideology in China at the End of the Seventh Century: Inquiry into the Nature, Authors and Function of the Dunhuang Document S.6502 Followed by an Annotated Translation*, 2nd

ed., Italian School of East Asian Studies, Kyoto.（1st ed., Istituto universitario orientale, Seminario di studi asiatici, Napoli, 1976）

Горячева, В. Д. / Перегдова, С. Я. 1996: Буддийские памятники Киргизии. *Вестник Древней Истории* 46-2, pp. 167-189.

Кызласов, Л.Р. 1959: Археологические исследования на городище Ак-Бешим в 1953-1954 гг. Дебеца, Г. Ф.（ed.）*Труды Киргизской комплексной археолого-этнографической экспедиции II,* Москва, pp. 155-241.

Лубо-Лесниченко, Е. И. 2002: Сведения китайских письменных источников о Суябе（городище Ак-Бешим）. In: *Суяб: Ак-Бешим,* Санкт-Петербург, pp. 115-127.

◎和文文献

伊瀬仙太郎　1955：『中国西域経営史研究』日本学術振興会.

柿沼陽平　2019：「唐代砕葉鎮史新探」『帝京大学文化財研究所研究報告』18, pp. 43-59.

加藤九祚　1997：「セミレチエの仏教遺跡」『中央アジア北部の仏教遺跡の研究（シルクロード学研究 Vol. 4）』, pp. 121-184.

川崎建三／山内和也　2020：「ベルンシュタムによるアク・ベシム遺跡シャフリスタン2の発掘調査──1939年、1940年──」『帝京大学文化財研究所研究報告』19, pp. 215-245.

桑山正進（編）　1998：『慧超往五天竺国伝研究』臨川書店, 改訂第2刷.

齊藤茂雄　2016：「砕葉とアク・ベシム──7世紀から8世紀における天山西部の歴史的展開──」独立行政法人国立文化財機構 東京文化財研究所 文化遺産国際協力センター（編集・発行）『キルギス共和国チュー川流域の文化遺産の保護と研究　アク・ベシム遺跡、ケン・ブルン遺跡──2011～2014年度──』, pp. 81-92.

──　2021：「砕葉とアクベシム──7世紀から8世紀前半における天山南部の歴史展開──（増訂版）」『帝京大学文化財研究所研究報告』20, pp. 69-83.

──　2023：「文献史料から見た砕葉城」『帝京大学文化財研究所研究報告』21（2022）, pp. 25-37.

佐藤智水　1977：「北朝造像銘考」『史学雑誌』86-10, pp. 1-47.

城倉正祥　2021：「唐砕葉城の歴史的位置──都城の空間構造と瓦の製作技法に注目して──」『唐代都城の空間構造とその展開』早稲田大学東アジア都城・シルクロード考古学研究所, pp. 1-60.

城倉正祥／山藤正敏／ナワビ矢麻／伝田郁夫／山内和也／バキット＝アマンバエヴァ　2017：「キルギス共和国アク・ベシム遺跡の発掘（2015年秋期）調査出土遺物の研究──土器・塼・杜懐宝碑編──」『早稲田大学総合人文科学研究センター研究誌』5, pp. 145-175.

帝京大学文化財研究所　2022：『アク・ベシム（スイヤブ）2016・2017』, 帝京大学文化財研究所／キルギス共和国国立科学アカデミー.

礪波護　1986：「唐中期の仏教と国家」『唐代政治社会史研究』同朋舎, pp. 397-477.（初出：『中国中世の宗教と文化』京都大学人文科学研究所, 1982）

内藤みどり　1997：「アクベシム発見の杜懐宝碑について」『中央アジア北部の仏教遺跡の研究（シルクロード学研究 Vol. 4）』, pp. 151-184.

林俊雄　1996：「天山北麓の仏教遺跡」『ダルヴェルジンテパ DT25　1989～1993発掘調査報告』ウズベク共和国文化省ハムザ記念芸術学研究所／創価大学シルクロード学研究センター, pp. 154-178.

フォルテ、アントニーノ　1984：「『大雲経疏』をめぐって」牧田諦亮／福井文雅（編）『敦煌と中国仏教』（講座敦煌7）大東出版社, pp. 173-206。

福井淳哉　2020：「「杜懐宝碑」の書風に関する書道史的考察――時代性を中心として――」『帝京大学文化財研究所研究報告』19, pp. 149-157.
前嶋信次　1982：「杜環とアル・クーファ――中国古文献に現れた西アジア事情の研究――」『シルクロード史上の群像――東西文化交流の諸相――』誠文堂新光社, pp. 61-78.
松田壽男　1970：「弓月についての考」『古代天山の歴史地理学的研究（増補版）』早稲田大学出版部, pp. 324-356.（初出：『東洋学報』18-4, 1930）
望月秀和／山内和也／バキット・アマンバエヴァ　2020：「空中写真によるアク・ベシム遺跡（スイヤブ）の解析」『帝京大学文化財研究所研究報告』19, pp. 61-126.
森美智代　2020：「キルギス共和国チュー川流域出土の唐風石造仏教彫刻」『帝京大学文化財研究所研究報告』19, pp. 159-175.
山内和也　2023：「クズラソフによるアク・ベシム遺跡の発掘――層序発掘区と第1仏教寺院――」『帝京大学文化財研究所研究報告』21（2022）, pp. 157-252.
山内和也／吉田豊　2021：「ジェラルド・クローソン著「アク・ベシム遺跡――スイヤブ」」『帝京大学文化財研究所研究報告』20, pp. 85-98.
吉田豊　2021：「補説：クズラソフ Kyzlasov が発掘したコインの年代と歴史的背景に関するクローソン Clauson の解釈の問題点とコインに関する研究のその後の展開」『帝京大学文化財研究所研究報告』20, pp. 99-102.

◎中文文献

内藤みどり／于志勇（編訳）　1998：「吉爾吉斯坦発現杜懐宝碑銘」『新疆文物』1998-2, pp. 102-108.
薛宗正　2010：「金山都護府置廃」『北庭歴史文化研究――伊・西・庭三州及唐属西突厥左廂部落』上海古籍出版社, pp. 126-160.
張広達　2008：「砕葉城今地考」『文書・典籍与西域史地』広西師範大学出版社, pp. 1-24.（初出：『北京大学学報』1979-5, 1979）
周偉洲　2000：「吉爾吉斯坦阿克別希姆遺址出土唐杜懐寶造像題銘考」『唐研究』6, pp. 383-394.

「杜懐宝碑」の書風に関する書道史的考察
―時代性を中心として―

帝京大学文学部日本文化学科・同書道研究所　福井淳哉

はじめに

　玄奘三蔵（602〜664）による旅行記『大唐西域記』には、7世紀後半より唐の支配下となったソグド系交易都市「砕葉城」に関する記述がある。また、唐代の歴史書『旧唐書』にも、当時そこには安西都護府の1つ（鎮）が置かれ、城壁が新たに構築されたことが記載されている。こうした資料に登場する「砕葉城」であったが、その場所に関しては、長らく判然としていなかったものの、1982年に発見された同時代の漢文石碑「杜懐宝碑」（図1）によって、それが現在のアク・ベシム遺跡と同定された[1]。

　「杜懐宝碑」の碑文は、その内容を鑑みるに安西副都護という役職に就いていた杜懐宝（生卒年未詳）という人物が、母のために寄進した造像記である[2]。魏、晋、南北朝時代といった時代は、中国に仏教が広く伝播し、これに伴い国内の仏教信仰が盛んとなり、多数の寺院や仏像が造営された。造像記は、こうした流れの中、各地の石窟寺院などに刻された仏像等の、造仏由来、発願者、製作者、時期（年月）などを主に楷書体で刻したものである。特に有名なのは、東アジアで最も重要な仏教遺跡の一つである、龍門石窟にある造像記である。北魏時代に刻されたものは、当時の書風を現在に伝える貴重な資料である。そして、その中で芸術性などに優れた20作は、「龍門二十品」と称され、学書の対象として多くの人々に親しまれている。

　「龍門二十品」の多くには、石仏や石窟を造った寄進者の名前が明記されて

図1　杜懐宝碑（680年頃）

図1　部分拡大

おり、寄進者は王族や功臣、洛陽周辺の地方役職者、比丘や比丘尼など、さまざまな身分の人々であったことがわかる。「杜懐宝碑」の場合、筆者は判然としないが、その書風に目を向けてみると、そこには完成した楷書体の姿を見る事ができる。そしてそれは、「杜懐宝碑」の作成年代と考えられている680年[3]頃の時代性に合致するといえるだろう。

　例えば、「龍門二十品」に一つに数えられる「牛橛造像記」（図2）は、唐代に完成した端正な楷書とは異なり、荒削りな部分も多く、縦長の字形もあれば正方形に近い字形、横長の字形もあるなど、造形的にパターン化していない部分がみられる。中でも、「方筆」と呼ばれる、起筆や転折を角張らせて力強く線を引き、石を刻むように書く筆法は、「牛橛造像記」の特徴であり、これは六朝時代の楷書のスタイルとしては主流なものであったとされている。このように、書体が未だ整理されていない黎明期から過渡期の書には、時代性や地域性といったものが色濃く反映されるものが多い。「杜懐宝碑」の書風を考える上においても、このポイントはしっかりと押さえておきたいところである。

図2　牛橛造像記（495年）　　　図3　郛休碑（270年）

I　楷書の成立まで

　漢字書体には、一般的に篆書、隷書、草書、行書、楷書という五種類の書体がある。この中でも、一点一画を正確に書く楷書は最も遅れて成立した書体であり、隷書から生じたものと考えられている。楷書は後漢末頃の簡牘類には早くもその萌芽が見られ、魏晋の頃に一書体として定着したとされている。そして、「杜懐宝碑」が作られた唐代において成熟期を迎えたと一般的に認識されているところである。なお、唐代を楷書の完成期とする見方もあるが、書体としてはすでに魏晋の頃に完成を迎えていたといえるだろう。

　例えば、呉の「谷朗碑」（270年）や「郛休碑[4]」（図3・270年）といったものに加え、西晋時代の「諸仏要集経」（296年）等の書風には、漢〜魏と続いてきた隷書の特徴がそれほど顕著でなくなっている。「谷朗碑」には隷書の最も大きな特徴である横画の波磔が見られず、「郛休碑」においても、横画の起筆の筆使いが蔵鋒ではなく、いわゆる露法の楷書らしき特徴を有する筆使いを示

している。また、近い年代の木簡や写経をみてみると文字の結構も縦長に変化しているものが確認できる。こうした点からも、隷書体から楷書体への移行が既にこの時代から始まっていたと言えるだろう[5]。

ところで、楷書という書体は他の書体と比較し、合理的・理知的な性格を備えている。書体の中で最も後年に成立したものであり、可読性という点においてはずば抜けたものがある。つまり、それ程までに人の手によって合理的に整えられた書体であるとも言えるだろう。一般的に楷書というと、三節構造（起筆・送筆・収筆）によって構築されているものを指して言うが、楷書の横画における三節構造を持った最も古いものに、宋の「持世経跋」（449年）が挙げられている[6]。この書の横画は起筆をはっきりと示し、やや右上りで筆を押し出し、最後は軽く筆を止めているなど、横画における起筆・送筆・収筆が明確であり、前時代の一直線に筆を送り出したものとは異なり、書として洗練されたものとなっていると言えよう[7]。

一方、書聖・王羲之（303～361）の筆として伝えられる楷書の遺品はどうであろうか。王羲之の書と伝えられる「楽毅論[8]」（図4・348年）や「黄庭経」等の楷書作品は、4世紀中葉に書かれたとされる。字形も整っており、点画を巧妙に組み合わせているだけでなく書法的にも洗練されているなど、「持世経跋」よりも数歩進んだ完成度を誇るものである。羲之の書は、後世の人の手を転々と経て作り直されたものであり、先述の刻石等に比して信憑性に乏しい点には留意する必要がある。

5世紀末頃になると、楷書による刻石や墨蹟が数多く見られるようになる。そして6世紀初頭、北魏王朝による碑や墓誌等に刻まれた楷書体は、徐々に完成へと向かっていく姿を明確に示している。先述の「龍門二十品」や「高貞碑[9]」（図5・523年）、「張猛龍碑」（522年）等は清末の碑学者たちに注目されてから、「北魏体」または「魏体」ないし「六朝体」と称され、多くの人々に親しまれた。その後、この北魏体の楷書は、東魏、西魏、北周、北斉、斉、梁、陳、各時代を経て、さらに洗練されていく。やがて南北朝が統一され、隋の時代になると、短命王朝ながら、墓誌や典籍などの制作が盛行し、優れた楷書の名跡が生み出されるようになる。そして、初唐（618～712）にかけて、これら

図4　楽毅論（348年）

図5　高貞碑（523年）

の書風は次第に融合し洗練され、初唐の楷書に至るのである。つまり、楷書の完成とは、「初唐の三大家」に代表されるような楷書の様式美の完成を意味するものであろう[10]。

II 「杜懐宝碑」と同時代の楷書

　初唐の三大家とは、中国初唐時代、唐の第2代皇帝太宗（598〜649）に仕えた臣下の中で、特に書に優れていた虞世南（558〜638）、欧陽詢（557〜641）、褚遂良（597〜658）の3人を称した言葉であり、この3人の能書の手によって楷書という書体は完成の域にまで到達したとされている。初唐の三大家は、三者三様の優れた書を残している。前時代の「北魏体」の楷書と比較してみると、文字の結構や点画が整斉され、文字バランスも均衡を保つなど、一分のスキもない文字構成を示しており、楷書における典型を確立したものと言えよう。こ

砕葉史研究

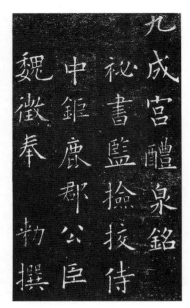

図6　九成宮醴泉銘（632年）

れらは古今を通じ楷書の手本の最も著名なものであり、欧陽詢の代表作の「九成宮醴泉銘[11]」（図6・632年）は「楷法の極則」と評され、現在に至るまで広く学ばれている。「杜懐宝碑」が作成された時代は、まさに楷書という書体が花開いた時代なのである。

　一方、太宗は能書として名高く、王羲之の書を蒐集し尊重した事で知られている。当時、太宗は書道文化の普及・研究等を推進したことにより、書を学ぶ事はある種の流行のようになった。そして、多くの人々が書道芸術の研究に関わったのである。それにより、書に関する学術的な成果が挙げられたほか、初唐の三大家のような、後世に大きな影響を与えた能書がほぼ同時代に輩出されるなど、中国の歴史上において唐代は書道文化が最も栄えた時期となったのであった。「杜懐宝碑」が作成された当時は、まさに数千年におよぶ中国書道史において一つの大きなターニングポイントといえよう。

　さて、「杜懐宝碑」に刻まれた唐代の楷書が備える楷書様式が成立したのは、

「永字八法」に代表される書の理論面における研究の進展とその成果がその要因の一つとして考えられている。当時は、「法を尚ぶ時代」とも言われ、後世では唐代の書をある種の規範性に拘束されたものとして捉える考えも存在している。よって、「杜懐宝碑」の書風を詳しく精査することで、唐代の楷書に備わる規範性を見出し、その書風の時代性および背景を分析・位置付けることも可能であろう。特に、中国国内に留まらず東アジアの漢字文化圏全体の同時代の楷書に大きな影響を与えた、欧陽詢、虞世南、褚遂良の初唐の三大家は、確かな自筆遺品が石碑（拓本）として伝来していることから、比較考察の条件は整っていると言えるだろう。

　唐代に「杜懐宝碑」が作成された砕葉鎮は唐の最西端に位置しており、当時世界最大の帝国として栄華を極めた唐帝国は、この砕葉鎮より西に領土を拡大することはなかった。つまり、皇帝と官吏が、民を直接統治するシステムおよび、そのシステムに支えられた文字を含む最先端文化のスムーズな伝播も砕葉鎮より西には及ばなかったということである。なお、唐代以前にも砕葉鎮以西にそうしたシステムが及んだ歴史はなく、砕葉鎮は中国史上最西端に位置する都市であったと言えよう。よってこの砕葉鎮は、楷書のような、当時最先端の文明の精華であり人々の生活とも関係した中華文明の拡大・伝播を考える上でも非常に重要な都市である。当時隆盛を極めた書道文化が、唐の極西にまで伝播している点は大変興味深い。シルクロードによる唐の最先端の文字文化の伝播について論じられる時、東への伝播、具体的には朝鮮半島や日本列島への伝播についてのみ論じられることが多い。しかしながら、この「杜懐宝碑」は、シルクロードが東西に及んだ文化伝播経路であったことを、あらためて我々に教えてくれる。唐代の漢字文化の周辺諸国への広がりを考える時、「西へ」という視点を示唆する、極めて重要な書道史上の遺品であるとは言えまいか。

Ⅲ　「杜懐宝碑」の特徴的な文字

　さて、「杜懐宝碑」は僅か30文字程度の小さな碑であり、釈文こそ先行研究によってある程度判然としてきたものの、摩滅等の経年劣化により文字のはっきりとした姿をみることができるものは存外少ない。しかし、そうした条件下

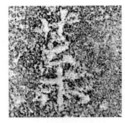

図7　杜懐宝碑「葉」

にありながらも特徴的な文字、注目に値する文字をいくつか確認することができる。

　例えば（図7）の「葉」という字は、今日ではあまりみかけることのない異体字であるが、この文字が今日伝わる書跡の中に確認できるようになるのは、初唐の三大家が活躍した時代よりもやや下り、初唐（618〜712）の後半から唐王朝が最盛期を迎える盛唐（713〜766）の頃である。「杜懐宝碑」を作成した杜懐宝は、唐が長安に亡命中のササン朝末裔ペーローズの子泥涅師を西方で復権させる名目で進軍した一連の経緯の中で新たに築城された砕葉鎮に赴任した人物である。そして、杜懐宝の着任が680年頃であることからも、「杜懐宝碑」の作成年代は680年頃〜686年であ

隋　智永　真草千字文

虞世南　孔子廟堂碑

欧陽詢　皇甫誕碑

褚遂良　雁塔聖教序

薛稷　信行禅師寺碑

柳公権　神策軍碑

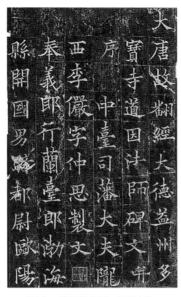

図8　道因法師碑（663年）

図9　皇甫君碑

る可能性が高いと考えられている。このことからも、時代的に符合すると考えられるだろう[12]。

　初唐の後半に入ると、三大家の楷書表現や王羲之尊重の風潮を継承した書が展開されるようになり、欧陽詢の書法を継承した欧陽通（？〜691）や、褚遂良の書法に傾倒した薛稷（649〜713）や魏栖梧（生没年未詳）などによる優れた楷書がみられるようになった。また、こうした初唐後半の楷書には、師風追随とでも言える傾向がみられるようになる。先述の欧陽詢の欧陽通の２人は親子であるが、欧陽通の代表作である「道因法師碑[13]」（図８・663年）などはまさに父欧陽詢の「皇甫君碑[14]」（図９）を彷彿とさせ、まさに父の書法を子が受けつぎ発展させた書風の継承関係を示している。一方、褚遂良と薛稷の関係は欧親子とは少し異なる。薛稷の伝記に述べられているように褚遂良の書に私淑

265

図10　信行禅師寺碑（706年）

図11　雁塔聖教序（652年）

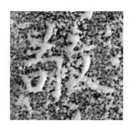
図12　杜懐宝碑「敬」

した様子が綴られており、薛稷の「信行禅師寺碑[15]」（図10・706年）には楮遂良の「雁塔聖教序[16]」（図11・652年）を学んだ痕跡をみることができる。こうした私淑による師風追随とも言える傾向は、後の顔真卿（709～785）と柳公権（778～865）の関係にも繋がるものがあり、盛唐以降になると、師伝的というべきか、いわゆる類筆関係が見える非常に明確な書法相伝の流れが示されるようになるのである。

　これに加え、「杜懐宝碑」において「葉」と同様に注目することのできる文字が（図12）「敬」である。「杜懐宝碑」にみえる「敬」は5画目が横画になっている点が特徴的であるが、これは虞世南の「孔子廟堂碑[17]」（図13・628年）や、欧陽通の「道因法師碑」にみえるものとは字形が異なっている。そして、顔真卿の時代になると、然程見られなくなるようになるものなのである。

　こうした「敬」の字が確認できるのは、鄭道昭（？～516）の「鄭羲下碑[18]」

図13　孔子廟堂碑（628年）

（511年）や高貞碑といった北魏の楷書に多い。北魏が華北を統一した439年から、隋が再び中国を統一する589年まで、華南には宋、斉、梁、陳の4王朝が、華北には北魏、東魏、西魏、北斉、北周の5王朝が興亡した。漢民族による南朝の4王朝は、三国、呉、東晋に続き建康（江蘇省南京）を都とし、資源豊かな江南の地に魏晋より形成されてきた南朝の貴族文化が栄華を極めた。書においても、東晋・二王（王羲之、王献之父子）により高められた技法が継承された。それに対し、北魏をはじめとして、北朝の5王朝はいずれも北方民族によって建てられた国である。貴族文化が洗練された南朝に対し、北朝は民族固有の精神性や優れた漢文化を継承し、南朝とは異なる新たな文化を形成していった。書においても、「龍門二十品」に代表されるような魏晋の旧体に強さや荒々しさを加えた特徴的な書風が生まれたのである。このように、王羲之書

北魏　鄭道昭　鄭羲下碑

北魏　高貞碑

虞世南　孔子廟堂碑

欧陽詢　化度寺碑

欧陽詢　温彦博碑

欧陽通　道因法師碑

法を継承する流麗な南朝の書と、異民族による個性的な北朝の書、といった地域性が書の中に見えるようになるが、洛陽遷都と、東魏、西魏から北斉、北周への王朝交替を期に、南朝新様式の書との融合が一層進み、構築性に富む洗練された書が生まれ、やがてそれは初唐の三大家によって完成されたのであった。

　初唐の三大家の中でも、欧陽詢と虞世南は南朝の陳に生まれたが、2人の書をそうした南朝の書と評することができるかと言えば決してそうではあるまい。例えば、虞世南の場合、王羲之の子孫である智永に書を学んだだけあって、その書法の出自は智永ないし、智永を通じ二王（王羲之とその子王献自之）の書法を継承したものとされ、盛唐時代に記された書論書『書断』においては、「内含剛柔」、つまり外面に美しさを表わさず内面に沈着した力強さをもつものと評されている。一方、欧陽詢の書は「険勁」、用筆法によって創出される強く険しい線質と、結構法により構築性（文字のどの部分を主とし、どの部分を従とするのか、どこを軽くしどこを重くするのかといったバランス）を備えたものと評されてきた。こうした違いから、虞世南は南朝、欧陽詢は北朝の流れを汲む書風を受け継いでと考えられている。そして、欧陽詢の「化度寺碑[19]」

「杜懐宝碑」の書風に関する書道史的考察

杜懐宝碑

虞世南　孔子廟堂碑

欧陽詢　九成宮醴泉銘

褚遂良　雁塔聖教序

杜懐宝碑

虞世南　孔子廟堂碑

欧陽詢　九成宮醴泉銘

褚遂良　雁塔聖教序

（631年）の中に、「杜懐宝碑」同様に北魏の楷書に見られるような「敬」の字が確認できる点も興味深い。

　しかし、特徴的な文字や、そして当時の「師法墨守」という学書上の傾向から、「杜懐宝碑」の書風が欧陽詢の書法ないし、北魏系の書法を継承したものと一概に言えるものではない。というのも、「杜懐宝碑」の中には、三大家の代表作に共通する文字があり、それらを比較する事が可能であるが、そのすべてが欧陽詢に近い性質を備えたものではないからである。例えば、「使」という字に関していえば、三大家の代表作の中では「孔子廟堂碑」に確認できるものと近い性質を備えている。一方、「天」や「福」の字は「雁塔聖教序」で確認できる文字の特徴を備えているなど、「杜懐宝碑」の書風を何か１つの枠組

269

みの中にカテゴライズすることはいささか難しい。しかし、これより以後、盛唐の時代になるとこうした楷書表現は顔真卿によりまた新たな局面を迎え、盛唐は書道文化全般に大きな変革期が訪れることとなるが、それらのいずれも、初唐の頃に発展した書法や書論の研究成果等を継承したものである。つまり、三大家それぞれの特徴が混交している「杜懐宝碑」の書風は、三大家のその先、初唐の洗練された書法の確立から盛唐の革新的書法が確立されるまでの過渡期の書風、洗練された新たな様式を整理し再構築しようとする、いわば実験的な書風であると解釈することも可能であろう。

IV　結びに代えて―「杜懐宝碑」の書風からみえる時代性―

　盛唐の書の象徴とも言える顔真卿が、「蚕頭燕尾」と呼ばれる独特な筆使いなどを駆使した幅広い表現を見せる楷書の名跡を生み出すなど、初唐以来の書の潮流は中唐へ至るにつれ次第に変容を遂げていく。盛唐以降には、篆書・隷書といった古い書体に再び注目が集まり、秦代の李斯（？〜208）とともに「二李」と並称され書表現の規範として後世長きにわたって尊尚された李陽冰（生没年未詳）や、唐6代皇帝玄宗（685〜762）の特徴的な隷書である「唐隷」といった復古的かつ、唐代の書学研究の成果を取り入れたあらたな書表現が生み出された。また、張旭（生没年未詳）や懐素（725?〜785?）といった従来の書表現の枠組みを越え逸脱したとも言える「狂草」という革新的な書法が興った。「杜懐宝碑」は、そうした初唐から盛唐への過渡期の書の様相と、書道文化の流れが唐の最西端にまで及んでいた事を示す貴重な遺品であると言えよう。民俗学者の柳田國男（1875〜1962）がその著『蝸牛考』において、蝸牛を表わす語が時期を違えて次々と京都付近で生まれ、各々が同心円状に外側に広がっていったという過程や、それにより最も外側に分布する語が最古層を形成し、内側にゆくにしたがって新しい層となり、京都にいたって最新層に辿り着くという方言周圏論を唱えたが、「杜懐宝碑」には、そうした唐代の書道文化が、長安を中心としてどのように伝播し変容していったのかを図り知る上で、大変貴重な資料と成り得る可能性を秘めているのである。

註

1）内藤，1997.
2）「杜懐宝碑」には，「願平安獲其冥福敬像」と記されているほか，像造記にみられる文章表現を確認することができる。柿沼，2019.
3）柿沼，2019.
4）西晋時代の碑文は非常に少ないため，この碑は，漢字の発展の歴史の窺い知る上で，貴重な資料として知られる。
5）西原，2015など。
6）西川，1962.
7）西川，1971.
8）正倉院に伝わる「楽毅論」は，光明皇后（701-760）が王羲之の「楽毅論」を臨書したものである。光明皇后の「楽毅論」は，王羲之と比して，線が強く，メリハリがきいているといえよう。
9）523年刻。先帝・宣武帝の皇后の弟・高貞の26歳の死に臨み「魏故営州刺史懿侯高君之碑」として建立された。北魏の力強さと初唐の整正を兼ね備えたような書風であり，結体の巧緻や抑揚の変化に優れる。
10）藤森，2011など。
11）貞観6（632）年に唐の太宗が，九成宮（隋の仁寿宮を修理・造営した場所）へ避暑に行ったとき，宮殿の一隅に醴泉（味のよい泉）が湧出したのを記念し，魏徴に命じて撰文し，欧陽詢に書かせて立碑した。
12）柿沼，2019.
13）玄奘三蔵の訳経に協力した高僧，道因の徳を称えて建立された石碑。文は李儼の撰し，欧陽通が揮毫した。欧陽通は，父欧陽詢の書風を追随したが，本碑は欧陽詢よりもやや筆画を強調させるような筆法が特徴的である。
14）隋王朝の名臣であった皇甫誕を顕彰した頌徳碑。無紀年であるため年代は判然としないものの，貞観年間の欧陽詢が75～81歳くらいの間で書かれたものと推察される。細く引き締まった線で，強い右肩上がりと背勢の結構法が特徴。
15）三階教という仏教の一派を興した信行禅師の業績をたたえた碑。文は越王貞が撰し，薛稷が揮毫した。隋から初唐にかけて一時的に流行した三階教の貴重な史料。
16）陝西省西安市の慈恩寺大雁塔にはめこまれている聖教序碑。玄奘三蔵がインドから仏典を持ち帰り，それを漢訳した功績に対して，唐太宗と皇太子がそれぞれ文を撰し，褚遂良が揮毫した。
17）唐の太宗が長安の国子監内に孔子廟を改築し，その完成を記念して建てられた碑。皇帝の命により，虞世南が撰書した。立碑は629年頃と推定されるが，建碑後まもなく火にかかり，亡失した。虞世南の確かな書はこの一碑のみ。
18）北魏時代に刻された摩崖碑（天然の崖壁や石に刻したもの）。筆者である鄭道昭の父鄭羲を讃える文章が書かれている。なお，下碑というのは，これ以前に書いたほぼ同文の上碑といわれるものがあるからである。
19）隋の三階教の高僧邕禅師が，貞観5年に化度寺で入寂し，その後，長安の南にある信行禅師の霊塔の左側に建てられた舎利塔の銘文。

文献(五十音順)

青山杉雨他編, 1991-1993,『西川寧著作集』, 二玄社.
伊藤滋, 2002,『游墨春秋 木鶏室金石碑帖拾遺』, 日本習字普及協会.
伊藤滋, 2013,『中国古代 瓦の美―文字・画像・紋様の面白さ』, 郵研社.
内藤みどり, 1997,「アクベシム発見の杜懐宝碑について」『中央アジア北部の仏教遺跡の研究』, シルクロード学センター.
大谷大学編, 1967,『宋拓墨宝二種』
角井博他著, 2009,『決定版 中国書道史』, 芸術新聞社.
柿沼陽平, 2019,「唐代砕葉鎮史新探」『帝京大学文化財研究所研究報告』, 第18集.
加藤九祚, 1997,『中央アジア北部の仏教遺跡の研究』, シルクロード学センター.
神田喜一郎, 1985,『中国書道史』, 岩波書店.
櫛原功一, 2018,「アク・ベシム遺跡出土の瓦」『山梨文化財研究所報』第57号.
礪波守, 1986,「唐中期の仏教と国家」『唐代政治社会史研究』, 同朋舎.
玉村霽山編, 1998,『中国書道史年表』, 二玄社.
中村不折, 1929,『学書三訣』, 西東書房.
二玄社編,『書跡名品叢刊』, 二玄社.
二玄社編, 2007,『大書源』, 二玄社.
西川寧, 1971,「楷書の書法」『書道講座第1巻』, 二玄社.
西川寧, 1962,『六朝の書道』, 大安.
西原一幸, 2015,『字様の研究－唐代楷書字体規範の成立と展開－』, 勉誠出版.
藤森大雅, 2011,「楷書風格の一考察―欧陽詢を中心に」『書学書道史研究』, 書学書道史学会.
森安孝夫, 2016,『シルクロードと唐帝国』, 講談社.
山内和也・櫛原功一・望月秀和, 2018,「2017年度アク・ベシム遺跡発掘調査報告」『帝京大学文化財研究所研究報告集』第17集.

執筆者〈五十音順〉

柿沼陽平（かきぬま　ようへい）
早稲田大学文学学術院教授・長江流域文化研究所所長。専門は中国史。1980年生まれ。博士（文学）。帝京大学を経て現職。著書に『古代中国の24時間』（中央公論新社）、『中国古代貨幣経済の持続と転換』（汲古書院）、『中国古代貨幣経済史研究』（汲古書院）など。

齊藤茂雄（さいとう　しげお）
帝京大学文学部講師。専門は中央ユーラシア史、古代トルコ遊牧民族史。1980年生まれ。大阪大学大学院文学研究科博士後期課程修了。博士（文学）。大阪大学文学研究科助教、帝京大学文化財研究所講師を経て現職。著書に『ソグド人と東ユーラシアの文化交渉（アジア遊学175）』（勉誠出版）、『アニメで読む世界史２』（山川出版社）など。

福井淳哉（ふくい　じゅんや）
帝京大学文学部日本文化学科准教授。帝京大学書道研究所所長。専門は日本書道史、書写・書道教育。1980年生まれ。博士（書道学）。著書に『和様の書　かな古筆名跡便覧』（淡交社）。共著に『日本書道文化の伝統と継承』（求龍堂）など。

編者
山内和也（やまうち　かずや）
帝京大学教授、帝京大学文化財研究所所長、帝京大学シルクロード学術調査団長。専門はシルクロードの考古学・文化史。1961年生まれ。早稲田大学大学院文学研究科（修士課程）、テヘラン大学人文学部大学院古代イラン文化・言語学科（修士課程）修了。東京文化財研究所を経て、2016年より帝京大学教授・帝京大学シルクロード学術調査団長、2022年より帝京大学文化財研究所長。共編著に『読む事典　シルクロードの世界』（NHK出版）『アフガニスタンを知るための70章』（明石書房）など。

＊本書はJSPS科研費21H04984（基盤研究（S）「シルクロードの国際交易都市スイヤブの成立と変遷―農耕都市空間と遊牧民世界の共存―」研究代表者：山内和也）の助成を受けたものである。

帝京大学シルクロード叢書 003

砕葉史研究

2025年3月28日　初版第1刷発行
2025年6月25日　初版第2刷

編　者　山内和也
著　者　齊藤茂雄
　　　　柿沼陽平
　　　　福井淳哉
発行者　岡田和幸
発　行　帝京大学出版会（株式会社 帝京サービス内）
　　　　〒173-0002　東京都板橋区稲荷台10-7
　　　　帝京大学 大学棟3号館
　　　　電話 03-3964-0121
発　売　星雲社（共同出版社・流通責任出版社）
　　　　〒112-0005　東京都文京区水道1-3-30
　　　　電話 03-3868-3275
　　　　FAX 03-3868-6588
装幀・印刷・製本　精文堂印刷株式会社

©Kazuya Yamauchi 2025, Printed in Japan
ISBN：978-4-434-35421-2 C3022

無断転載を禁じます。落丁・乱丁本はお取り換えします。

帝京大学シルクロード叢書

発刊のことば

　「帝京大学シルクロード叢書」は、帝京大学が行って参った歴史学や考古学あるいは文化財学などの研究活動において蓄積した知見をもとに、特にシルクロードをテーマとした研究成果をまとめるものです。

　シルクロードに関する学術調査は、帝京大学文化財研究所の研究者によりプロジェクトが組まれ、シルクロード学術調査団として長年にわたって行われてきたものであります。シルクロードと申しましても、またがる地域は多岐にわたり、多くの国で発掘調査が行われ、専門的な分析がなされている中、我々は特に重要な拠点と言われている地域を中心に学術調査を行う恵まれた機会を与えられ、多くの成果を上げてまいりました。

　また、このプロジェクトは単なる学術調査に限定されるものではなく、それぞれの地域における重要な文化財を発掘し保存する活動として、将来の地域開発にも貢献できるものであることも申し上げたいと思います。

　本書を通じて、得られた様々な知見を読者の皆様にご覧いただき、埋もれた歴史を表層化させ、人類が歩んできた道のりを想起する面白さとロマンを感じていただければ幸いです。

　終わりに、シルクロード学術調査団の弛まぬご努力と、「帝京大学シルクロード叢書」出版に携わられたすべての皆様にお礼申し上げます。

帝京大学理事長・学長　冲永佳史